O DIREITO DOS POVOS

O DIREITO DOS POVOS

Seguido de "A ideia de razão pública revista"

JOHN RAWLS

Tradução
LUÍS CARLOS BORGES

Revisão técnica
SÉRGIO SÉRVULO DA CUNHA

martins fontes
selo martins

Esta obra foi publicada originalmente em inglês com o título
THE LAW OF PEOPLES por Harvard University Press, Massachusetts, USA.
Copyright © 1999 by the President and Fellow of Harvard College
Publicado através de acordo com Harvard University Press.
© 2001, Livraria Martins Fontes Editora Ltda.
© 2019 Martins Editora Livraria Ltda.,
São Paulo, para a presente edição.

Publisher	Evandro Mendonça Martins Fontes
Coordenação editorial	Vanessa Faleck
Produção editorial	Carolina Cordeiro Lopes
Tradução	Monica Stahel
Revisão	Lucas Torrisi
Diagramação	Renato Carbone

**Dados Internacionais de Catalogação na Publicação (CIP)
Angelica Ilacqua CRB-8/7057**

Rawls, John, 1921-
O direito dos povos / John Rawls ; tradução Luís Carlos Borges ; revisão técnica Sérgio Sérvulo da Cunha. – 2. ed. – São Paulo : Martins Fontes – selo Martins, 2019.
280 p.

ISBN: 978-85-8063-381-8
Título original: The Law of Peoples

1. Contrato social 2. Justiça social 3. Liberalismo 4. Relações Internacionais – Filosofa 5. Tolerância I. Título II. Borges, Luís Carlos III. Cunha, Sérgio Sérvulo da

19-1186   CDD-320.51

Índices para catálogo sistemático:
1. Liberalismo : Ciência política   320.51

Todos os direitos desta edição reservados à
Martins Editora Livraria Ltda.
Av. Dr. Arnaldo, 2076
01255-000 São Paulo SP Brasil
Tel.: (11) 3116 0000
info@emartinsfontes.com.br
www.emartinsfontes.com.br

Sumário

Apresentação à edição brasileira VII
Prefácio XVII

O DIREITO DOS POVOS 1

Introdução 3

PARTE I – *A primeira parte da teoria ideal* 15

§ 1. O Direito dos Povos como utopia realista 15
§ 2. Por que povos, e não Estados? 30
§ 3. Duas posições originais 38
§ 4. Os princípios do Direito dos Povos 46
§ 5. A paz democrática e sua estabilidade 56
§ 6. A sociedade dos povos liberais: sua razão pública. 70

PARTE II – *A segunda parte da teoria ideal* 77

§ 7. Tolerância de povos não liberais 77
§ 8. Extensão aos povos decentes 82
§ 9. Hierarquia de consulta decente 92
§10. Direitos humanos 102

§11. Comentários sobre o processo do Direito dos Povos 106
§12. Observações finais 111

PARTE III – *A teoria não ideal* 117

§13. A doutrina da guerra justa: o direito à guerra 117
§14. A doutrina da guerra justa: a conduta de guerra 123
§15. Sociedades oneradas 138
§16. Sobre a justiça distributiva entre os povos 149

PARTE IV– *Conclusão* 159

§17. A razão pública e o Direito dos Povos 159
§18. A reconciliação com o nosso mundo social 162

A IDEIA DE RAZÃO PÚBLICA REVISTA 171

§ 1. A ideia de razão pública 174
§ 2. Conteúdo da razão pública 185
§ 3. A religião e a razão pública na democracia 196
§ 4. A visão ampla da cultura política pública 200
§ 5. Da família como parte da estrutura básica 206
§ 6. Questões sobre a razão pública 215
§ 7. Conclusão 229

Índice analítico 237

Apresentação à edição brasileira

1. Às vésperas da Guerra do Peloponeso, ouvindo críticas à sua cidade, alguns atenienses que se encontravam em Esparta pediram autorização para dirigir-se à assembleia em nome dela, e, no meio de sua alocução, disseram: "Não fizemos nada de extraordinário, nada de contrário à natureza humana em aceitar um império que nos foi oferecido, e, depois, ao nos recusarmos a desistir dele. Três poderosos motivos nos impedem de fazê-lo: a segurança, a honra e o interesse próprio. Não somos os primeiros a agir desse modo. Longe disso. A regra sempre foi que os mais fracos estejam sujeitos aos mais fortes. Consideramo-nos dignos do nosso poder, e, até hoje, vocês também pensavam assim. Mas agora, depois de pesar seus próprios interesses, vocês estão começando a falar em termos de certo e errado. Considerações desse tipo jamais afastaram as pessoas das oportunidades de expansão oferecidas pela sua superioridade."

O direito do mais forte também seria sustentado de novo, no curso da guerra, pelos embaixadores atenienses enviados a Melos; eles começam dizendo que, para justificar seu império, não usarão floreios em que ninguém acredita, mas mostrarão francamente que só se cogita sobre justiça onde há igualdade; fora daí o forte faz o que quer, e o fraco aceita o que tem de aceitar. "Os deuses, segundo nossa opinião, e os homens, segundo nosso conhecimento das realidades, tendem à dominação conforme uma necessidade de sua natureza, onde quer que suas forças prevaleçam. Não fomos nós que estabelecemos essa lei, e tampouco somos os primeiros a aplicá-la. Ela estava em prática antes de nós e subsistirá para sempre depois de nós. Nós a aplicamos convencidos de que vocês, como os demais, se tivessem o nosso poder, não procederiam de outro modo."[1]

Não foi de outro modo que agiram os romanos em 308, quando, chamados como árbitros para decidir uma disputa territorial entre os habitantes de Arícia e de Ardea, resolveram-na apoderando-se do território reclamado por ambas as cidades[2].

No curso da história, porém, outras razões seriam invocadas para justificar práticas imperialistas. No século XVI, Juan Ginés de Sepúlveda, capelão e cronista do imperador Carlos, justificava a escravização dos índios americanos afirmando: "1. É lícito submeter pelas armas aqueles cuja condição natural é de tal natureza que devem obedecer a outros, caso recusem seu império e não reste outro recurso. 2. Urge proscrever o grave perigo que pesa sobre a vida de muitos inocentes que todos os anos são imolados a seus deuses. 3. É preciso eliminar o horrível crime de comer carne humana, ato que de maneira especial ofende a própria natureza, e evitar que seja adorado o espírito do mal em lugar de Deus, o que mais provoca Sua ira. 4. A guerra aos infiéis é justa, porque, com ela, abre-se caminho à propagação da religião cristã, facilitando e preparando o terreno para os pregadores da fé.[3]"

Já no século XIX, dizia Hering: "Quando um povo se mostra incapaz de utilizar o solo que a natureza lhe atribuiu,

---

1. As citações são de Tucídides, *História da Guerra do Peloponeso*, 1/76, 5/89 e 105.
2. Mommsen, *História de Roma*. Madri, Turner, 1983, 2/156.
3. Galmés Lorenzo, *Bartolomeu de las Casas, defensor dos direitos humanos*. São Paulo, Paulinas, 1991, p. 188.

deve ceder o lugar para outro. A terra é para o braço que a sabe cultivar. A injustiça aparente que a raça anglo-saxônica comete na América contra os indígenas é, sob o ponto de vista da história universal, o uso de um direito, e os povos europeus não estão menos no seu direito quando abrem à força os rios e portos do Celeste Império e do Japão, e constrangem seus povos a fazer o comércio"[4].

Modernamente, regimes que se dizem constitucionais e democráticos costumam intervir em países mais fracos; um governo democrático pode invocar facilmente o interesse da sua segurança para justificar tais intervenções, mesmo quando movido na verdade por interesses econômicos. É o que nos mostra Rawls: "[...] os Estados Unidos derrubaram as democracias de Allende no Chile, Arbenz na Guatemala, Mossadegh no Irã, e dos sandinistas na Nicarágua. Quaisquer que sejam os méritos desses regimes, operações clandestinas contra eles foram levadas a cabo por um governo movido por interesses monopolistas e oligárquicos, sem o conhecimento ou a crítica do povo".

2. O texto intitulado "The Law of Peoples" – a princípio uma conferência pronunciada em 12 de fevereiro de 1993 – apareceu impresso pela primeira vez no volume *On Human Rights: The Oxford Amnesty Lectures, 1993* (Stephen Shute e Susan Hurley, orgs.). Em 1999, foi incluído nos *Collected Papers* de John Rawls, organizados por Samuel Freeman (Harvard University Press).

Refeito, foi apresentado como livro em 1999, juntamente com outro texto anterior: "The Idea of Public Reason Revisited". Este, por sua vez, corresponde a uma reelaboração do capítulo VI da obra intitulada *Political Liberalism* (Columbia University Press, Nova York, 1993), tal como incluído também nos *Collected Papers*.

---

4. Von Jhering R., *L'ésprit du droit romain*. Bolonha, Forni, 1/7.

Este livro, portanto, não foge à sorte dos escritos de John Rawls, desenvolvidos primeiro como conferências e artigos e depois repensados, refeitos e fundidos em obras temáticas de maior fôlego. Esse fato torna difícil não só acompanhar a evolução do pensamento de Rawls – o que se transformaria num intrincado desnovelar de fontes, de críticas, de réplicas, no qual o próprio Rawls se embaralha (veja-se, por exemplo, seu prefácio ao *Political Liberalism*) –, mas também qualquer tentativa de, em determinado momento, reproduzi-lo.

3. *A Theory of Justice* (Harvard University Press, 1971, com traduções brasileiras de Vamireh Chacon, publicada pela Editora da Universidade de Brasília em 1971, e de Almiro Pisetta e Lenita M. R. Esteves, com revisão técnica de Gildo Rios, publicada pela Martins Fontes em 1997), obra que fez Rawls célebre, consistia também num conjunto de artigos escritos e publicados nas décadas de 1950 e 1960.

Em vez de ser uma reflexão ao estilo clássico sobre a ideia de justiça, *Uma teoria da justiça* é uma proposta – podemos dizer quase uma minuta – de organização da sociedade com base numa concepção política da "justiça como equidade" (*justice as fairness*). Seu objetivo – como diz o autor no prefácio ao *Political Liberalism* – era "generalizar e levar a uma ordem superior de abstração a doutrina tradicional do contrato social. Eu queria mostrar que essa doutrina tinha como responder às objeções mais óbvias que, em geral, foram consideradas fatais para ela. Espero elaborar com mais clareza as principais características estruturais dessa concepção – a que chamei 'justiça como equidade' – e desenvolvê-la como uma outra visão sistemática da justiça, superior ao utilitarismo. Julguei que essa outra concepção era, entre as concepções morais tradicionais, a que mais se aproximava de nossas convicções refletidas de justiça, constituindo a base mais apropriada para as instituições de uma sociedade democrática."

APRESENTAÇÃO À EDIÇÃO BRASILEIRA XI

Em *A Theory of Justice*, além do conceito de "justiça como equidade", Rawls expunha outros conceitos fundamentais do seu sistema, como por exemplo os relativos aos dois princípios de justiça, ao princípio da diferença, aos bens sociais primários, à posição original, ao véu de ignorância, ao problema da justiça entre gerações, à sociedade bem ordenada, à estabilidade relativa.

Foi tal a importância e penetração dessas ideias que elas se transformaram no eixo ao redor do qual tem girado a intensa reflexão filosófico-política norte-americana.

No prefácio à edição inglesa de 1971, Rawls já aludia às críticas e sugestões recebidas, entre outros, de Allan Gibbard, Norman Daniels, David Diamond, David Richards, Barry Curtis, John Troyer, Brian Barry, Michael Lesnoff, R. P. Wolff, John Chapman, S. I. Benn, Lawrence Stern, Scott Barman, Norman Care, Burton Dreben, Amartya Sen, Gilbert Harman, Leonard Krimerman, Richard Lee, Huntington Terrell, Charles Fried, Robert Nozick, J. N. Shklar, Herbert Morris. Anos depois, ao prefaciar em 1990 a edição brasileira da Martins Fontes, afirmou que, apesar das várias críticas à obra, ainda aceitava "suas principais coordenadas" e defendia "suas doutrinas centrais", acrescentando que nas revisões feitas a partir de 1975 tentara corrigir certas deficiências presentes na edição em língua inglesa, referindo-se expressamente às críticas feitas por H. L. Hart.

4. No prefácio a *Political Liberalism* – também uma coletânea e fusão de várias conferências e textos produzidos nas décadas de 1970 e 1980 – Rawls acentua a diferença entre as duas obras, sendo objetivo da mais recente "compreender como é possível existir, ao longo do tempo, uma sociedade estável e justa de cidadãos livres e iguais profundamente divididos por doutrinas religiosas, filosóficas e morais razoáveis, embora incompatíveis".

Na verdade, porém, como explica o próprio autor, *Political Liberalism* é uma "tentativa de esclarecer um grave problema interno, próprio da justiça como equidade". Esse é o tema que está na base das duas obras e que faz, da segunda, uma continuação da outra, sob nova perspectiva; na busca de consistência, introduzem-se outros conceitos fundamentais, como os relativos às doutrinas abrangentes (*comprehensive doctrines*), ao consenso sobreposto (*overlapping consensus*) e à razão pública.

Assim, poderíamos considerar *Political Liberalism* como uma espécie de continuação de *A Theory of Justice*, com a qual se completaria a proposta de instauração de uma sociedade pluralista e democrática, baseada na justiça como equidade.

Com *The Law of Peoples*, Rawls arremata sua proposta, na medida em que a transpõe, do plano interno de organização de cada sociedade considerada particularmente, para o plano superior da sociedade dos povos. Esta obra, portanto, é o fecho de uma trilogia, e, como acentua o autor no seu prefácio, os dois textos de que se compõe, tomados em conjunto, "representam o ápice de minhas reflexões sobre como cidadãos e povos razoáveis podem conviver pacificamente num mundo justo".

A escolha desse título foi cuidadosa: o termo "*peoples*" possui um sentido próprio, diverso do que se poderia expressar com os termos "nações" ou "Estados"; ele é utilizado para enfatizar aspectos singulares dos povos, distintos dos Estados como tradicionalmente concebidos, inclusive "para iluminar seu caráter moral e a razoavelmente justa, ou decente, natureza de seus regimes". Essa utilização foge à acepção tradicionalmente contida na locução "direito das gentes", motivo porque se escolheu traduzir o título da obra, em português, como *O Direito dos Povos*.

O Direito dos Povos é uma "utopia realista", desenvolvida a partir do liberalismo político e correspondente ao direito da sociedade dos povos. O que se pretende, com ele, é elaborar os ideais e princípios da política exterior de um povo razoavelmente justo, mediante uma concepção razoável e funcional de direito político e de justiça que se aplique às relações entre os povos. Em outras palavras: trata-se de um programa de reinstauração do Direito Internacional Público (ou da sua instauração, como seria para os que o têm visto, até aqui, como carecedor de bases sólidas).

Enquanto *Uma teoria da justiça* tinha ponto de partida explícito na ideia de contrato social, tal como representada por Locke, Rousseau e Kant, o propósito de *O Direito dos Povos* é seguir a diretiva adotada por Kant em *A paz perpétua* e sua ideia de *foedus pacificum*[5]. Isso significa estender a concepção política liberal de regime democrático constitucional a um segundo nível, quando os representantes dos povos liberais fazem um pacto com outros povos liberais. A proposta está conforme à ideia de Kant de que um regime constitucional precisa estabelecer um Direito dos Povos efetivo para realizar plenamente a liberdade dos seus cidadãos. E, igualmente na linha de Kant, repele a ideia de um Estado Mundial, que desaguaria ou no despotismo ou numa ordem precária, abalada por frequentes disputas autonomistas.

A sociedade dos povos se estabelece pela associação de povos bem ordenados (liberais e decentes), em torno de formas amplas de cooperação política, econômica e social, reguladas por organizações tais como as Nações Unidas "idealmente concebidas". Algumas dessas organizações, diz Rawls, podem ter o poder de condenar instituições injustas de outros povos e violações de direitos humanos, assim como, em casos graves, de aplicar sanções econômicas e militares; conflitos armados entre povos democráticos

---

[5]. "A paz não pode ser assegurada nem mantida sem um acordo geral entre as nações; assim, é necessária uma espécie particular de liga, que poderíamos designar como uma federação pacífica (*foedus pacificum*)" (Kant, "Perpetual Peace", in *Political Writings*, Cambridge University Press, 1999, p. 104).

tenderão a desaparecer, e eles farão guerra unicamente como aliados, defendendo-se contra Estados fora da lei (*outlaw states*).

5. Nesse contexto, o direito à independência e à autodeterminação é mantido apenas dentro de certos limites.

Esse é ponto capital. O direito à autodeterminação é proclamado pela Carta das Nações Unidas, que em seu art. 1º, inclui, entre as finalidades da ONU, a de "fomentar entre as nações relações de amizade baseadas no respeito ao princípio de igualdade de direitos e da livre determinação dos povos"[6]; o Pacto Internacional de Direitos Econômicos, Sociais e Culturais e o Pacto Internacional de Direitos Civis e Políticos declaram que "todos os povos têm o direito à livre determinação. Em virtude desse direito, estabelecem livremente sua condição política e proveem ao seu desenvolvimento econômico, social e cultural"[7].

No seu *Os novos direitos do homem*, publicado em 1933, Pontes de Miranda afirmava: "A consciência universal já desperta em favor do indivíduo concreto. O direito das gentes já procura apanhar as questões ditas sociais. Mais algum tempo,

---

6. O princípio é referido também no art. 55, assim como em inúmeras outras declarações e resoluções da Assembleia Geral da ONU. Vejam-se, Antonio Augusto Cançado Trindade, *Princípios do direito internacional contemporâneo* (Ed. Un. de Brasília); Rupert Emerson, *Self-Determination: American Journal of International Law*, 65, nº 3 (julho 1971, pp. 459-75), e Rosalyn Higgins, *The Development of International Law through the Political Organs of the United Nations*, Londres, Oxford University Press, 1963, Cf. Charles R. Beitz, *Political Theory and International Relations*, New Jersey, Princeton University Press, 1999.

7. Lê-se em *Uma teoria da justiça*, § 58: "O princípio fundamental do Direito Internacional é o princípio da igualdade. Povos organizados independentemente como Estados possuem certos direitos de igualdade fundamentais. Esse princípio é análogo aos direitos de igualdade dos cidadãos num regime constitucional. Uma consequência dessa igualdade entre as nações é o princípio da autodeterminação, o direito de um povo resolver seus próprios assuntos sem que sofra interferência de potências externas". Rawls colocase-se, aí, de acordo com Kant, para quem o princípio da não intervenção corresponde ao quinto artigo preliminar da paz perpétua entre os Estados.

e o direito de subsistência entrará nos princípios do direito internacional comum, como dever fundamental dos Estados. Os povos que não estão aptos a assegurar o direito à existência terão de ser olhados como suscetíveis de tutela."[8]

A concepção típica das relações internacionais, lembra Rawls, continua a mesma da época de Tucídides, e a política mundial ainda é assinalada pelos conflitos dos Estados por poder, prestígio e riqueza, numa condição de anarquia global. Ele sustenta que "devemos negar aos Estados os direitos tradicionais à guerra e à autonomia interna irrestrita" e que o direito de intervenção é admissível não só em caso de violação de direitos humanos, mas em hipóteses como "ofensa à integridade ambiental da terra" e "crescimento demográfico descontrolado".

Numa sociedade dos povos razoavelmente justa, as desigualdades de poder e riqueza devem ser decididas por todos os povos, e daí a importância da razão pública de povos liberais que debatem suas mútuas relações. Ao contrário dos atenienses, Rawls acredita ser essa uma utopia realista, possível não apenas logicamente, mas também em decorrência das inclinações mais profundas do mundo social. Eu também acredito. Mas, como afirma Kant, "a faculdade filosófica ocupa uma posição muito baixa diante dos poderes combinados dos outros"[9]. Sob esse aspecto, o pensamento de Rawls, longe de transformar-se – como pretende – no fundamento da sociedade democrática dos povos, pode vir a fornecer a ideologia da nova ordem mundial.

Sérgio Sérvulo da Cunha

---

8. Francisco Cavalcanti Pontes de Miranda, *Os novos direitos do homem*, Rio de Janeiro, Alba, 1933, p. 53.
9. *Ibid.*, p. 115.

Prefácio

Desde fins da década de 1980, pensei ocasionalmente em desenvolver o que chamei "O Direito dos Povos". Escolhi primeiro o nome "povos"[1] em lugar de "nações" ou "Estados" porque quis conceber os povos como tendo características diferentes das que têm os Estados, sendo inadequada a ideia de Estados tal como tradicionalmente concebida, com os seus poderes de soberania (ver § 2.2). Nos anos seguintes, dediquei mais tempo ao tópico, e, em 12 de fevereiro de 1993 – aniversário de Lincoln –, proferi uma conferência (Oxford Amnesty Lecture) intitulada "O Direito dos Povos". Ela permitiu relembrar ao público a grandeza de Lincoln (o que fiz na minha conclusão), mas nunca fiquei satisfeito com o que disse ou fiz no ensaio publicado (a versão original foi publicada no volume *On Human Rights: The Oxford Amnesty Lectures, 1993*, ed. Stephen Shute e Susan Hurley [Nova York: Basic Books, 1993]). Não era factível tentar abranger tanto em uma única palestra; o que efetivamente abrangi não foi plenamente desenvolvido e ficou aberto à incompreensão. A presente versão, completada durante 1997-98 (uma reelaboração dos três seminários que

---

1. No original, *peoples* (N. R. T.). Cf. nota 1 à introdução.

fiz na Princeton University em abril de 1995), é mais completa e satisfatória.

Antes da reformulação final do original, completei "A ideia de razão pública revista", que surgiu originalmente na *University of Chicago Law Review*, 64 (verão, 1997), e foi subsequentemente incluída nos meus *Collected Papers*, publicados pela Harvard University Press (1999). Esse ensaio é a minha descrição mais detalhada de por que as restrições da razão pública – tal como manifestada numa democracia constitucional baseada numa concepção política liberal (uma ideia discutida primeiramente em *Liberalismo político* em 1993) – são restrições que seguidores de visões abrangentes religiosas e não religiosas podem endossar. A ideia de razão pública também integra o Direito dos Povos, que estende a ideia de um contrato social à Sociedade dos Povos e revela os princípios gerais que podem e devem ser aceitos por sociedades liberais e não liberais (mas decentes) como padrão para regulamentar o seu comportamento perante outras. Por essa razão, quis republicar as duas obras no mesmo volume. Juntas, elas representam o ápice das minhas reflexões sobre como cidadãos e pessoas razoáveis poderiam viver juntos pacificamente, em um mundo justo.

Os que me ajudaram ao longo dos anos a amadurecer esses pensamentos são numerosos demais para serem mencionados, mas gostaria de agradecer especialmente a Erin Kelly, T. M. Scanlon, Percy Lehning, Thomas Pogge e Charles Beitz. Quero que todos eles saibam quanto reconheço o tempo que despenderam revendo os muitos esboços deste trabalho e quanto dependi dos seus judiciosos comentários.

Também devo agradecimentos especiais a Samuel Freeman, que, após organizar os meus *Collected Papers* e produzir o seu índice analítico, concordou em preparar o índice para esta obra – outra tarefa enorme. Fez um trabalho admirável, completo e profissional.

Finalmente, tenho uma extraordinária dívida com meu querido amigo e colega Burton Dreben, que morreu em julho passado. Burt sempre foi muito útil ao desenvolver as minhas ideias, organizando e esclarecendo meus pensamentos e eliminando os que pareciam levar a confusão. Durante os últimos três anos desde a minha doença, ele e minha esposa, Mardy, foram incansáveis em me estimular a terminar os trabalhos e em oferecer inúmeras sugestões editoriais cuidadosas à medida que sucessivos esboços eram produzidos. A Burt, como sempre, sou eternamente grato.

O Direito dos Povos

Introdução

1. Com "Direito dos Povos"[1] quero referir-me a uma concepção política particular de direito e justiça, que se aplica aos princípios e normas do Direito e da prática internacionais. Usarei o termo "Sociedade dos Povos" para designar todos os povos que seguem os ideais e os princípios do Direito dos Povos nas suas relações mútuas. Esses povos têm os seus próprios governos internos, que podem ser democráticos, liberais e constitucionais ou governos não liberais mas decentes[2]. Neste livro considerarei como o conteúdo do Direito dos Povos poderia ser desenvolvido a partir de uma

---

1. O termo "Direito dos Povos" deriva do tradicional *ius gentium*, e a expressão *ius gentium intra se* refere-se ao que os Direitos de todos os Povos têm em comum. Ver R. J. Vincent, *Human Rights and International Relations* (Cambridge e Nova York, Cambridge University Press, 1986), p. 27. Não uso, porém, o termo "Direito dos Povos" com esse significado, mas, antes, para designar os princípios políticos particulares para regulamentar as relações políticas mútuas entre os povos, como definido no § 2.

2. Uso o termo "decente" para descrever sociedades não liberais cujas instituições cumprem certas condições especificadas de direito e justiça política (incluindo o direito dos cidadãos de desempenhar um papel substancial, digamos, através de associações e grupos, tomando decisões políticas) e levam seus cidadãos a honrar um Direito razoavelmente justo para a Sociedade dos Povos. A ideia é discutida detalhadamente na Parte II. Meu uso do termo difere do de Avishai Margalit, que enfatiza a consideração do bem-estar social em *The Decent Society* (Cambridge, Mass., Harvard University Press, 1996).

ideia liberal de justiça, similar, mas mais geral, à ideia que chamo *justiça como equidade*[3] em *Uma teoria da justiça* (1971). Essa ideia de justiça baseia-se na ideia familiar de contrato social, e o processo seguido antes que os princípios de direito e justiça sejam selecionados e acordados é, de certa maneira, o mesmo no caso nacional e no internacional. Discutirei como tal Direito dos Povos[4] preenche certas condições, que justificam chamar a Sociedade dos Povos uma *utopia realista* (ver § 1), e também retornarei e explicarei por que usei o termo "povos" e não "estados"[5].

No § 58 de *Uma teoria da justiça* indiquei de que modo a justiça como equidade pode ser estendida ao Direito internacional (como o chamei lá) para o propósito limitado de julgar os objetivos e limites da guerra justa. Aqui, a discussão cobre um terreno maior. Proponho considerar cinco tipos de sociedades nacionais. A primeira são os *povos liberais razoáveis*; a segunda, *povos decentes* (ver nota 2 acima). A estrutura básica de um tipo de povo decente tem o que chamo uma "hierarquia de consulta decente", e a esses povos chamo "povos hierárquicos decentes". Não tento descrever outros tipos possíveis de povos decentes, mas simplesmente deixo a ressalvar, admitindo que pode haver outros povos decentes cuja estrutura básica não se ajusta à minha descrição de hierarquia de consulta mas que são dignos de integrar uma Sociedade dos Povos. (Refiro-me conjuntamente aos povos liberais e aos povos decentes como

---

3. Com o itálico quero dizer que "justiça como equidade" é o nome de uma concepção particular de justiça. Subsequentemente o itálico não será usado.
4. Ao longo de todo este livro, irei referir-me às vezes a *um* Direito dos Povos e às vezes *ao* Direito dos Povos. Como ficará claro, não há um único Direito dos Povos possível, mas, antes, uma família de tais Direitos razoáveis que preenche todas as condições e critérios que discutirei e que satisfazem os representantes dos povos que estarão determinando as especificidades do Direito.
5. No § 21, explico de maneira mais completa o significado de "povos".

"povos bem-ordenados."[6]) Em terceiro lugar, há *Estados fora da lei* e, em quarto, *sociedades sob o ônus de condições desfavoráveis*. Finalmente, em quinto, temos sociedades que são *absolutismos benevolentes*: honram os direitos humanos, mas, porque é negado aos seus membros um papel significativo nas decisões políticas, não são bem-ordenadas.

    A descrição da extensão de uma ideia geral de contrato social a uma Sociedade dos Povos irá desdobrar-se em três partes, abrangendo o que chamei teoria ideal e teoria não ideal. A primeira parte da teoria ideal, na Parte I, diz respeito à extensão da ideia geral de contrato social à sociedade dos povos democráticos liberais. A segunda parte da teoria ideal, na Parte II, diz respeito à extensão da mesma ideia à sociedade dos povos decentes, que, embora não sejam sociedades democráticas liberais, têm certas características que os tornam aceitáveis como membros bem situados numa Sociedade dos Povos razoável. A parte de teoria ideal da extensão da ideia de contrato social é completada mostrando que ambos os tipos de sociedades, as liberais e as decentes, concordariam com o mesmo Direito dos Povos. Uma Sociedade dos Povos é razoavelmente justa no sentido de que os seus membros seguem o Direito dos Povos razoavelmente justo nas suas relações mútuas.

    Um objetivo da Parte II é mostrar que podem existir povos não liberais que aceitem e sigam o Direito dos Povos. Para esse fim, dou o exemplo imaginário de um povo muçulmano não liberal que chamo "Casanistão". Esse povo satisfaz os critérios de povos hierárquicos decentes que exponho (§§ 8-9): o Casanistão não é agressivo com outros povos, aceita e segue o Direito dos Povos, honra e respeita os direitos

---

6. O termo "bem-ordenado" vem de Jean Bodin, que, no início dos seus *Seis livros da República* (1576), refere-se à *"République bien ordonnée"*.

humanos e a sua estrutura básica, e possui uma hierarquia de consulta decente, cujas características descreverei.

A Parte III considera os dois tipos de teoria não ideal. Um tipo lida com condições de não aquiescência, isto é, com condições em que certos regimes recusam-se a aquiescer a um Direito dos Povos razoável. Podemos chamá-los Estados fora da lei, e discuto quais medidas outras sociedades – povos liberais ou povos decentes – podem tomar justificadamente para se defender contra eles. O outro tipo de teoria não ideal trata de condições desfavoráveis, isto é, das condições de sociedades cujas circunstâncias históricas, sociais e econômicas tornam difícil, se não impossível, alcançar um regime bem-ordenado, liberal ou decente. Quanto a essas sociedades com ônus, devemos perguntar até que ponto povos liberais ou decentes devem-lhes assistência para que, mais tarde, possam estabelecer as suas próprias instituições razoavelmente justas ou decentes. O objetivo do Direito dos Povos seria plenamente alcançado quando todas as sociedades tivessem conseguido estabelecer um regime liberal ou decente, por mais improvável que isso possa ser.

2. Esta monografia sobre o Direito dos Povos não é um tratado nem um texto didático sobre Direito internacional. Antes, é um trabalho concentrado estritamente em certas questões que se ligam a ser ou não possível uma utopia realista e às condições sob as quais ela se poderia realizar. Começo e termino com a ideia de uma utopia realista. A filosofia política é realisticamente utópica quando expande aquilo em que geralmente se pensa como os limites da possibilidade política prática. Nossa esperança para o futuro da sociedade baseia-se na crença de que a natureza do mundo social permite a sociedades democráticas constitucionais razoavelmente justas existirem como membros da Sociedade dos Povos. Em tal mundo social, a paz e a justiça seriam obtidas entre povos li-

berais e decentes nacional e internacionalmente. A ideia dessa sociedade é realisticamente utópica no sentido de que retrata um mundo social alcançável que combina o direito político e a justiça para todos os povos liberais e decentes em uma Sociedade dos Povos. *Uma teoria da justiça* e o *Liberalismo político* tentam dizer como seria possível uma sociedade liberal[7]. *O Direito dos Povos* espera dizer como seria possível uma Sociedade mundial de povos liberais. Naturalmente, muitos diriam que não seria possível e que os elementos utópicos poderiam ser um sério defeito na cultura política de uma sociedade[8].

Ao contrário, embora eu não negue que tais elementos possam ser concebidos erroneamente, creio que a ideia de uma utopia realista é essencial. Duas ideias principais motivam o Direito dos Povos. Uma é que os grandes males da história humana – a guerra injusta e a opressão, a perseguição reli-

---

7. Ver *Political Liberalism* (Nova York, Columbia University Press, 1933) e a brochura de 1996, com uma segunda introdução e a "Resposta a Habermas", publicada primeiramente no *Journal of Philosophy*, março de 1995. Minhas presentes observações valem-se dos parágrafos de encerramento da segunda introdução.
8. Estou pensando aqui em E. H. Carr, *The Twenty Year Crisis, 1919-1939: An Introduction to the Study of International Relations* (Londres, Macmillan, 1951) e sua conhecida crítica do pensamento utópico. (Minhas citações vêm da edição da Harper Torchbook, de 1964.) Carr pode estar certo em que o pensamento utópico, no seu sentido, desempenhou um papel adverso nas políticas da Inglaterra e da França no período entre as guerras e contribuiu para causar a Segunda Guerra Mundial. Ver seus capítulos 4 e 5, que criticam a ideia de uma "harmonia de interesses". A ideia da harmonia de interesses de Carr refere-se, porém, não à filosofia, mas, antes, ao *wishful thinking* de políticos poderosos. Assim, por exemplo, Winston Churchill observou certa vez que "o destino do Império Britânico e a sua glória estão inseparavelmente entrelaçados com o destino do mundo" (p. 82). Apesar de criticar o utopismo, Carr nunca questionou o papel essencial do julgamento moral na formação das nossas opiniões políticas; ele apresentou opiniões políticas razoáveis como uma *conciliação* entre o realismo (o poder) e o utopismo (o julgamento moral e os valores). Em contraposição a Carr, minha ideia de utopia realista não concorda com uma conciliação entre o poder, o direito político e a justiça, mas coloca limites ao exercício razoável do poder. Do contrário, o próprio poder determina qual deve ser a conciliação, como reconheceu Carr (p. 222).

giosa e a negação da liberdade de consciência, a fome e a pobreza, para não mencionar o genocídio e o assassinato em massa – decorrem da injustiça política, com as suas crueldades e brutalidades. (Aqui, a ideia de justiça política é a mesma que a discutida pelo liberalismo político[9], a partir da qual é desenvolvido o Direito dos Povos.) A outra ideia principal, obviamente ligada à primeira, é a de que, assim que as formas mais graves de injustiça política são eliminadas por políticas sociais justas (ou, pelo menos, decentes) e instituições básicas justas (ou, pelo menos, decentes), esses grandes males acabarão por desaparecer. Ligo essas ideias à ideia de uma utopia realista. Seguindo o pensamento de abertura de Rousseau no *Contrato social* (citado abaixo, na Parte I, § 1.2), suporei que a expressão "os homens tal como são" refere-se às naturezas morais e psicológicas das pessoas e a como essa natureza funciona em uma estrutura de instituições políticas e sociais[10], e que a expressão "as leis como poderiam ser" refere-se às leis como deveriam ser. Suporei também que, se crescermos sob uma estrutura de instituições políticas e sociais razoáveis e justas, afirmaremos essas instituições quando envelhecermos, e elas persistirão ao longo do tempo. Nesse contexto, dizer que a natureza humana é boa é dizer que os cidadãos que crescem sob instituições razoáveis e justas – instituições que satisfazem qualquer uma das concepções políticas liberais razoáveis de justiça – afirmarão essas instituições e atuarão para assegurar que o seu mundo social perdure. (Como caracte-

---

9. Ver "A ideia de razão pública revista", no presente volume, especialmente as pp. 173-95.

10. Rousseau também disse: "Os limites do possível em questões morais são menos estritos do que pensamos. São as nossas fraquezas, os nossos vícios e preconceitos que os encolhem. As almas vis não acreditam em grandes homens. Os escravos vis sorriem zombeteiramente diante da palavra liberdade". Ver *Contrato social*, livro II, cap. 2.

rística distintiva, todos os membros dessa família de concepções satisfazem o critério de *reciprocidade*.)[11] Pode não haver muitas instituições desse tipo, mas, se houver, devem ser instituições que possamos compreender, aprovar e endossar, e sobre as quais possamos atuar. Afirmo que esse roteiro é realista – ele poderia e pode existir. Digo que é também utópico e altamente desejável, porque une razoabilidade e justiça a condições que capacitam os cidadãos a concretizar os seus interesses fundamentais.

3. Como consequência da concentração na ideia de uma utopia realista, muitos dos problemas imediatos da política externa contemporânea que perturbam cidadãos e políticos serão deixados inteiramente de lado ou tratados apenas de maneira breve. Observo três importantes exemplos: a guerra injusta, a imigração e as armas nucleares e outras armas de destruição em massa.

O fato crucial para o problema da guerra é que as sociedades democráticas constitucionais não vão à guerra entre si (§ 5). Isso não acontece porque o corpo de cidadãos de tais sociedades seja peculiarmente justo e bom, mas simplesmente porque elas não têm nenhuma causa para guerrear entre si. Compare as sociedades democráticas com os Estados-nação do período moderno inicial na Europa. Inglaterra, França, Espanha, a Áustria dos Habsburgos, Suécia e outras travavam lutas dinásticas por território, pela verdadeira religião, por poder e glória e um lugar ao sol. Eram guerras de monarcas e casas reais; a estrutura institucional interna dessas sociedades as tornava inerentemente agressivas e hostis a outros Estados. O fato crucial da paz entre democracias baseia-se na estrutura *interna* das sociedades democráticas, que não são tentadas a guerrear exceto em autodefesa ou em casos graves de inter-

---

11. Ver "A ideia de razão pública revista", pp. 173, 179-82.

venção em sociedades injustas para proteger os direitos humanos. Como as sociedades democráticas constitucionais oferecem segurança recíproca, a paz reina entre elas.

Quanto ao segundo problema, a imigração, no § 4.3 sustento que um papel importante do governo, por mais arbitrárias que possam parecer as fronteiras de uma sociedade a partir de um ponto de vista histórico, é ser o agente eficaz de um povo que assuma a responsabilidade pelo seu território e pelo tamanho da sua população, assim como pela manutenção da integridade ambiental da terra. A menos que um agente definido receba a responsabilidade de manter um bem e suporte o prejuízo por não fazê-lo, esse bem tende a deteriorar-se. No meu relato, o papel da propriedade é impedir que essa deterioração ocorra. Nesse caso, o bem é o território do povo e sua capacidade de sustentá-lo *perpetuamente*, e o agente é o próprio povo politicamente organizado. A condição de perpetuidade é crucial. Os povos devem reconhecer que não podem compensar a falha em regular seu crescimento demográfico ou em cuidar da sua terra mediante conquista ou migração para o território de outro povo sem o seu consentimento.

Há numerosas causas de migração. Menciono várias e insinuo que desapareceriam na Sociedade dos Povos liberais e decentes. Uma é a perseguição de minorias religiosas e étnicas, a negação dos seus direitos humanos. Outra é a opressão política de várias formas, como quando os membros das classes camponesas são recrutados e alugados por monarcas como mercenários nas suas guerras dinásticas por poder e território[12]. Muitas vezes, as pessoas estão simplesmente fugindo da fome, como na carestia irlandesa da década

---

12. Pense nos soldados de Hesse, que desertaram o exército inglês e tornaram-se cidadãos dos Estados Unidos depois da revolução americana.

de 1840. Contudo, períodos de fome muitas vezes são causados, em grande parte, por omissões políticas e pela ausência de governo decente[13]. A última causa que menciono é a pressão populacional no território de origem, e entre seus complexos motivos está a desigualdade e a sujeição das mulheres. Assim que a desigualdade e a sujeição são superadas, e assim que elas recebem participação política igual à dos homens e têm a educação assegurada, esses problemas podem ser solucionados. Portanto, a liberdade religiosa e a liberdade de consciência, a liberdade política, as liberdades constitucionais e a igual justiça para as mulheres são aspectos fundamentais de política social judiciosa a favor de uma utopia realista (ver § 15.3-4). O problema da imigração não é, então, simplesmente deixado de lado, mas eliminado como problema sério numa utopia realista.

Mencionarei brevemente a questão de controlar armas nucleares e outras armas de destruição em massa. Entre povos liberais e decentes razoavelmente justos, o controle de tais armas seria relativamente fácil, já que poderiam ser eficazmente banidas. Esses povos não têm nenhuma razão para guerrear entre si. Contudo, enquanto existirem Estados fora da lei – como supomos –, algumas armas nucleares precisarão ser conservadas para manter esses Estados acuados e assegurar que não obtenham nem usem essas armas contra povos liberais ou decentes. Qual a melhor maneira de fazer isso faz parte do conhecimento especializado, que a filosofia não possui. Resta, naturalmente, a grande questão moral de determinar se, e em quais circunstâncias, as armas nucleares podem ser usadas (ver a discussão no § 14).

4. Finalmente, é importante perceber que o Direito dos Povos é desenvolvido dentro do liberalismo político, sendo

---

13. Ver nota 35 sobre Amartya Sen, Parte III, § 15.3.

a extensão, a uma Sociedade dos Povos, da concepção liberal de justiça interna. Enfatizo que, ao desenvolver o Direito dos Povos em uma concepção liberal de justiça, elaboramos os ideais e princípios da *política exterior* de um povo *liberal* razoavelmente justo. Esse interesse pela política exterior de um povo liberal é implícito o tempo todo. A razão pela qual prosseguimos e consideramos o ponto de vista de povos decentes não é prescrever princípios de justiça para *eles*, mas nos assegurarmos de que os ideais e princípios da política exterior de um povo liberal também sejam razoáveis a partir de um decente ponto de vista não liberal. A necessidade dessa garantia é característica inerente à concepção liberal. O Direito dos Povos sustenta que existem pontos de vista não liberais, e a questão do grau em que povos não liberais devem ser tolerados é uma questão essencial da política externa liberal.

A ideia básica é seguir o exemplo de Kant tal como esboçado por ele na *Paz perpétua* (1795), e a sua ideia de *foedus pacificum*. Interpreto-a no sentido de que devemos começar com a ideia de contrato social, pertencente à concepção política liberal de regime constitucionalmente democrático, e depois estendê-la, introduzindo uma segunda posição original, no segundo nível, por assim dizer, no qual os representantes de povos liberais fazem um acordo com outros povos liberais. Isso eu faço nos §§ 3-4, e mais adiante, com povos não liberais, embora decentes, nos §§ 8-9. Cada um desses acordos é compreendido como hipotético e não histórico, e neles entram povos iguais simetricamente situados, na posição original, por trás de um adequado véu de ignorância. Portanto, o empreendimento entre povos é justo. Tudo isso também está em concordância com a ideia de Kant de que um regime constitucional deve estabelecer um Direito dos Povos eficaz para concretizar plenamente a liberdade dos seus cidadãos[14]. Não posso ter certeza antecipadamente de que essa abordagem funcionará; tampouco sustento que outras maneiras de chegar ao Direito dos Povos sejam incorretas. Se houver outras maneiras de chegar ao mesmo lugar, tanto melhor.

---

14. Ver *Teoria e prática*, Parte III: Ak, VIII, 308-310, onde Kant considera a teoria em relação com a prática do direito internacional, ou, como ele diz, a partir de um ponto de vista cosmopolita, e *A ideia de uma história universal*, Ak, VIII, 24 ss.

Parte I
A primeira parte da teoria ideal

§ 1. O Direito dos Povos como utopia realista

1.1 O significado da utopia realista. Como afirmei na introdução, a filosofia política é realisticamente utópica quando estende o que comumente pensamos ser os limites da possibilidade política praticável e, ao fazê-lo, nos reconcilia com a nossa condição política e social. Nossa esperança para o futuro da sociedade baseia-se na crença de que o mundo social permite a uma democracia constitucional razoavelmente justa existir como membro de uma Sociedade dos Povos razoavelmente justa. Como seria uma democracia constitucional razoavelmente justa sob condições históricas favoráveis que são possíveis dadas as leis e tendências da sociedade? E como essas condições se relacionam com as leis e tendências que influenciam as relações entre os povos?

Essas condições históricas incluem, em uma sociedade interna razoavelmente justa, o fato do pluralismo razoável[1]. Na Sociedade dos Povos, o paralelo do pluralismo razoável é a diversidade entre povos razoáveis, com suas diferentes culturas e tradições de pensamento, tanto religiosas como

---

1. Ver a definição na p. 36 de *Political Liberalism*. Ver também "A ideia de razão pública revista", no presente volume.

não religiosas. Mesmo quando dois ou mais povos têm regimes constitucionais liberais, as suas concepções de constitucionalismo podem divergir e expressar diferentes variações do liberalismo. Um Direito dos Povos (razoável) deve ser aceitável por povos razoáveis que são assim diversos, deve ser imparcial entre eles e eficaz na formação dos esquemas maiores da sua cooperação.

Esse fato do pluralismo razoável limita o que é possível praticamente aqui e agora, qualquer que possa ter sido o caso em outras eras históricas quando, muitas vezes se diz, as pessoas em uma sociedade interna eram unidas (embora, talvez, nunca tenham realmente sido) na afirmação de uma doutrina abrangente. Reconheço que há problemas a respeito de como os limites do praticamente possível são discernidos e quais são, na verdade, as condições do nosso mundo social. O problema, aqui, é que os limites do possível não são dados pelo existente, pois podemos, em maior ou menor grau, mudar as instituições políticas e sociais e muito mais. Portanto, temos de nos valer da conjectura e da especulação, argumentando da melhor maneira possível no sentido de que o mundo social a que aspiramos é factível e pode existir efetivamente, se não agora, em um futuro sob circunstâncias mais felizes.

Por fim, queremos perguntar se o pluralismo razoável dentro dos povos ou entre eles é uma condição histórica com a qual nos devemos reconciliar. Embora possamos imaginar o que às vezes pensamos que seria um mundo mais feliz – um em que todas as pessoas, ou todos os povos, têm a mesma fé que nós –, essa não é a questão, excluída como fica pela natureza e pela cultura das instituições livres. Para demonstrar que o pluralismo razoável não deve ser motivo de arrependimento, devemos mostrar que, dadas as possibilidades socialmente factíveis, a existência do pluralismo razoável permite uma sociedade de maior justiça política e liberdade.

Argumentar isso de maneira convincente seria nos reconciliarmos com a condição política e social contemporânea.

1.2 Condições do caso interno. Começo com o esboço de uma sociedade democrática constitucional razoavelmente justa (daqui em diante mencionada simplesmente como sociedade liberal) como uma utopia realista, e revejo sete condições que são necessárias para que exista essa utopia realista. Então, verifico se condições paralelas seriam válidas para uma sociedade de povos razoavelmente justos e decentes que honrassem o Direito dos Povos. Se essas condições viessem a ser válidas, a Sociedade dos Povos também seria um caso de utopia realista.

(i) Há duas condições necessárias para que uma concepção liberal de justiça seja *realista*. A primeira é que deve valer-se de leis efetivas da natureza e alcançar o tipo de estabilidade que essas leis permitem, isto é, a estabilidade pelas razões certas[2]. Ela toma as pessoas tais como são (pelas leis da natureza) e as leis constitucionais e civis tal como poderiam ser, isto é, como seriam em uma sociedade democrática razoavelmente justa e bem-ordenada. Aqui, sigo o pensamento de abertura de Rousseau no *Contrato social*:

> Meu propósito é considerar se, na sociedade política, pode haver algum princípio de governo legítimo e certo, que considere os homens como são e as leis como poderiam ser. Nesta investigação tentarei sempre unir o que o direito permite e o que o interesse exige, para que a justiça e a utilidade não estejam divididas de nenhuma maneira.

---

2. Estabilidade pelas razões certas significa estabilidade causada por atuarem os cidadãos corretamente, de acordo com os princípios adequados do seu senso de justiça, que adquiriram por crescer sob instituições justas e participar delas.

A segunda condição para que uma concepção liberal de justiça seja realista é que os seus primeiros princípios e preceitos sejam funcionais e aplicáveis a arranjos políticos e sociais em andamento. Aqui um exemplo pode ser útil: considerar os bens primários (direitos e liberdades básicos, oportunidades, renda e fortuna e as bases sociais do respeito próprio) tal como usados na justiça como equidade. Uma das suas principais características é que eles são funcionais. A parcela desses bens de um cidadão é abertamente observável e torna possíveis as comparações exigidas entre cidadãos (as assim chamadas comparações interpessoais). Isso pode ser feito sem recorrer a ideias não funcionais como a utilidade geral de um povo ou àquilo que Amartya Sen[3] designa como capacidades básicas para vários funcionamentos.

(ii) Uma condição necessária para que uma concepção política de justiça seja *utópica* é que ela use ideias, princípios e conceitos (morais) para especificar uma sociedade razoável e justa. Há uma família de concepções liberais razoáveis de justiça, cada uma das quais tem os seguintes três princípios característicos:

---

3. Isso não quer dizer que a ideia de capacidades básicas de Sen não seja importante aqui, e na verdade trata-se do contrário. Seu pensamento é que a sociedade deve providenciar a distribuição das liberdades básicas eficazes dos cidadãos, já que os cidadãos têm capacidades e habilidades diferentes no uso desses bens para alcançar maneiras desejáveis de viver suas vidas. A resposta do lado dos bens primários é conceder essa reivindicação – na verdade, qualquer uso dos bens primários deve fazer certas suposições simplificadoras a respeito das capacidades dos cidadãos –, mas também responde que aplicar a ideia de capacidades básicas eficazes sem essas suposições ou similares pede mais informações do que a sociedade política pode concebivelmente adquirir e sensatamente aplicar. Em vez disso, ao inserir os bens primários na especificação dos princípios de justiça e ordenar a estrutura básica da sociedade em conformidade, podemos nos aproximar tanto quanto possível, na prática, de uma distribuição justa das liberdades eficazes de Sen. Sua ideia é essencial porque é necessária para explicar a adequação do uso dos bens primários. Para a visão de Amartya Sen, ver o seu *Inequality Reexamined* (Cambridge, Mass., Harvard University Press, 1992), especialmente capítulos 1-5.

- o primeiro enumera os direitos e liberdades básicas a partir de um regime constitucional;
- o segundo atribui a esses direitos, liberdades e oportunidades uma prioridade especial, especialmente no que diz respeito às exigências dos valores do bem geral e do perfeccionismo, e
- o terceiro assegura a todos os cidadãos os bens primários necessários para capacitá-los a fazer uso inteligente e eficaz das suas liberdades.

Os princípios dessas concepções de justiça também devem satisfazer o critério da reciprocidade. Esse critério exige que, quando os termos são propostos como os mais razoáveis de cooperação imparcial, os que os propõem pensem que sejam, pelo menos, razoáveis para outros aceitá-los como cidadãos livres e iguais, não como dominados ou manipulados ou sob pressão causada por uma posição política ou social inferior[4]. Os cidadãos diferirão quanto a qual dessas concepções acham a mais razoável, mas deveriam ser capazes de concordar que todas são razoáveis, ainda que pouco. Cada um desses liberalismos endossa as ideias subjacentes dos cidadãos como pessoas livres e iguais e da sociedade como um sistema imparcial de cooperação ao longo do tempo. Não obstante, como essas ideias podem ser interpretadas de várias maneiras, obtemos formulações diferentes dos princípios de justiça e diferentes conteúdos da razão pública[5]. As concepções políticas diferem também no modo como ordenam, ou equilibram, princípios e valores políticos, mesmo quando especificam os mesmos princípios e valores como significativos. Esses liberalismos contêm princípios substi-

---

4. Ver *Political Liberalism*, II: § 1, p. 48-54, e "A ideia de razão pública revista", pp. 179 ss.
5. Desses liberalismos, a justiça como imparcialidade é o mais igualitário. Ver *Political Liberalism*, pp. 6 ss.

tutivos de justiça, e abrangem, portanto, mais do que justiça processual. Requer-se que os princípios especifiquem as liberdades religiosas e as liberdades de expressão artística de cidadãos livres e iguais, assim como ideias substantivas de imparcialidade que assegurem oportunidade justa e meios adequados para todos os propósitos e muito mais[6].

(iii) Uma terceira condição para uma utopia realista exige que a categoria do político contenha em si todos os elementos essenciais para uma concepção política de justiça. Por exemplo, no liberalismo político as pessoas são vistas como cidadãos, e uma concepção política de justiça é construída a partir de ideias (morais) políticas disponíveis na cultura política pública de um regime constitucional liberal. A ideia de um cidadão livre é determinada por uma concepção política liberal e não por alguma doutrina abrangente, que sempre se estende para além da categoria do político.

(iv) Devido ao fato do pluralismo razoável, a democracia constitucional deve ter instituições políticas e sociais que levem eficazmente seus cidadãos a adquirir esse sentido adequado de justiça à medida que cresçam e participem da sociedade. Eles, então, serão capazes de compreender os princípios e ideais da concepção política, de interpretá-los e aplicá-los aos casos em questão, e serão normalmente impelidos a atuar a partir deles como exigem as circunstâncias. Isso leva à estabilidade pelas razões certas.

Na medida em que as concepções liberais exigem a conduta virtuosa dos cidadãos, as virtudes (políticas) neces-

---

6. Alguns podem achar que o fato do pluralismo razoável significa que as formas da adjudicação justa dentre as doutrinas abrangentes devem ser apenas processuais, não substantivas. Essa visão é vigorosamente discutida por Stuart Hampshire em *Innocence and Experience* (Cambridge, Mass., Harvard University Press, 1989). No texto acima, porém, suponho que as várias formas de liberalismo são, cada uma, concepções substantivas. Para um tratamento completo das questões, ver a discussão de Joshua Cohen, "Pluralism and Proceduralism", *Chicago-Kent Law Review*, vol. 69, nº 3 (1994).

sárias são as da cooperação política, tais como um senso de imparcialidade e tolerância, e disposição para soluções de compromisso com os outros. Além disso, os princípios e ideais políticos liberais poderão ser satisfeitos pela estrutura básica da sociedade mesmo se numerosos cidadãos falharem ocasionalmente, contanto que o peso da sua conduta seja superado pela conduta adequada de um número suficiente de outros[7]. A estrutura das instituições políticas permanece justa e estável (pelas razões certas) ao longo do tempo.

Essa ideia de utopia realista é sumamente institucional. No caso interno ela se liga à maneira como os cidadãos se conduzem sob as instituições e práticas dentro das quais cresceram, e, no caso internacional, à maneira como o caráter de um povo se desenvolveu historicamente. Dependemos dos fatos da conduta social como o conhecimento e a reflexão histórica os estabelecem: por exemplo, os fatos de que, historicamente, a unidade política e social não depende da unidade religiosa e de que povos democráticos bem-ordenados não entrem em guerra entre si. Essas observações e outras serão essenciais à medida que prosseguirmos.

(v) Como a unidade religiosa, filosófica ou política não é possível nem necessária para a unidade social, se a estabilidade social não for meramente um *modus vivendi*, deverá enraizar-se numa concepção política razoável de direito e justiça, afirmada por um consenso sobreposto de doutrinas abrangentes.

(vi) A concepção política deve ter uma ideia razoável de tolerância, derivada inteiramente de ideias extraídas da

---

7. As concepções liberais também são o que podemos chamar "liberalismos da liberdade". Os seus três princípios garantem os direitos e liberdades básicas, atribuem-lhes uma prioridade especial e asseguram a todos os cidadãos meios suficientes, para todos os propósitos, para que as suas liberdades não sejam puramente formais. Nisso, estão com Kant, Hegel e, menos obviamente, J. S. Mill. Ver ainda § 7.3.

categoria do político⁸. Entretanto, essa condição pode não ser sempre necessária, pois há casos em que as próprias doutrinas abrangentes a proveem. Não obstante, a concepção política será fortalecida se contiver uma ideia razoável de tolerância dentro de si mesma, pois isso mostrará a razoabilidade da tolerância pela razão pública.

1.3 Condições paralelas da sociedade dos povos. Supondo que o § 1.2, acima, indica adequadamente as condições exigidas para uma democracia constitucional razoavelmente justa, que chamei "utopia realista", quais são as condições paralelas para uma Sociedade dos Povos razoavelmente justa? Essa é uma questão muito grande para ser agora discutida em detalhe. Contudo, poderia ser proveitoso observar alguns dos paralelos antes de prosseguirmos prenunciando o argumento a seguir.

As primeiras três condições, creio, são tão fortes em um caso como no outro:

(i*) A Sociedade razoavelmente justa dos Povos bem-ordenados é *realista* da mesma maneira que uma sociedade

---

8. Ver *Political Liberalism*, pp. 60 ss. Os pontos principais dessa concepção de tolerância podem ser expostos de maneira resumida, da seguinte maneira: (1) Pessoas razoáveis não afirmam todas a mesma doutrina abrangente. Diz-se que isso é uma consequência dos "ônus do julgamento". (2) São afirmadas muitas doutrinas razoáveis, das quais nem todas podem ser verdadeiras ou corretas, julgadas a partir de qualquer doutrina abrangente. (3) Não é irrazoável afirmar nenhuma das doutrinas abrangentes razoáveis. (4) Outros que afirmam doutrinas razoáveis diferentes das nossas também são razoáveis. (5) Ao afirmar a nossa crença em uma doutrina que reconhecemos como razoável, não estamos sendo irrazoáveis. (6) As pessoas razoáveis pensam que seria irrazoável usar o poder político, se o tivessem, para reprimir outras doutrinas que sejam razoáveis mas diferentes da sua. Esses pontos podem parecer muito estritos, pois reconheço que toda sociedade contém também numerosas doutrinas irrazoáveis. No que diz respeito a esse ponto, porém, é importante perceber que até onde doutrinas irrazoáveis podem ser ativas e toleradas não é decidido pelo que se disse acima, mas pelos princípios de justiça e pelos tipos de ação que eles permitem. Devo a Erin Kelly a discussão desse ponto.

interna liberal ou decente. Aqui, novamente, vemos os povos como são (tal como organizados em uma sociedade razoavelmente justa), e o Direito dos Povos como poderia ser, isto é, como ele seria em uma Sociedade de Povos justos e decentes razoavelmente justa. O conteúdo de um Direito dos Povos razoável é verificado usando a ideia da posição original uma segunda vez, com as partes agora compreendidas como representantes de povos (§ 3). A ideia de povos em vez de Estados é crucial neste ponto: ela nos capacita a atribuir motivos morais – lealdade aos princípios do Direito dos Povos, que, por exemplo, permite a guerra apenas em defesa própria – aos povos (como atores), o que não podemos fazer com relação aos Estados (§ 2)[9].

O Direito dos Povos também é realista de uma segunda maneira: ele é funcional e pode ser aplicado a relações entre povos e a arranjos políticos cooperativos em andamento. Não se pode demonstrar que seja esse o caso até ser esboçado o conteúdo do Direito dos Povos (§ 4). Por ora, basta dizer que ele se expressa nos termos – que nos são familiares – da liberdade e igualdade dos povos, e envolve numerosas ideias (morais) jurídicas e políticas.

(ii*) Um Direito dos Povos razoavelmente justo é *utópico* no sentido de que usa ideias, princípios e conceitos (morais) políticos para especificar os arranjos políticos e sociais razoavelmente certos e justos para a Sociedade dos Povos. No caso interno, as concepções liberais de justiça distinguem entre o razoável e o racional e encontram-se entre o altruísmo, por um lado, e o egoísmo, por outro. O Direito dos Po-

---

9. Uma pergunta que com certeza será feita: por que o Direito dos Povos usa uma posição original no segundo nível que é equitativa com os povos e não com pessoas individuais? O que nos povos lhes dá a condição de atores (morais) no Direito dos Povos? Parte da resposta é dada no § 2, em que a ideia de povos é especificada; a explicação mais completa, porém, é dada no § 11. Os que estão perturbados com essa pergunta devem lê-lo agora.

vos duplica essas características. Por exemplo, dizemos (§ 2) que os interesses de um povo são especificados por sua terra e território, suas instituições políticas e sociais razoavelmente justas e sua cultura cívica livre, com suas inúmeras associações. Esses vários interesses fundamentam as distinções entre o razoável e o racional, e mostram-nos como as relações entre os povos podem permanecer justas e estáveis (pelas razões certas) ao longo do tempo.

(iii*) Uma terceira condição requer que todos os elementos essenciais para uma concepção política de justiça estejam contidos na categoria do político. Essa condição será satisfeita no Direito dos Povos assim que estendermos às relações entre os povos a concepção política liberal de uma democracia constitucional. Se essa extensão pode ser levada a cabo com sucesso ainda tem de ser demonstrado. Mas, de qualquer modo, as extensões do político sempre permanecem políticas, e doutrinas abrangentes – religiosas, filosóficas e morais – sempre se estendem para além dele.

(iv*) O grau em que um processo institucional eficaz e razoavelmente justo capacita os membros de diferentes sociedades bem-ordenadas a desenvolver o senso de justiça e a apoiar um governo que honra o Direito dos Povos pode diferir de uma sociedade para outra na Sociedade dos Povos mais ampla. O pluralismo razoável é mais evidente em uma sociedade de povos bem-ordenados do que em apenas uma sociedade. A lealdade ao Direito dos Povos não precisa ser igualmente forte em todos os povos, mas, idealmente falando, deve ser suficiente. Considero essa questão posteriormente no § 15.5, sob o título de afinidade, e sugiro que o processo institucional pode ser mais fraco quando a lealdade ao Direito dos Povos também é mais fraca.

Isso nos leva às duas condições restantes.

(v*) A unidade de uma Sociedade dos Povos razoável não exige unidade religiosa. O Direito dos Povos provê para a Sociedade dos Povos um conteúdo de razão pública paralelo aos princípios da justiça em uma sociedade democrática.

(vi*) O argumento a favor da tolerância, derivado da ideia do razoável, é igualmente válido na Sociedade dos Povos mais ampla: o mesmo raciocínio aplica-se em um caso como no outro. O efeito de estender uma concepção liberal de justiça à Sociedade dos Povos – que contém mais doutrinas religiosas e outras doutrinas abrangentes que qualquer povo individual – torna inevitável que daí advenha a tolerância, se os povos-membros empregam a razão pública nos tratos mútuos.

Essas condições são discutidas mais detalhadamente à medida que prosseguimos. Qual a probabilidade de tal Sociedade dos Povos existir é uma pergunta importante; não obstante, o liberalismo político afirma que a possibilidade é compatível com a ordem natural e com as constituições e leis como poderiam ser. A ideia de razão pública[10] para a Sociedade dos Povos é análoga à ideia de razão pública no caso interno, quando existe uma base compartilhada de justificação, que pode ser revelada pela devida reflexão. O liberalismo político, com suas ideias de utopia realista e razão pública, nega o que muito da vida política sugere – que a estabilidade entre os povos nunca pode ser mais que um *modus vivendi*.

A ideia de uma sociedade razoavelmente justa de povos bem-ordenados não terá um lugar importante em uma teoria de política internacional até que tais povos existam e tenham aprendido a coordenar as ações dos seus governos em formas mais amplas de cooperação política, econômica e social. Quando isso acontecer – como, acompanhando Kant,

---

10. Esta ideia é discutida no § 7 da Parte II. Para a ideia de razão pública, ver "A ideia de razão pública revista", neste volume.

creio que acontecerá –, a sociedade desses povos formará um grupo de povos satisfeitos. Como sustentarei (§ 2), por estarem satisfeitos os seus interesses fundamentais, não terão razão nenhuma para guerrear entre si. Os motivos conhecidos para a guerra estariam ausentes: tais povos não buscam converter os outros à sua religião, conquistar mais território nem exercer poder político sobre outro povo. Pela negociação e pelo comércio podem satisfazer as suas necessidades e interesses econômicos. Uma descrição detalhada de como e por que tudo isso toma forma ao longo do tempo será uma parte essencial da teoria da política internacional.

1.4 A utopia realista é uma fantasia? Alguns parecem pensar que essa ideia é uma fantasia, particularmente depois de Auschwitz. Mas por quê? Eu não negaria nem a singularidade histórica do Holocausto nem que ele poderia ser repetido em algum outro lugar. Contudo, em nenhum lugar além da Europa durante a ocupação alemã, entre 1941 e 1945, um ditador carismático controlou a máquina de um Estado poderoso com o intento de realizar o extermínio final e completo de um povo particular, até então considerado como membro da sociedade. A destruição dos judeus foi levada a cabo com grande custo de homens e equipamentos (uso de ferrovias, construção de campos de concentração e muito mais) em detrimento do desesperado esforço de guerra alemão, especialmente durante os últimos anos. Pessoas de todas as idades, velhos, crianças e bebês, foram tratados do mesmo jeito. Assim, os nazistas perseguiram como um fim em si mesmo o seu objetivo de tornar *judenrein* a Europa ocupada pelos alemães[11].

---

11. Valho-me aqui de Raul Hilburg, *The Destruction of the European Jews*, 3 vols. (Chicago, University of Chicago Press, 1961), edição abreviada para estudantes em 1 vol. (Nova York, Holmes and Meier, 1985), e Hannah Arendt, *Eichmann in Jerusalem* (Nova York, Viking Press, 1963). Para a origem do poder de Hitler,

Tampouco deve ser negligenciado o fato de que a concepção de mundo demoníaca de Hitler era, em um sentido perverso, religiosa. Isso é evidente a partir da sua derivação e das suas ideias e ódios principais. O seu "antissemitismo redentor", como diz Saul Friedländer, é um antissemitismo que inclui não apenas elementos raciais. "O antissemitismo redentor", escreve Friedländer, "nasce do medo da degeneração racial e da crença religiosa na redenção.[12]" Na mente de Hitler, uma fonte de degeneração era o casamento com judeus, que maculava o sangue alemão. Ao permitir que isso acontecesse, pensava, a Alemanha estava a caminho da perdição. A redenção só poderia vir com a libertação diante dos judeus, com a sua expulsão da Europa ou, não ocorrendo isso, com o seu extermínio. No fim do segundo capítulo de *Mein Kampf*, Hitler escreve: "Hoje, acredito que estou agindo segundo a vontade do Criador Todo-Poderoso: ao defender-me contra o judeu, estou lutando pela obra do Senhor[13]".

---

ver Ian Kershaw, *The Hitler Myth: Image and Reality in the Third Reich* (Nova York, Oxford University Press, 1987), e Peter Fritzsche, *Germans into Nazis* (Cambridge, Mass., Harvard University Press, 1998). Ver também Charles Meier, *The Unmasterable Past* (Cambridge, Mass., Harvard University Press, 1988), especialmente pp. 80 ss. O capítulo 3 considera o caráter singular do Holocausto. Ver também Philippe Burrin, *Hitler and the Jews: Genesis of the Holocaust*, com introdução de Saul Friedländer (Londres, Edward Arnold, 1994). Burrin acredita que o Holocausto, com o objetivo do extermínio final e completo dos judeus europeus, começa por volta de setembro de 1941, com as dificuldades crescentes na campanha russa.

12. Saul Friedländer, *Nazi Germany and the Jews* (Nova York, Harper Collins, 1997), vol. 1, p. 87.

13. Um relato policial afirma que Hitler disse num discurso em Munique, em 1926: "O Natal foi significativo justamente para o nacional-socialismo, já que Cristo foi o grande precursor da luta contra o inimigo mundial judeu. Cristo não foi o Apóstolo da Paz em que a Igreja o transformou depois, mas a maior personalidade combativa que jamais viveu. Por milênios, o ensinamento de Cristo tem sido fundamental na luta contra o judeu como inimigo da humanidade. A tarefa que Cristo iniciou eu cumprirei. O nacional-socialismo nada mais é que o cumprimento prático do ensinamento de Cristo". Ver Friedländer, *Nazi Germany and the Jews*, p. 102.

O fato do Holocausto e nosso conhecimento de que a sociedade humana admite essa possibilidade demoníaca não devem, porém, afetar as nossas esperanças, tal como expressas pela ideia de uma utopia realista e do *foedus pacificum* de Kant. Males terríveis perduraram durante longo tempo. Desde o tempo do imperador Constantino, no século IV, o cristianismo puniu a heresia e tentou eliminar pela perseguição e pelas guerras religiosas o que considerava falsa doutrina. Para fazer isso, exigiu os poderes coercitivos do Estado. A inquisição instituída pelo papa Gregório IX esteve ativa ao longo das Guerras de Religião dos séculos XVI e XVII. Em setembro de 1572, o papa Pio V foi à igreja francesa de São Luís, em Roma, onde, com mais trinta e três cardeais, assistiu a uma missa de ação de graças pelo massacre – de motivação religiosa – de quinze mil huguenotes, protestantes franceses, no Dia de São Bartolomeu daquele verão[14]. A heresia era amplamente considerada como pior que o assassinato. Esse zelo perseguidor foi a pior maldição da religião cristã. Foi compartilhado por Lutero, por Calvino e pelos reformadores protestantes, e não foi radicalmente confrontado na Igreja Católica até o Vaticano II[15].

---

14. Lorde Acton, "The Massacre of St. Bartholomew", *North British Review* (outubro, 1869). Esta descrição é do vol. II dos *Collected Works* de Acton (Indianápolis, Liberty Classics, 1985), p. 227. É digno de nota que em uma cerimônia em Paris, em agosto de 1997, o papa João Paulo II tenha se desculpado em nome da Igreja por ocasião do aniversário do massacre. Ver *New York Times*, 24 de agosto, 1997, p. A3.

15. Na *Declaração de liberdade religiosa – Dignitatis Humanae* (1965), a Igreja Católica comprometeu-se com o princípio da liberdade religiosa como encontrado na democracia constitucional. Ela declarou a doutrina ética da liberdade religiosa baseada na dignidade da pessoa humana, uma doutrina política com respeito pelos limites do governo em questões religiosas e uma doutrina teológica da liberdade da Igreja nas suas relações com o mundo político e social. Segundo essa declaração, todas as pessoas, seja qual for a sua fé, têm o direito de liberdade religiosa nos mesmos termos. Como disse John Courtney Murray, S.J.: "Uma ambiguidade de muito tempo fora finalmente esclarecida. A Igreja não lida com o

Esses males foram maiores ou menores que o Holocausto? Não precisamos fazer tais julgamentos comparativos. Os grandes males são suficientes em si. Mas os males da Inquisição e do Holocausto não deixam de estar relacionados. Na verdade, parece claro que, sem o antissemitismo cristão ao longo de muitos séculos – especialmente rude na Rússia e na Europa oriental –, o Holocausto não teria acontecido[16]. Que o "antissemitismo redentor" nos pareça loucura demoníaca – como alguém poderia acreditar em tais fantasias? – não muda esse fato.

Contudo, não devemos permitir que esses grandes males do passado e do presente solapem a nossa esperança no futuro da nossa sociedade, pertencente a uma Sociedade de Povos liberais e decentes ao redor do mundo. Do contrário, a conduta errônea, má e demoníaca dos outros também nos destrói e sela a sua vitória. Antes, devemos sustentar e forta-

---

mundo secular em função de um padrão duplo – liberdade para a Igreja quando os católicos são minoria e privilégio para a Igreja e intolerância para os outros quando os católicos são maioria." Ver *The Documents of Vatican II*, org. Walter Abbott, S.J. (Nova York, American Press, 1966), p. 673.

16. Num discurso de rádio para os Estados Unidos em 4 de abril de 1933, o bispo Otto Dibelius, eminente clérigo protestante, defendeu o boicote dos judeus de 1º de abril de 1933 (originalmente programado para durar cinco dias) promovido pelo novo regime alemão. Em mensagem confidencial de Páscoa para os pastores da sua província, ele disse: "Meus queridos irmãos! Nós todos não apenas compreendemos, mas somos plenamente solidários com as recentes motivações das quais o movimento *völkisch* surgiu. Não obstante a má fama que o termo frequentemente adquiriu, sempre me considerei um antissemita. Não podemos ignorar que os judeus desempenharam papel decisivo em todas as manifestações destrutivas da civilização moderna". Dietrich Bonhoeffer, que mais tarde teria um papel heroico na resistência e que se tornou um líder da Igreja Confessional, disse a respeito do boicote de abril: "Na Igreja de Cristo nunca perdemos de vista a ideia de que o 'Povo Escolhido', que pregou na cruz o salvador do mundo, deve suportar a maldição através de uma longa história de sofrimento". Ambas as citações em Friedländer, *Nazi Germany and the Jews*, pp. 42 e 45, respectivamente. Eu diria que, em uma sociedade decente, qualquer boicote desse tipo, organizado pelo Estado, deveria ser considerado uma flagrante violação da liberdade de religião e da liberdade de consciência. Por que esses clérigos não pensaram assim?

lecer a nossa esperança, desenvolvendo uma concepção razoável e funcional de direito político e justiça que se aplique às relações entre os povos. Para realizarmos isso, devemos seguir o exemplo de Kant e começar a partir da concepção política de uma democracia constitucional razoavelmente justa, que já formulamos. Prosseguimos, então, e estendemos essa concepção à Sociedade dos Povos liberais e decentes (§ 4). Prosseguir dessa maneira supõe a razoabilidade do liberalismo político, e desenvolver um Direito dos Povos razoável a partir do liberalismo político confirma a sua razoabilidade. Esse Direito é sustentado pelos interesses fundamentais das democracias constitucionais e de outras sociedades decentes. Nossa esperança deixa de ser um mero anseio e torna-se esperança razoável.

§ 2. Por que povos, e não Estados?

2.1 Características básicas dos povos. Esta descrição do Direito dos Povos concebe os povos democráticos liberais (e povos decentes) como os atores na Sociedade dos Povos, exatamente como os cidadãos são os atores na sociedade nacional. Partindo de uma concepção política de sociedade, o liberalismo político descreve cidadãos e povos por meio das concepções políticas que especificam a sua natureza, uma concepção de cidadãos em um caso, de povos atuando por meio dos seus governos em outro. Os povos liberais têm três características básicas: um governo constitucional razoavelmente justo, que sirva aos seus interesses fundamentais; cidadãos unidos pelo que Mill denominou "afinidades comuns"[17]; e, finalmente, uma natureza moral.

---

17. Nesta etapa inicial, uso as primeiras sentenças do capítulo XVI das *Considerações* de J. S. Mill (1862), na qual ele usa uma ideia de nacionalidade para

A primeira é institucional, a segunda é cultural, e a terceira exige uma ligação firme com uma concepção política (moral) de direito e justiça[18].

Ao dizer que um povo tem um governo democrático constitucional razoavelmente justo (embora não necessariamente justo por completo), quero dizer que o governo está eficazmente sob seu controle político e eleitoral, que responde pelos seus interesses fundamentais e que os protege como especificado em uma constituição escrita ou não escrita. O regime não é uma agência autônoma perseguindo as suas próprias ambições burocráticas. Além disso, não é dirigido pelos interesses de grandes concentrações de poder econômico e corporativo privado, ocultados ao conhecimento público e quase inteiramente livres de responsabilidade. Que instituições e prática poderiam ser necessárias para manter um governo democrático constitucional razoavelmente justo e impedi-lo de corromper-se é um grande tópico que não persigo aqui, exceto por observar o truísmo de que é necessário estruturar instituições de maneira que motivem suficientemente as pessoas, tanto cidadãos como

---

descrever a cultura de um povo. Ele diz: "Pode-se dizer que uma porção da humanidade constitui uma nacionalidade se as pessoas estão unidas por afinidades comuns, inexistentes entre elas e quaisquer outras – que as faz cooperar entre si com mais disposição do que com relação a quaisquer outras, desejar ter um mesmo governo que seja o delas mesmas ou de uma porção delas, exclusivamente. Esse sentimento de nacionalidade pode ter sido gerado por várias causas. Às vezes, é o efeito da identidade de raça e ascendência. A comunidade de língua, a comunidade de religião contribuem grandemente para ele. Os limites geográficos são uma das suas causas. Mas a mais forte de todas é a identidade dos antecedentes políticos, a posse de história nacional e a consequente comunidade de recordações, o orgulho e a humilhação, o prazer e o pesar coletivos, ligados aos mesmos incidentes do passado. Nenhuma dessas circunstâncias, porém, é necessariamente suficiente por si mesma". *Considerations on Representative Government*, org. J. M. Robson (Toronto, University of Toronto Press, 1977), em *Collected Works*, vol. XIX, cap. XVI, p. 546.

18. Sou muito grato a John Cooper pela instrutiva discussão a respeito dessas características.

funcionários governamentais, a honrá-las e remover as evidentes tentações da corrupção[19]. Quanto ao fato de os povos liberais estarem unidos por afinidades comuns e um desejo de estar sob o mesmo governo democrático, se essas afinidades fossem inteiramente dependentes de uma linguagem, história e cultura política comuns, com uma consciência histórica compartilhada, essa característica raramente seria plenamente satisfeita, se o fosse. As conquistas históricas e a imigração causaram a mistura de grupos com culturas e memórias históricas diferentes, que agora residem no território da maioria dos governos democráticos contemporâneos. Não obstante, o Direito dos Povos parte da necessidade de afinidades comuns, não importa qual a sua fonte. Minha esperança é que, se começamos dessa maneira simplificada, podemos elaborar princípios políticos que, no devido tempo, nos capacitarão a lidar com casos mais difíceis, em que nem todos os cidadãos são unidos por uma linguagem comum e memórias históricas compartilhadas. Um pensamento que encoraja essa maneira de proceder é que, dentro de uma política liberal (ou decente) razoavelmente justa, é possível, creio, satisfazer os interesses e necessidades culturais de grupos com históricos étnicos e nacionais diversos. Prosseguimos com base na suposição de que os princípios políticos para um regime constitucional razoavelmente justo nos permitem lidar com uma grande variedade de casos, se não todos[20].

---

19. Um exemplo que vale a pena mencionar é o financiamento público de eleições e fóruns para a discussão política pública, sem o que a política pública séria não tende a florescer. Quando os políticos dependem de contribuições de campanha, e existe uma distribuição de renda e riqueza muito desigual, com a grande riqueza sob o controle do poder econômico corporativo, é de admirar que a legislação seja na realidade escrita por lobistas e que o Congresso se torne uma câmara de barganha onde se compram e vendem leis?

20. No caso, penso na ideia de nação como distinta da ideia de governo ou Estado, e a interpreto como referindo-se a um padrão de valores culturais do tipo descrito por Mill na nota 17, acima. Ao pensar na ideia de nação dessa maneira, sigo o instrutivo *Liberal Nationalism* (Princeton, Princeton University Press, 1993).

Finalmente, os povos liberais têm certo caráter moral. Como cidadãos em uma sociedade nacional, os povos liberais são razoáveis e racionais, e a sua conduta racional, enquanto organizada e expressa nas suas eleições e votos, nas leis e políticas do seu governo, é similarmente limitada pela sua percepção do que é razoável. Como cidadãos razoáveis na sociedade nacional oferecem-se para cooperar em termos imparciais com outros cidadãos, os povos liberais (ou decentes) (razoáveis) oferecem termos de cooperação justos a outros povos. Um povo honrará esses termos quando estiver seguro de que outros povos também o farão. Isso nos leva aos princípios da justiça política, no primeiro caso, e ao Direito dos Povos, no outro. Será crucial descrever como essa natureza moral ocorre e como pode ser sustentada de uma geração para a outra.

2.2 Os povos carecem da soberania tradicional. Outra razão pela qual uso o termo "povos" é distinguir o meu pensamento daquele a respeito dos Estados políticos como tradicionalmente concebidos, com os seus poderes de soberania incluídos no Direito internacional (positivo) pelos três séculos após a Guerra dos Trinta Anos (1618-48). Esses poderes incluem o direito de guerrear no desempenho de políticas estatais – conforme a noção de Clausewitz –, com os fins da política dados pelos interesses prudentes racionais de um estado[21]. Os poderes de soberania também conferem

---

21. Seria injusto com Clausewitz não acrescentar que, para ele, os interesses do Estado podem incluir objetivos morais reguladores de qualquer tipo, e, assim, os objetivos da guerra podem ser defender as sociedades contra regimes tirânicos, de certo modo como na Segunda Guerra Mundial. Para ele, os objetivos dos políticos não são parte da teoria da guerra, embora estejam sempre presentes e possam afetar adequadamente a condução da guerra. Sobre isso, ver as observações de Peter Paret, "Clausewitz", em *The Makers of Modern Strategy*, org. Peter Paret (Princeton; Princeton University Press, 1986), pp. 209-13. A visão que expressei no texto acima caracteriza a *raison d'état* como perseguida por Frederico, o Grande. Ver Gerhard Ritter, *Frederick the Great*, trad. Peter Paret (Berkeley, University of California Press, 1968), cap. 10 e a declaração na p. 197.

a um Estado certa autonomia (discutida abaixo) para lidar com o seu próprio povo. Pela minha perspectiva, essa autonomia está errada.

Ao desenvolver o Direito dos Povos, o primeiro passo é elaborar os princípios de justiça para a sociedade nacional. No caso, a posição original leva em conta apenas pessoas compreendidas por tal sociedade, já que não estamos considerando relações com outras sociedades. Essa posição vê a sociedade como fechada: as pessoas entram apenas pelo nascimento e saem apenas com a morte. Não há necessidade de forças armadas, não chega a surgir o problema de que o governo esteja preparado militarmente, e seria negado se surgisse. Um exército não deve ser usado contra seu próprio povo. Os princípios da justiça nacional permitem uma força policial para manter a ordem interna e um judiciário e outras instituições para sustentar o estado de direito[22]. Tudo isso é muito diferente de um exército para a defesa contra Estados fora da lei. Embora os princípios nacionais de justiça sejam compatíveis com um direito qualificado de guerrear, eles não estabelecem por si mesmos esse direito. A base desse direito depende do Direito dos Povos, ainda a ser formulado. Esse Direito, como veremos, restringirá a soberania ou autonomia (política) interna de um Estado, o seu alegado direito de fazer o que quiser com o povo dentro das suas fronteiras.

Assim, ao formular o Direito dos Povos, um governo, como organização política do seu povo, não é, por assim dizer, o autor de todos os seus poderes. Os poderes de guerra dos governos, quaisquer que possam ser, só são aceitáveis dentro de um Direito dos Povos razoável. Essas questões

---

22. Enfatizo aqui que o Direito dos Povos não questiona a legitimidade da autoridade do governo para impor o princípio da legalidade democrática. A suposta alternativa ao chamado monopólio de poder do governo seria a violência privada para quem tenha a vontade e meios de exercê-la.

não ficam prejudicadas pela existência de um governo cujo povo seja internamente organizado segundo instituições de justiça de fundo. Devemos reformular os poderes da soberania à luz de um Direito dos Povos razoável e negar aos Estados os direitos tradicionais à guerra e à autonomia interna irrestrita.

Além disso, essa reformulação está de acordo com uma mudança dramática e recente no modo como muitos gostariam que o Direito internacional fosse compreendido. Desde a Segunda Guerra Mundial, o Direito internacional tornou-se mais estrito. Ele tende a limitar o direito de guerrear de um Estado a casos de autodefesa (também no interesse da segurança coletiva) e a restringir o direito de soberania interna de um Estado. Nesse ponto, deixo de lado as inúmeras dificuldades de interpretar esses direitos e limites, e tomo o significado e a tendência gerais como suficientemente claros. O essencial é que a nossa elaboração do Direito dos Povos se ajuste a essas duas mudanças básicas e lhes dê uma fundamentação lógica adequada[23].

O termo "povos", então, tem a intenção de enfatizar essas características singulares dos povos como distintos dos Estados, tal como tradicionalmente concebidos, e destacar o seu caráter moral e a natureza razoavelmente justa, ou decente, dos seus regimes. É significativo que os direitos e deveres dos povos no que diz respeito à sua chamada soberania derivam do próprio Direito dos Povos, com os quais concordariam juntamente com outros povos em circunstâncias adequadas.

---

23. Daniel Philpott, na sua tese de doutorado, "Revolutions in Sovereignty" (Harvard University, 1995), sustenta que as mudanças nos poderes de soberania de um período para outro originam-se das mudanças que ocorrem nas ideias que os povos têm de governo nacional correto e justo. Aceitando essa visão como mais ou menos correta, a explicação para a mudança pareceria estar na ascensão e na aceitação dos regimes democráticos constitucionais, o seu sucesso na Primeira e na Segunda Guerra Mundial e a gradual perda de fé no comunismo soviético.

Como povos justos ou decentes, as razões para a sua conduta estão de acordo com os princípios correspondentes. Não são movidos unicamente pelos seus interesses prudentes ou racionais, as chamadas razões de Estado.

2.3 Características básicas dos Estados. As observações seguintes mostram que o caráter de um povo no Direito dos Povos é diferente do caráter daquilo a que me refiro como Estados. Os Estados são os atores em muitas teorias de política internacional a respeito das causas da guerra e da preservação da paz[24]. Muitas vezes são vistos como racionais, ansiosamente preocupados com o seu poder – a sua capacidade (militar, econômica, diplomática) de influenciar outros Estados – e sempre guiados pelos seus interesses básicos[25]. A visão típica das relações internacionais é fundamentalmente a mesma que no tempo de Tucídides e não foi transcendida nos tempos modernos, quando a política mundial ainda é marcada pelas lutas dos Estados por poder, prestígio e riqueza em uma condição de anarquia global[26]. Até que ponto os Estados diferem dos povos fundamenta-se em até que ponto a racionalidade, a preocupação com o po-

---

24. Ver Robert Gilpin, *War and Change in World Politics* (Cambridge, Cambridge University Press, 1981), cap. 1, pp. 9-25. Ver também Axelrod, *The Complexity of Cooperation* (Princeton, Princeton University Press, 1997), cap. 4, "Choosing Sides", com sua descrição do alinhamento dos países na Segunda Guerra Mundial.

25. Lord Palmerston disse: "A Inglaterra não tem nenhum amigo eterno e nenhum inimigo eterno, apenas interesses eternos." Ver Donald Kagan, *Origins of War and the Preservation of Peace* (Nova York, Doubleday, 1995), p. 144.

26. A principal tese de Gilpin é que "a natureza fundamental das relações internacionais não mudou ao longo dos milênios. As relações internacionais continuam a ser uma luta recorrente por riqueza e poder entre atores independentes numa situação de anarquia. A história de Tucídides é tão significativa como guia para a conduta dos Estados hoje como foi ao ser escrita no século V a.C.". Ver Gilpin, *War and Change in World Politics*, p. 7. Ele apresenta as suas razões para essa tese no capítulo 6.

der e os interesses básicos do Estado são preenchidos. Se a *racionalidade* exclui o *razoável* (isto é, se um Estado é movido pelos objetivos que tem e ignora o critério da reciprocidade no trato com outras sociedades), se a preocupação de um Estado com o poder é predominante e se os interesses incluem coisas como converter outras sociedades à religião do Estado, aumentar o seu império e conquistar território, ganhar prestígio e glória dinástica, imperial ou nacional, e aumentar a sua força econômica relativa – então, a diferença entre Estados e povos é enorme[27]. Interesses como esses

---

27. Na sua grande *História da Guerra do Peloponeso*, trad. ingl. Rex Warner (Londres, Penguin Books, 1954), Tucídides conta a história da malfadada autodestruição das cidades-Estado gregas na longa guerra entre Atenas e Esparta. A história termina no meio, como se tivesse sido interrompida. Tucídides parou ou foi incapaz de terminar? É como se ele dissesse: "e assim por diante..." A história de insensatez continuou o suficiente. O que move as cidades-Estado é o que torna a autodestruição cada vez mais inevitável. Ouça o primeiro discurso dos atenienses aos espartanos: "Não fizemos nada de extraordinário, contrário à natureza humana, ao aceitar o império quando nos foi oferecido, e, então, ao nos recusarmos a renunciar a ele. Motivos muito poderosos nos impediram de fazê-lo – segurança, honra e autointeresse. E não fomos os primeiros a agir dessa maneira, longe disso. Sempre foi a regra que o mais fraco deve sujeitar-se ao mais forte, e, além disso, consideramos que somos dignos do nosso poder. Até o presente, vocês também acharam que fôssemos, mas agora, depois de calcular os seus interesses, estão começando a falar em termos de certo e errado. Considerações desse tipo nunca desviaram as pessoas de oportunidades de ascensão oferecidas por força superior. Os que realmente merecem elogio são os que, embora humanos o suficiente para usufruir o poder, prestam, não obstante, mais atenção à justiça do que sua situação os obriga. Certamente pensamos que, se alguém estivesse na nossa posição, seria evidente se agimos com moderação ou não" (Livro I, 76).
Está claro o suficiente como o ciclo de autodestruição se desenrola. Tucídides pensa que, se os atenienses tivessem seguido o conselho de Péricles, de não expandir o império enquanto durasse a guerra com Esparta e os seus aliados, poderiam muito bem ter vencido. Mas, com a invasão de Melos e a insensatez da aventura siciliana, incitadas pelo conselho e persuasão de Alcibíades, estavam destinados à autodestruição. Diz-se que Napoleão afirmou, ao comentar a sua invasão da Rússia: "Os impérios morrem de indigestão". Mas não foi honesto consigo mesmo. Os impérios morrem de gula, do anseio sempre maior por poder. O que torna possível a paz entre povos democráticos liberais é a natureza interna dos povos como democracias constitucionais e a resultante mudança dos motivos dos cidadãos. Para os propósitos da nossa história sobre a possibilidade da utopia realista, é importante reconhecer que Atenas não era uma democracia liberal, em-

tendem a colocar um Estado em confronto com outros Estados e povos e a ameaçar a sua segurança, sejam eles expansionistas ou não. As condições de fundo também podem ter a ameaça da guerra hegemônica[28].

Uma diferença entre povos liberais e Estados é que apenas os povos liberais limitam os seus interesses básicos como exigido pelo razoável. Por contraste, o conteúdo dos interesses dos Estados não permite que sejam estáveis pelas razões certas: isto é, por aceitarem e agirem com firmeza com base em um Direito dos Povos justo. Os povos liberais, contudo, têm realmente os seus interesses fundamentais, permitidos pelas suas concepções de direito e justiça. Buscam proteger o seu território, garantir a segurança dos seus cidadãos, preservar suas instituições políticas livres e as liberdades e a cultura livre da sua sociedade civil[29]. Além desses interesses, um povo liberal tenta assegurar justiça razoável para todos os seus cidadãos e para todos os povos; um povo liberal pode viver com outros povos de caráter semelhante sustentando a justiça e preservando a paz. Qualquer esperança que tenhamos de chegar a uma utopia realista baseia-se em haver regimes constitucionais liberais (e decentes) razoáveis suficientemente instalados e eficazes para resultar em uma Sociedade dos Povos viável.

§ 3. Duas posições originais

3.1 A posição original como modelo de representação. Esta parte descreve o primeiro passo da teoria ideal. Antes

---

bora pudesse pensar que fosse. Era uma autocracia dos 35 mil membros da assembleia, homens, sobre a população total de cerca de 300 mil pessoas.

28. Gilpin, *War and Change in World Politics*, especialmente o capítulo 5, discute as características da guerra hegemônica.

29. Ver o raciocínio no § 14, em que discuto o direito à guerra de autodefesa de um povo liberal.

de começar a extensão da ideia liberal do contrato social ao Direito dos Povos, observemos que a posição original com um véu de ignorância é um modelo de representação para as sociedades liberais[30]. No que agora estou chamando o primeiro uso da posição original, ela modela o que consideramos – você e eu, aqui e agora[31] – como condições justas e razoáveis para as partes, que são representantes racionais de cidadãos livres e iguais, razoáveis e racionais, para especificarem termos de cooperação para regulamentar a estrutura básica dessa sociedade. Como a posição original inclui o véu de ignorância, ela também modela o que consideramos como restrições adequadas às razões para adotar uma concepção política de justiça para essa estrutura. Dadas essas características, conjeturamos que a concepção de justiça política que as partes selecionariam seria a concepção que você e eu, aqui e agora, consideraríamos como razoável e racional e sustentada pelas melhores razões. Se a nossa conjectura será confirmada depende de você e eu, aqui e agora, podermos, com a devida reflexão, endossar os princípios adotados. Mesmo se a conjectura for intuitivamente plausível, haverá maneiras diferentes de interpretar o razoável e o racional, de especificar restrições às razões e de explicar os bens primários. Não há nenhuma garantia *a priori* de que entendemos as coisas direito.

Aqui, cinco características são essenciais: (1) a posição original modela[32] as partes como representando os cidadãos imparcialmente; (2) ela os modela como racionais; e (3) ela os modela selecionando, dentre princípios de justiça dispo-

---

30. Ver a discussão da posição original e o véu de ignorância em *Political Liberalism*, I, § 4.

31. Nota: "você e eu" são "aqui e agora" cidadãos da mesma sociedade democrática liberal, operando a concepção liberal de justiça em questão.

32. O que é modelo é *uma relação*, neste caso a relação das partes que representam cidadãos. Na segunda posição original, no segundo nível, o que é modelo é a relação das partes que representam povos.

níveis, aqueles que se aplicam ao sujeito adequado, que é, nesse caso, a estrutura básica. Além disso, (4) as partes são modeladas como fazendo essas seleções pelas razões adequadas; e (5) como selecionando por razões relacionadas com os interesses fundamentais dos cidadãos como razoáveis e racionais. Verificamos que essas cinco condições são satisfeitas observando que os cidadãos realmente são representados imparcialmente (razoavelmente), em vista da simetria (ou da igualdade) da situação dos seus representantes na posição original[33]. Em seguida, as partes são modeladas como racionais, no sentido de que o seu objetivo é fazer o melhor que podem pelos cidadãos cujos interesses básicos representam, como especificado pelos bens primários, que abrangem as suas necessidades básicas como cidadãos. Finalmente, as partes decidem por razões adequadas porque o véu de ignorância as impede de invocar razões inadequadas, dado o objetivo de representar os cidadãos como pessoas livres e iguais.

Repito a seguir o que disse no *Liberalismo político*, já que é relevante[34]. Não permitir que as partes tenham conhecimento das doutrinas abrangentes é uma maneira de fazer o véu de ignorância denso, em oposição a fino. Muitos julgaram injustificado um véu de ignorância denso e questionaram os seus fundamentos, dada, especialmente, a grande significação de doutrinas abrangentes, religiosas e não religiosas. Já que devemos justificar características da posição original quando podemos, considere o seguinte. Recorde que buscamos uma concepção política de justiça para uma

---

33. A ideia aqui segue o preceito de casos similares: as pessoas iguais em todos os aspectos relevantes devem ser representadas igualmente.
34. Este parágrafo enuncia outra vez uma longa nota de rodapé nas pp. 24-5 da edição em brochura de 1996 de *Political Liberalism*. Essa nota de rodapé vale-se de um ensaio de Wilfried Hinsch, ao qual sou muito grato, apresentado por ele em Bad Homburg, em julho de 1992.

sociedade democrática, vista como um sistema de cooperação justa entre cidadãos livres e iguais, que aceitam de boa vontade, como politicamente autônomos, os princípios publicamente reconhecidos de justiça que determinam os termos justos dessa cooperação. Na sociedade em questão, porém, há uma diversidade de doutrinas abrangentes, todas perfeitamente razoáveis. Esse é o fato do pluralismo razoável, em oposição ao fato do pluralismo como tal. Ora, se todos os cidadãos devem endossar livremente a concepção política de justiça, essa concepção deve ser capaz de conquistar o apoio dos cidadãos que afirmam doutrinas abrangentes diferentes e opostas, embora razoáveis, caso em que temos um consenso sobreposto de doutrinas razoáveis. Sugiro que deixemos de lado como as doutrinas abrangentes se ligam ao conteúdo da concepção política de justiça e, em vez disso, consideremos esse conteúdo como originário das várias ideias fundamentais extraídas da cultura política pública de uma sociedade democrática. Colocar as doutrinas abrangentes atrás do véu de ignorância permite-nos encontrar uma concepção política de justiça que possa ser o foco de um consenso sobreposto e, com isso, servir como base pública de justificação em uma sociedade marcada pelo pluralismo razoável. Nada do que estou discutindo aqui coloca em questão a descrição de uma concepção política de justiça como visão independente, mas realmente significa que, para explicar o fundamento racional do véu de ignorância denso, devemos atentar para o fato do pluralismo razoável e a ideia de um consenso sobreposto de doutrinas abrangentes razoáveis.

3.2 A segunda posição original como modelo. No nível seguinte, a ideia da posição original é usada outra vez, mas, agora, para estender uma concepção liberal ao Direito dos Povos. Como no primeiro exemplo, trata-se de um modelo de representação, pois modela o que consideraríamos – você e eu, aqui e agora[35] – como condições justas sob as quais as partes, desta vez os representantes racionais de povos liberais, devem especificar o Direito dos Povos, guiados pelas razões adequadas. Tanto as partes como representantes e os povos que representam estão situados simetricamente e, portanto, imparcialmente. Além disso, os povos são modelados como racionais, já que as partes selecionam dentre os princípios disponíveis para o Direito dos Povos guiadas pelos interesses fundamentais das sociedades democráticas, onde esses interesses são expressos pelos princípios liberais de justiça para uma sociedade democrática. Finalmente, as partes estão sujeitas a um véu de ignorância adequadamente ajustado para o caso em questão: elas não conhecem, por exemplo, o tamanho do território, a população ou a força relativa do povo cujos interesses fundamentais representam. Embora saibam que existem condições razoavelmente favoráveis para tornar possível a democracia constitucional – já que sabem que representam sociedades liberais –, elas não conhecem o âmbito dos seus recursos naturais, nem o nível do seu desenvolvimento econômico, nem outras informações desse tipo.

Como membros de sociedades bem-ordenadas por concepções liberais de justiça, conjecturamos que essas características modelam o que aceitaríamos como justo – você e eu, aqui e agora – ao especificar os termos básicos de cooperação entre os povos que, como povos liberais, veem-se como livres e iguais. Isso torna o uso da posição original no segundo nível um modelo de representação exatamente da mesma maneira que no primeiro. Quaisquer diferenças não estão no modo como o modelo de representação é usado,

---

35. Neste caso, "você e eu" são cidadãos de alguma sociedade democrática liberal, mas não da mesma.

mas no modo como precisa ser ajustado, tendo em vista os agentes modelados e o caso em questão.

Dito isso, verifiquemos se todas as cinco características são abrangidas pela posição original. Assim, os representantes do povo são (1) razoável e justamente situados como livres e iguais, e os povos são (2) modelados como racionais. Também os seus representantes estão (3) deliberando a respeito do tema correto, neste caso o conteúdo do Direito dos Povos. (Aqui, podemos ver esse Direito como governando a estrutura básica das relações entre os povos.) Além disso, (4) as suas deliberações prosseguem em termos das razões certas (como restritas por um véu de ignorância). Finalmente, a seleção de princípios para o Direito dos Povos baseia-se (5) nos interesses fundamentais de um povo, dados, nesse caso, por uma concepção liberal de justiça (já selecionada na primeira posição original). Assim, a conjectura pareceria sensata nesse caso, como no primeiro. Mas, novamente, não pode haver nenhuma garantia.

Podem surgir, porém, duas questões. Uma é que, ao descrever os povos como livres e iguais, e portanto como justa e razoavelmente representados, pode parecer que procedemos de maneira diferente no caso doméstico. Nele, considerávamos os cidadãos como livres e iguais porque é assim que eles se concebem como cidadãos em uma sociedade democrática. Assim, pensam em si como possuindo o poder moral de ter uma concepção do bem e de afirmar ou rever essa posição se assim decidirem. Também veem-se como fontes autoautenticadoras de reivindicações e capazes de assumir a responsabilidade pelos seus fins[36]. Fazemos o mesmo, de certa maneira, no Direito dos Povos: vemos os *povos* concebendo-se como *povos* livres e iguais na Sociedade dos Povos (segundo a concepção política dessa sociedade). Isso é

---

36. Ver *Political Liberalism*, pp. 29-35.

paralelo, mas não igual, ao modo como, no caso nacional, a concepção política determina a maneira como os cidadãos devem se ver, segundo os seus poderes morais e interesses de ordem superior.

A segunda questão envolve outro paralelo do caso nacional. A posição original negava aos representantes dos cidadãos qualquer conhecimento das concepções de bem desses cidadãos. Essa restrição pedia uma justificativa cuidadosa[37]. Também há uma questão séria no presente caso. Por que supomos que os representantes dos povos liberais ignoram qualquer conhecimento da concepção de bem do povo? A resposta é que uma sociedade liberal com regime constitucional não tem, *como sociedade liberal*, uma concepção *abrangente* do bem. Apenas os cidadãos e associações na sociedade cívica no caso nacional possuem tais concepções.

3.3 Interesses fundamentais dos povos. Ao pensarem em si mesmos como livres e iguais, de que modo os povos (em contraste com os Estados) se veem e veem os seus interesses fundamentais? Esses interesses dos povos liberais são especificados, como disse (§ 2.3), pela sua concepção razoável de justiça política. Assim, lutam para proteger a sua independência política e a sua cultura livre com as suas liberdades civis, garantir a sua segurança, o território e o bem-estar dos seus cidadãos. Contudo, mais um interesse também é importante: aplicado aos povos, classifica-se no que Rousseau chamou *amour-propre*[38]. Esse interesse é o

---

37. Ver a longa nota de rodapé nas pp. 24-5 da edição em brochura de 1996 de *Political Liberalism*, repetida acima.

38. Minha descrição aqui segue N. J. H. Dent no seu *Rousseau* (Oxford, Basil Blackwell, 1988) e o ensaio de Frederick Neuhauser, "Freedom and the General Will", *Philosofical Review*, julho de 1993. Donald Kagan, no seu *Origins of War and the Preservation of Peace*, examina dois significados de honra. Como os descrevo no texto (acima e na seção seguinte), um é compatível com povos satisfeitos e sua paz estável, ao passo que o outro não o é, preparando o palco para o conflito. Creio que Kagan subestima a grande diferença entre os dois significados de honra.

respeito adequado de um povo para consigo mesmo, baseado na consciência comum das suas provações durante a história e da cultura e suas realizações. Inteiramente distinto do interesse próprio pela segurança de si e do seu território, esse interesse mostra-se na insistência do povo em receber de outros povos o respeito e reconhecimento adequados da sua igualdade. O que distingue povos e Estados – e isto é crucial – é que povos justos estão plenamente preparados para conceder justamente o mesmo respeito e o mesmo reconhecimento adequados a outros povos como iguais. Sua igualdade, porém, não significa que não se aceitem desigualdades de certos tipos em várias instituições cooperativas entre os povos, tais como as Nações Unidas, idealmente concebidas. Esse reconhecimento de desigualdades é, antes, paralelo à aceitação, pelos cidadãos, das desigualdades funcionais sociais e econômicas na sua sociedade liberal.

Portanto, é parte do ser razoável e racional de um povo que ele esteja pronto para oferecer a outros povos termos justos de cooperação política e social. Esses termos justos são os que um povo sinceramente acredita que outros poderiam aceitar também; e, se o fizer, um povo honrará os termos que propôs, mesmo nos casos em que as pessoas poderiam ter vantagem violando-os[39]. Portanto, o critério de reciprocidade aplica-se ao Direito dos Povos da mesma maneira que se aplica aos princípios de justiça para um regime constitucional. Esse senso razoável de devido respeito, conferido de boa vontade a outros povos razoáveis, é um elemento essencial da ideia de povos que estão satisfeitos com o *status quo* pelas razões certas. É compatível com a cooperação contínua entre eles ao longo do tempo e com a aceitação mútua e a ade-

---

39. Esta descrição é paralela à ideia do razoável usada em uma sociedade liberal. Ver *Political Liberalism*, II, § 1.

são ao Direito dos Povos. Parte da resposta ao realismo político é que esse senso razoável de respeito adequado não é irrealista, mas é, ele próprio, o resultado de instituições nacionais democráticas. Voltarei a esse argumento mais tarde.

§ 4. Os princípios do Direito dos Povos

4.1 Formulação dos princípios. Inicialmente, podemos supor que o resultado de elaborar o Direito dos Povos apenas para sociedades democráticas liberais será a adoção de certos princípios de igualdade entre os povos. Esses princípios, suponho, também abrirão espaço para várias formas de associações e federações cooperativas entre os povos, mas não afirmarão um Estado mundial. Aqui, sigo o exemplo de Kant na *Paz perpétua* (1795) ao pensar que um governo mundial – com o que me refiro a um regime político unificado, com poderes jurídicos normalmente exercidos por governos centrais – seria um despotismo global, ou então governaria um império frágil, dilacerado pela guerra civil frequente, quando do várias regiões e povos tentassem conquistar liberdade e autonomia políticas[40]. Como discuto abaixo, pode acontecer

---

40. Kant diz em Ak, VIII, 367: "A ideia de Direito internacional pressupõe a existência separada de Estados vizinhos independentes. Embora essa condição seja ela própria um estado de guerra (a menos que a união federativa impeça o início das hostilidades), este é racionalmente preferível ao amálgama de Estados sob um poder superior, já que isso terminaria em uma monarquia universal, e as leis sempre perdem em vigor o que o governo ganha em extensão; portanto, uma condição de despotismo desalmado cai na anarquia depois de sufocar as sementes do bem". A postura de Kant para com a monarquia universal era compartilhada por outros autores do século XIX. Ver, por exemplo, Hume: "Of the Balance of Power" (1752), em *Political Essays*, org. K. Haakonssen (Cambridge, Cambridge University Press, 1994). F. H. Hinsley, *Power and the Pursuit of Peace* (Cambridge, Cambridge University Press, 1966), também menciona Montesquieu, Voltaire e Gibbon, pp. 162 ss., e tem uma discussão instrutiva das ideias de Kant no capítulo 4. Ver também Patrick Riley, *Kant's Political Philosophy* (Totowa, N. J., Rowman e Littlefield, 1983), caps. 5 e 6.

de haver muitos tipos diferentes de organizações sujeitas ao julgamento do Direito dos Povos, encarregadas de regulamentar a cooperação entre eles e de cumprir certos direitos reconhecidos. Algumas dessas organizações (como as Nações Unidas idealmente concebidas) podem ter a autoridade de expressar para a sociedade de povos bem-ordenados a sua condenação de instituições nacionais injustas em outros países e esclarecer casos de violação dos direitos humanos. Em casos graves, podem tentar corrigi-los por meio de sanções econômicas ou mesmo intervenção militar. O alcance desses poderes abrange todos os povos e chega aos seus negócios nacionais.

Essas grandes conclusões pedem alguma discussão. Procedendo de maneira análoga ao processo de *Uma teoria da justiça*[41], examinemos primeiramente princípios tradicionais de justiça entre povos livres e democráticos[42]:

1. Os povos são livres e independentes, e a sua liberdade e independência devem ser respeitadas por outros povos.
2. Os povos devem observar tratados e compromissos.
3. Os povos são iguais e são partes em acordos que os obrigam.
4. Os povos sujeitam-se ao dever de não intervenção.
5. Os povos têm o direito de autodefesa, mas nenhum direito de instigar a guerra por outras razões que não a autodefesa.

---

41. Ver *Uma teoria da Justiça* (ed. bras., São Paulo, Martins Fontes, 2016), em que o capítulo 2 discute os princípios da justiça e o capítulo 3 oferece o raciocínio a partir da posição original no que diz respeito à seleção de princípios.

42. Ver J. L. Brierly, *The Law of Nations: An Introduction to the Law of Peace*, 6ª ed. (Oxford, Clarendon Press, 1963), e Terry Nardin, *Law, Morality, and the Relations of States* (Princeton, Princeton University Press, 1983). Brierly e Nardin oferecem listas similares como princípios do Direito internacional.

6. Os povos devem honrar os direitos humanos.
7. Os povos devem observar certas restrições especificadas na conduta na guerra.
8. Os povos têm o dever de assistir a outros povos vivendo sob condições desfavoráveis que os impeçam de ter um regime político e social justo ou decente[43].

4.2 Comentários e qualificações. Esta formulação de princípios é, com certeza, incompleta. Outros princípios precisam ser acrescentados, e os princípios relacionados exigem muita explicação e interpretação. Alguns são supérfluos em uma sociedade de povos bem-ordenados, como o sétimo – que diz respeito à conduta na guerra – e o sexto, que diz respeito aos direitos humanos. Contudo, o principal é que povos bem-ordenados livres e independentes estão prontos a reconhecer certos princípios básicos de justiça política como governando a sua conduta. Esses princípios constituem a carta básica do Direito dos Povos. Um princípio como o quarto – o da não intervenção – obviamente terá de ser qualificado no caso geral de Estados fora da lei e de violações graves dos direitos humanos. Embora adequado a uma sociedade de povos bem-ordenados, fracassa no caso de uma sociedade de povos desordenados, na qual as guerras e violações sérias dos direitos humanos são endêmicas.

O direito à independência e, igualmente, o direito à autodeterminação são válidos apenas dentro de certos limites, a serem especificados, porém, pelo Direito dos Povos para o caso geral[44]. Assim, nenhum povo tem o direito de autodeter-

---

43. O princípio é especialmente controvertido. Eu o discuto nos §§ 15-16.
44. Charles Beitz, *Political Theory and International Relations* (Princeton, Princeton University Press, 1979), cap. 2, tem uma discussão valiosa da questão da autonomia dos Estados, com um resumo dos pontos principais nas pp. 121-3. Devo muito a essa descrição.

minação ou um direito de secessão à custa de subjugar outro povo[45]. Tampouco pode um povo protestar contra a sua condenação pela sociedade mundial quando as suas instituições internas violam os direitos humanos ou limitam os direitos das minorias de viver entre ele. O direito de um povo à independência e à autodeterminação não é escudo contra a condenação ou mesmo contra a intervenção coercitiva de outros povos em casos graves.

Também haverá princípios para formar e regulamentar federações (associações) de povos e padrões de justiça para o comércio e outras instituições cooperativas[46]. Serão incluídos certos dispositivos para assistência mútua entre povos em tempos de fome e seca e, na medida do possível, dispositivos para assegurar que, em todas as sociedades liberais (e decentes) razoáveis, as necessidades básicas dos povos sejam cumpridas[47]. Esses dispositivos especificarão deveres de assistência (ver § 15) em certas situações e variarão em rigor segundo a gravidade do caso.

4.3 O papel das fronteiras. Um papel importante do governo de um povo, por mais arbitrárias que as fronteiras possam parecer do ponto de vista histórico, é ser o agente representativo e eficaz de um povo quando assume responsabilidade pelo seu território e pela sua integridade ambien-

---

45. Um exemplo claro no que diz respeito à secessão é se o Sul tinha direito de se separar em 1860-61. Na minha avaliação, ele não tinha tal direito, já que se separou para perpetuar a instituição nacional da escravidão. Essa foi uma violação tão grave dos direitos humanos quanto qualquer outra e estendia-se a quase metade da população.
46. Sobre esses princípios, ver Robert Keohane, *After Hegemony* (Princeton, Princeton University Press, 1984).
47. Com direitos básicos refiro-me, *grosso modo*, aos que devem ser satisfeitos para que os cidadãos estejam em posição de usufruir os direitos, liberdades e oportunidades da sua sociedade. Essas necessidades incluem meios econômicos, assim como direitos e liberdades institucionais.

tal, assim como pelo tamanho da sua população. A meu ver, o objetivo da propriedade é que, a menos que um agente definido receba a responsabilidade de manter um bem e suporte o prejuízo se não o fizer, esse bem tende a se deteriorar. Nesse caso, o bem é o território do povo e a sua capacidade de sustentá-lo *perpetuamente*, e o agente é o próprio povo, politicamente organizado. Como observei na introdução, ele deve reconhecer que não pode compensar a sua irresponsabilidade no cuidado com a sua terra e os seus recursos naturais por meio de conquista ou migrando para outro território sem consentimento do seu povo[48].

Não decorre do fato de que as fronteiras são historicamente arbitrárias que o seu papel no Direito dos Povos não possa ser justificado. Pelo contrário, fixar-se na sua arbitrariedade é fixar-se na coisa errada. Na ausência de um Estado mundial, *é preciso* haver fronteiras de algum tipo, as quais, vistas isoladamente, parecerão arbitrárias e dependentes de certo grau de circunstâncias históricas. Em uma Sociedade dos Povos razoavelmente justa (ou, pelo menos, decente), as desigualdades de poder e riqueza devem ser decididas por todos os povos, por si mesmos. Para vermos como tudo isso funciona no meu relato – uma característica essencial de

---

48. Esta observação implica que um povo tem um direito pelo menos qualificado de limitar a imigração. Deixo de lado, aqui, quais podem ser essas qualificações. Também faço importantes suposições aqui que não são consideradas até a Parte III, § 15, em que examino os deveres das sociedades bem-ordenadas para com sociedades sobrecarregadas por condições desfavoráveis. Outra razão para limitar a imigração é proteger a cultura política de um povo e os seus princípios constitucionais. Ver Michael Walzer, *Spheres of Justice* (Nova York, Basic Books, 1983), pp. 38 ss. para uma boa formulação. Ele diz, na p. 39: "Derrubar os muros do Estado não é, como Sidgwick preocupadamente sugeriu, criar um mundo sem muros, mas, antes, criar mil fortes insignificantes. Os fortes também podem ser derrubados: tudo o que é necessário é um Estado global suficientemente poderoso para impor-se às comunidades locais. Então, o resultado seria o mundo do economista político, como Sidgwick o descreveu [ou do capitalismo global, eu poderia acrescentar] – um mundo de homens e mulheres desenraizados".

uma utopia realista – devemos esperar até os §§ 15 e 16, em que discuto o dever de assistência que povos liberais e povos decentes razoavelmente justos devem a sociedades oneradas por condições desfavoráveis.

4.4 O argumento na segunda posição original. Uma grande parte do argumento na posição original no caso nacional diz respeito a selecionar entre as várias formulações dos dois princípios de justiça (quando a visão adotada é liberal) e entre princípios liberais e possibilidades como o princípio do utilitarismo, clássico ou médio, e várias formas de intuicionismo racional e perfeccionismo moral[49]. Por contraste, as únicas possibilidades para as partes selecionarem na posição original do segundo nível são formulações do Direito dos Povos. Três maneiras principais em que o primeiro e o segundo uso da posição original não são análogos são estas:

(1) O povo de uma democracia constitucional não tem, como povo *liberal*, nenhuma doutrina abrangente do bem (§ 3.2), ao passo que cidadãos dentro de uma sociedade nacional liberal têm tais concepções, e, para lidar com suas necessidades como cidadãos, é usada a ideia de bens primários.

(2) Os interesses fundamentais de um povo como povo são especificados pela sua concepção política de justiça e pelos princípios à luz dos quais concorda com o Direito dos Povos, ao passo que os interesses fundamentais dos cidadãos são dados pela sua concepção do bem e pela realização, em um grau adequado, dos seus dois poderes morais.

(3) As partes, na segunda posição original, selecionam entre diferentes formulações ou interpretações dos oito princípios do Direito dos Povos, como ilustrado pelas razões mencionadas para as restrições dos dois poderes de soberania (§ 2.2).

---

49. Ver *Uma teoria da justiça*, capítulos 2 e 3.

Parte da versatilidade da posição original mostra-se no modo como ela é usada nos dois casos. Essas diferenças entre os dois casos dependem muito de como, em cada caso, as partes são compreendidas.

A primeira tarefa das partes na segunda posição original é especificar o Direito dos Povos – os seus ideais, princípios e padrões – e como essas normas se aplicam às relações políticas entre os povos. Se um pluralismo razoável de doutrinas abrangentes é característica básica de uma democracia constitucional com instituições livres, podemos supor que há uma diversidade ainda maior nas doutrinas abrangentes afirmadas entre os membros da Sociedade dos Povos com suas várias culturas e tradições. Portanto, um princípio utilitário clássico, ou médio, não seria aceito pelos povos, já que nenhum povo organizado pelo seu governo está preparado para considerar, *como primeiro princípio*, os benefícios a outro povo para contrabalançar suas dificuldades. Povos bem-ordenados insistem em uma *igualdade* entre si como povos, e essa insistência exclui qualquer forma do princípio de utilidade.

Afirmo que os oito princípios do Direito dos Povos (ver § 4.1) são superiores a quaisquer outros. De maneira muito semelhante a como examinamos os princípios distributivos na justiça como equidade, começamos com a diretriz básica da igualdade – no caso da justiça como equidade, a igualdade de bens primários sociais e econômicos; neste caso, a igualdade de todos os povos e os seus iguais direitos. No primeiro caso, perguntamos se haveria concordância com algum desvio da diretriz da igualdade, contanto que fosse para o benefício de todos os membros da sociedade, e, em particular, dos menos favorecidos. (Apenas sugiro aqui o raciocínio.) Com o Direito dos Povos, porém, as pessoas não estão sob um, mas vários governos, e os representantes dos povos desejarão preservar a igualdade e a independência da sua própria sociedade. No funcionamento de organizações e de confederações de povos que sejam frouxas[50], as desigualdades têm o objetivo de servir os muitos fins que as pessoas compartilham. Nesse caso, os povos maiores e menores estarão prontos para fazer contribuições maiores e menores e a aceitar retornos proporcionalmente maiores e menores.

Portanto, no argumento na posição original do segundo nível, considero os méritos apenas dos oito princípios do Direito dos Povos relacionados em § 4.1. Extraio esses princípios grandemente tradicionais da história e dos usos do Direito e da prática internacionais. As partes não recebem um menu de possibilidades de princípios e ideais a escolher, como acontece no *Liberalismo político* ou em *Uma teoria da justiça*. Em vez disso, os representantes de povos bem--ordenados simplesmente refletem sobre as vantagens desses princípios de igualdade entre os povos, e não veem nenhuma razão para abandoná-los ou para propor outras possibilidades. Esses princípios devem, naturalmente, satisfazer o critério da reciprocidade, já que esse critério é válido em ambos os níveis – tanto entre cidadãos como cidadãos como entre povos como povos.

Certamente poderíamos distinguir outras possibilidades. Por exemplo: o princípio (5) tem a alternativa óbvia, sustentada pela prática dos Estados europeus na história moderna, de que um Estado pode guerrear na busca racional dos seus próprios interesses. Estes podem ser religiosos, dinásticos, territoriais ou a glória da conquista e do império. Em vista da descrição abaixo da paz democrática (§ 5), porém, essa alternativa seria rejeitada por povos liberais. Como demonstrado posteriormente, também seria rejeitada por povos decentes (§ 8.4).

---

50. Uso este adjetivo para enfatizar que as confederações são muito menos fechadas que as federações e não envolvem os poderes dos governos federais.

A discussão no § 2 dos dois poderes tradicionais da soberania revela que os oito princípios estão abertos a diferentes interpretações. São essas inúmeras *interpretações* que devem ser debatidas na posição original do segundo nível. No que diz respeito aos dois poderes de soberania, perguntamos: Que tipo de normas políticas os povos liberais, dados os seus interesses fundamentais, têm esperança de estabelecer para governar as relações mútuas entre si e com povos não liberais? Ou que clima moral e atmosfera política desejam ver em uma Sociedade justa de Povos bem-ordenados? Em vista desses interesses fundamentais, os povos liberais limitam o direito do Estado de fazer guerras de autodefesa (se o permite a segurança coletiva), e o seu interesse pelos direitos humanos leva-os a limitar o direito de um Estado à soberania interna. No Direito dos Povos, as dificuldades de interpretar os oito princípios que relacionei tomam o lugar dos argumentos a favor dos primeiros princípios no caso nacional. O problema de como interpretar esses princípios sempre pode ser levantado, e deve ser debatido do ponto de vista da posição original do segundo nível.

4.5 Organizações cooperativas. Além de concordar com os princípios que definem a igualdade básica de todos os povos, as partes formularão diretrizes para estabelecer organizações cooperativas e concordarão com padrões de equidade para o comércio assim como com certos dispositivos para assistência mútua. Suponha que existam três organizações desse tipo: uma estruturada para assegurar o comércio justo entre os povos, outra para permitir que um povo peça empréstimo a um sistema bancário cooperativo, e a terceira, uma organização com um papel similar ao das Nações Unidas, à qual me referirei agora como Confederação de Povos (não Estados)[51].

---

51. Pense nas duas primeiras organizações como, de certa maneira, análogas ao GATT e ao Banco Mundial.

Considere o comércio justo: imagine que os povos liberais suponham que, quando adequadamente regulamentado por uma estrutura de fundo justa[52], um esquema comercial de mercado de competição livre deva ser vantajoso para todos, pelo menos a longo prazo. Uma suposição adicional, no caso, seria que as nações maiores, com as economias mais ricas, tentarão não monopolizar o mercado, conspirar para formar cartel ou atuar como oligopólio. Com essas suposições e supondo, como antes, que se mantenha o véu de ignorância, de modo que nenhuma pessoa saiba se a sua economia é grande ou pequena, todos concordariam com padrões de comércio justos para manter o mercado livre e competitivo (quando tais padrões podem ser especificados, seguidos e aplicados). Se essas organizações cooperativas têm efeitos distributivos injustificados sobre os povos, eles teriam de ser corrigidos e levados em conta pelo dever de assistência, como discuto posteriormente nos §§ 15-16.

Os dois casos adicionais de concordar com um banco central e com uma Confederação de Povos podem ser tratados da mesma maneira. Sempre se mantém o véu de ignorância, as organizações são mutuamente benéficas e estão abertas para que os povos democráticos liberais delas façam uso por iniciativa própria. Como no caso nacional, os povos pensam que é razoável aceitar várias desigualdades funcionais tão logo a linha básica da igualdade esteja firmemente estabelecida. Assim, dependendo do seu tamanho, alguns farão contribuições maiores que outros para o banco cooperativo (juros adequados sendo devidos sobre os

---

52. Suponha que aqui, como no caso nacional, a menos que existam condições de fundo justas que sejam mantidas ao longo do tempo, de uma geração para outra, as transações de mercado não permanecerão justas, e desigualdades injustas irão se desenvolver. Essas condições de fundo e tudo o que implicam têm um papel análogo ao da estrutura básica na sociedade nacional.

empréstimos) e pagarão taxas maiores na Confederação dos Povos[53].

§ 5. *A paz democrática e sua estabilidade*

5.1 Dois tipos de estabilidade. Para completar esta visão geral do Direito dos Povos para as sociedades bem-ordenadas, devo fazer duas coisas. Uma é distinguir dois tipos de estabilidade: a estabilidade pelas razões certas e a estabilidade como equilíbrio de forças. A outra é dar uma resposta ao realismo político como teoria da política internacional e aos que dizem que a ideia de uma utopia realista entre os povos é quixotesca. Faço-o esboçando uma visão da paz democrática, da qual decorre uma visão diferente da guerra.

Considere primeiro os dois tipos de estabilidade. Recorde (§ 1.2) que, no caso nacional, mencionei um processo pelo qual os cidadãos desenvolvem um senso de justiça à medida que crescem e participam do seu mundo social jus-

---

53. O que o Direito dos Povos diz a respeito da seguinte situação? Suponha que duas ou mais das sociedades democráticas liberais da Europa, digamos, a Bélgica e a Holanda, ou estas juntamente com a França e a Alemanha, decidam que querem se unir e formar uma única sociedade ou união federal. Supondo que sejam todas sociedades liberais, tal união deve ser objeto de acordo por meio de uma eleição na qual, em cada sociedade, a decisão de unir-se ou não seja totalmente discutida. Além disso, já que essas sociedades são liberais, elas adotam uma concepção política liberal de justiça, que tem os três tipos característicos de princípios, e satisfazem o critério da reciprocidade, como devem fazer todas as concepções liberais de justiça (§ 1.2). Além dessa condição, o eleitorado dessas sociedades deve votar na concepção política que acredita ser *a mais* razoável, embora todas as concepções desse tipo sejam, pelo menos, razoáveis. Um votante em tal eleição poderia votar a favor do princípio da diferença (a concepção liberal mais igualitária) se pensasse ser o mais razoável. Contudo, contanto que o critério da reciprocidade seja satisfeito, outras variantes dos três princípios característicos são compatíveis com o liberalismo político. Para evitar confusão, acrescento que o que mais tarde chamo "dever de assistência" aplica-se apenas ao dever que os povos liberais e decentes têm de assistir a sociedades *oneradas* (§ 15). Como explico ali, tais sociedades não são liberais nem decentes.

to. Como ideia realisticamente utópica, o Direito dos Povos deve ter um processo paralelo que leve as pessoas, inclusive sociedades liberais e decentes, a aceitar de boa vontade as normas jurídicas incorporadas em um Direito dos Povos justo e a atuar sobre elas. Esse processo é similar ao do caso doméstico. Assim, quando o Direito dos Povos é honrado pelos povos ao longo de certo período de tempo, com a evidente intenção de aquiescer, e essas intenções são mutuamente reconhecidas, esses povos tendem a desenvolver confiança mútua. Além disso, as pessoas veem essas normas como vantajosas para si e para aqueles com quem se importam e, por isso, à medida que o tempo passa, tendem a aceitar a lei como um ideal de conduta[54]. Sem tal processo psicológico, que chamarei aprendizado moral, a ideia de utopia realista para o Direito dos Povos carece de um elemento essencial.

Como eu disse, os povos (em oposição aos Estados) têm uma natureza moral definida (§ 2.1). Essa natureza inclui certo orgulho e senso de honra adequados; eles podem ter orgulho da sua história e das suas conquistas, como permite um *patriotismo adequado*. Contudo, o devido respeito que pedem é um devido respeito compatível com a igualdade de todos os povos. Os povos devem ter interesses – do contrário seriam inertes ou passivos, ou poderiam ser levados por paixões e impulsos irrazoáveis e às vezes cegos. Os interesses que movem os povos (e que os distinguem dos Estados) são interesses razoáveis guiados por, e congruentes com, uma igualdade justa e um devido respeito por todos os povos. Como observarei mais tarde, são esses interesses razoáveis que tornam possível a paz democrática, e a sua ausência torna a paz entre os Estados, na melhor das hipóteses,

---

54. O processo, no caso, é similar à aceitação gradual, inicialmente relutante, de um princípio de tolerância.

um *modus vivendi*, um equilíbrio de forças momentaneamente estável.

Recorde que, no caso nacional, ao adotar os princípios de uma concepção de direito e justiça políticos, as partes devem perguntar se, em uma sociedade liberal, esses princípios têm probabilidade de ser estáveis pelas razões certas. A estabilidade pelas razões certas descreve uma situação na qual, no decorrer do tempo, os cidadãos adquirem um senso de justiça que os inclina a não apenas aceitar, mas a agir de acordo com os princípios da justiça. Antes da seleção de princípios pelas partes na posição original, deve-se considerar cuidadosamente se a psicologia do aprendizado dos cidadãos nas sociedades liberais bem-ordenadas leva-os a adquirir um senso de justiça e uma disposição para atuar a partir desses princípios.

De modo similar, assim que o argumento da segunda posição original fica completo e inclui a descrição do aprendizado moral, conjecturamos, em primeiro lugar, que o Direito dos Povos que as partes adotariam é o Direito que nós – você e eu, aqui e agora – aceitaríamos como justo na especificação dos termos básicos de cooperação entre os povos. Também conjecturamos, em segundo lugar, que a sociedade justa dos povos liberais seria estável pelas razões corretas, isto é, que a sua estabilidade não é um mero *modus vivendi*, mas baseia-se, em parte, na fidelidade ao próprio Direito dos Povos.

Contudo, claramente, essa segunda conjectura precisa ser confirmada pelo que efetivamente ocorre historicamente. A sociedade dos povos liberais deve, na verdade, ser estável no que diz respeito à distribuição do sucesso entre si. No caso, o sucesso refere-se não ao valor militar de uma sociedade ou à ausência dele, mas a outros tipos de sucesso: a conquista de justiça política e social para todos os seus cidadãos, assegurando suas liberdades básicas, a plenitude e a expressividade da cultura cívica, assim como bem-estar econômico decente de todo o seu povo. Como a sociedade dos povos liberais é estável pelas razões certas, ela é estável no que diz respeito à justiça, e as instituições e práticas entre os povos continuam a satisfazer os princípios relevantes de direito e justiça, embora as suas relações e sucesso estejam continuamente mudando em vista de tendências políticas, econômicas e sociais.

5.2 Resposta à teoria realista. Respondo à teoria realista – de que as relações internacionais não mudaram desde o tempo de Tucídides e que continuam a ser uma luta contínua por riqueza e poder[55] – recordando uma visão familiar de paz para uma sociedade de povos liberais. Ela conduz a uma visão da guerra diferente da teoria hegemônica realista.

A ideia de uma paz democrática liberal une pelo menos duas ideias. Uma é a ideia de que entre as desgraças inalteráveis da vida como pragas e epidemias, por um lado, e causas remotas imutáveis como o destino e a vontade de Deus, por outro lado, há instituições políticas e sociais que podem ser mudadas pelo povo. Essa ideia levou ao movimento pela democracia no século XVIII. Como disse Saint-Just, "A ideia de felicidade é nova na Europa"[56]. O que ele quis dizer foi que a ordem social não era mais vista como fixa: as instituições políticas e sociais podiam ser revistas e reformadas para o propósito de tornar os povos mais felizes e satisfeitos.

A outra ideia é a dos *moeurs douccs* de Montesquieu[57], a ideia de que uma sociedade comercial tende a formar em

---

55. Ver nota 27.
56. Ver Albert Hirschman, *Rival Views of Market Society* (Cambridge, Mass., Harvard University Press, 1992), pp. 105 ss.
57. Ver Hirschman, *Rival Views*, pp. 107 ss. A expressão *moeurs douces* (maneiras doces) está no *Espírito das leis*, de Montesquieu, trad. ingl. e org. Anne Cobler, Basia Miller e Harold Stone (Cambridge, Cambridge University Press, 1989), livro 20, p. 338. No capítulo 2 desse livro, Montesquieu sustenta que o comércio tende a levar à paz.

seus cidadãos certas virtudes como a assiduidade, a indústria, a pontualidade e a probidade, e que o comércio tende a levar à paz. Unindo essas duas ideias – que as instituições sociais podem ser revistas para tornar as pessoas mais satisfeitas e felizes (pela democracia) e que o comércio tende a levar à paz –, poderíamos supor que os povos democráticos empenhados no comércio tenderiam a não ter ocasião de guerrear entre si. Entre outras razões, isso acontece porque o que lhes falta em bens eles poderiam adquirir com mais facilidade e menor preço pelo comércio e porque, sendo democracias constitucionais liberais, não seriam impelidos a tentar converter outros povos a uma religião estatal ou a uma doutrina abrangente de governo.

Recorde as características das sociedades liberais (§ 2.1). São, dissemos, *povos satisfeitos*, para usar o termo de Raymond Aron[58]. Suas necessidades básicas são satisfeitas, os seus interesses fundamentais são plenamente compatíveis com os de outros povos democráticos. (Chamar satisfeito um povo, a propósito, não significa que os cidadãos da sociedade sejam necessariamente alegres e felizes.) Há paz verdadeira entre eles porque todas as sociedades estão satisfeitas com o *status quo* pelas razões corretas.

Aron chama tal estado de "paz por satisfação" (em oposição a "paz por poder" ou "paz por impotência") e descreve *in abstracto* as condições necessárias para que ele exista. Sustenta que as unidades políticas não devem procurar ampliar o seu território nem governar outras populações. Não devem procurar expandir-se para aumentar os seus recursos materiais ou humanos, disseminar as suas instituições ou usufruir o orgulho embriagante de governar.

---

58. Neste e nos parágrafos seguintes, valho-me do tratado de Raymond Aron, *Peace and War*, trad. ingl. R. Howard e A. B. Fox (Garden City, Doubleday, 1966), pp. 160 ss.

Concordo com Aron em que essas condições são necessárias para uma paz duradoura e sustento que elas seriam cumpridas pelos povos vivendo sob democracias constitucionais liberais. Esses povos honram um princípio compartilhado de governo legítimo e não são levados pela paixão do poder e da glória, nem pelo orgulho embriagante de governar. Essas paixões podem impelir uma nobreza e uma aristocracia menor a conquistar sua posição social e lugar ao sol; contudo, essa classe – ou, melhor, casta – não tem poder num regime constitucional. Tais regimes não se inclinam à conversão religiosa de outras sociedades, já que os povos liberais, pela sua constituição, não têm religião de Estado – não são Estados confessionais –, mesmo que os seus cidadãos sejam altamente religiosos, individualmente ou em associações. A dominação e a luta pela glória, a excitação da conquista e o prazer de exercer o poder sobre outros não os impelem contra outros povos. Todos satisfeitos dessa maneira, os povos liberais não têm nada por que guerrear.

Além disso, os povos liberais não são inflamados pelo que Rousseau diagnosticou como orgulho arrogante ou ferido, ou por falta do devido respeito por si mesmo. O respeito por si mesmo baseia-se na liberdade e na integridade dos seus cidadãos, na justiça e decência das suas instituições políticas e sociais nacionais. Baseia-se também nas conquistas da sua cultura pública e cívica. Todas essas coisas estão enraizadas na sua sociedade cívica e não fazem nenhuma referência essencial a serem superiores ou inferiores a outros povos. Eles se respeitam mutuamente e reconhecem a igualdade entre os povos como compatível com esse respeito.

Aron também diz que a paz pela satisfação será duradoura apenas se for geral, isto é, se for vigente entre todas as sociedades; do contrário, haverá uma volta à competição por maior força e a ruína final da paz. Um Estado forte, com poder militar e econômico, em busca de expansão e glória, é suficiente para perpetuar o ciclo de guerra e preparação para a guerra. Portanto, assim que se renuncia à ideia de um Estado mundial (§ 4.1), a aceitação do Direito dos Povos pelos povos liberais e decentes não basta. A Sociedade dos Povos precisa desenvolver novas instituições e práticas sob o Direito dos Povos para reprimir Estados fora da lei quando eles surgirem. Entre essas novas práticas deve estar a promoção dos direitos humanos: deve ser uma preocupação fixa da política exterior de todos os regimes justos e decentes[59].

A ideia de paz democrática implica que, quando os povos liberais realmente guerreiam, apenas o fazem com sociedades insatisfeitas ou Estados fora da lei (como eu os chamei). Fazem isso quando as políticas de um Estado ameaçam a sua segurança, já que devem defender a liberdade e a independência da sua cultura liberal e opor-se a Estados que lutam para sujeitá-los e dominá-los[60].

5.3 Ideia mais precisa de paz democrática. A possibilidade da paz democrática não é incompatível com as democracias *atuais*, marcadas por considerável injustiça, tendências oligárquicas e interesses monopolistas, intervindo, muitas vezes abertamente, em países menores ou mais fracos e mesmo em democracias menos bem-estabelecidas e seguras. Mas, para prová-lo, a ideia de uma paz democrática deve tornar-se mais precisa, e formularei uma hipótese orientadora para expressar seu significado.

---

59. Na Parte III, § 15, observo que a insistência na proteção aos direitos humanos poderá pressionar uma sociedade a mudar para um regime constitucional se, por exemplo, tal regime for necessário para a prevenção da fome.

60. Acrescente também quando são rudemente pressionados a aceitar termos de acomodação opressivos, tão irrazoáveis que nenhum povo liberal com respeito por si mesmo e cioso da liberdade da sua cultura poderia razoavelmente aceitar. Um exemplo ilustrativo é a exigência presuntiva da Alemanha à França, antes do início da Primeira Guerra Mundial. Sobre esse exemplo, ver Kagan, *Origins of War and the Preservation of Peace*, p. 202.

(1) Na medida em que cada uma das sociedades constitucionais democráticas razoavelmente justas satisfaz as cinco características (brevemente descritas abaixo) de tal regime – e os seus cidadãos compreendem e aceitam as suas instituições políticas com sua história e suas conquistas –, a paz entre elas torna-se mais segura.

(2) Na medida em que cada uma das sociedades liberais satisfaz as condições descritas em (1) acima, todas têm menos probabilidade de guerrear com Estados fora da lei não liberais, exceto em caso de legítima defesa (ou na defesa dos seus aliados legítimos) ou de intervenção em casos graves para proteger os direitos humanos.

Em resumo, uma sociedade democrática constitucional razoavelmente justa é uma sociedade que combina e ordena os dois valores básicos da liberdade e da igualdade em função dos três princípios característicos (§ 1.2). Os dois primeiros especificam direitos, liberdades e oportunidades básicos e atribuem a essas liberdades uma prioridade característica de tal regime. O terceiro princípio é a garantia de meios suficientes, a todos os propósitos, para capacitar todos os cidadãos a fazer uso inteligente e eficaz das suas liberdades. Essa terceira característica deve satisfazer o critério da reciprocidade, e requer uma estrutura básica impeditiva de que as desigualdades sociais e econômicas se tornem excessivas. Sem as instituições de (a) até (e) a seguir, ou arranjos similares, tais desigualdades excessivas e irrazoáveis tendem a se desenvolver.

Consideradas isoladamente, as liberdades constitucionais são adequadamente criticadas como puramente formais[61].

---

61. Ver *Political Liberalism*, VII, § 3, e VIII, § 7.

Por si mesmas, sem o terceiro princípio característico acima, são uma forma empobrecida de liberalismo – na verdade, não liberalismo, mas libertarianismo[62]. Este não combina liberdade e igualdade da mesma maneira que o liberalismo; carece do critério de reciprocidade e permite desigualdades sociais e econômicas excessivas julgadas por esse critério. Um regime libertariano não teria a estabilidade pelos motivos corretos, que está sempre ausente num regime constitucional puramente formal. Exigências importantes para alcançar essa estabilidade são:

(a) Certa igualdade imparcial de oportunidade, especialmente na educação. (Do contrário, nem todas as partes da sociedade podem participar dos debates da razão pública nem contribuir para as políticas sociais e econômicas.)

(b) Uma distribuição decente de renda e riqueza que satisfaça a terceira condição do liberalismo: devem ser garantidos a todos os cidadãos os meios para todos os propósitos, necessários para que tirem vantagem inteligente e eficaz das suas liberdades básicas. (Na ausência dessa condição, os que têm riqueza e renda tendem a dominar os que têm menos e a controlar cada vez mais o poder político a seu favor.)

(c) A sociedade como empregador de última instância por meio do governo geral ou local ou de outras políticas sociais e econômicas. (A ausência de uma percepção de segurança e da oportunidade de trabalho e ocupação significativos destrói não apenas o autorrespeito dos cidadãos, mas sua percepção de serem membros da sociedade, não de simplesmente estarem presos a ela.)

---

62. *Ibid.*, VII, § 3.

(d) Assistência médica básica assegurada para todos os cidadãos.

(e) Financiamento público das eleições e maneiras de assegurar a disponibilidade de informação pública em questões de política[63]. (Uma formulação da necessidade de assegurar que os representantes e outros funcionários sejam suficientemente independentes de interesses sociais e econômicos particulares e de prover o conhecimento e a informação sobre os quais as políticas podem ser formadas e inteligentemente avaliadas pelos cidadãos.)

Essas exigências são satisfeitas pelos princípios de justiça de todas as concepções liberais. Elas abrangem pré-requisitos essenciais para uma estrutura básica dentro da qual o ideal de razão pública, quando seguido conscientemente pelos cidadãos, pode proteger as liberdades básicas e impedir que as desigualdades econômicas se tornem excessivas. Como o ideal da razão pública contém uma forma de deliberação política pública, essas condições, mais claramente as três primeiras, são necessárias para que essa deliberação seja possível e produtiva. A crença na importância da deliberação pública é vital para um regime constitucional razoável, e precisam ser estabelecidos arranjos específicos para sustentá-la e encorajá-la.

Seria preciso dizer muito mais para avaliar a hipótese da paz democrática, pois restam muitas questões importantes. Por exemplo, até que ponto deve cada uma das exigências de (a) até (e) ser institucionalizada? Quais são as consequências quando algumas delas são fracas e outras são fortes? Como funcionam juntas? Então, existem as questões de

---

63. *Ibid.*, VIII, §§ 12-3.

comparação: por exemplo, quão importante é o financiamento público das eleições em comparação com, digamos, igualdade justa de oportunidades? Seria difícil até mesmo tentar adivinhar respostas definitivas a essas perguntas, já que isso exigiria muito em histórico e informação. Contudo, a história poderia nos esclarecer a respeito de muito do que queremos saber. O ponto essencial é que, na medida em que os povos democráticos constitucionais têm as características de (a) a (e), sua conduta sustenta a ideia de uma paz democrática.

5.4 A paz democrática vista na história. O registro histórico parece sugerir que a estabilidade pelas razões certas seria satisfeita em uma sociedade de democracias constitucionais razoavelmente justas. Embora as sociedades democráticas liberais tenham muitas vezes guerreado com Estados não democráticos[64], desde 1800 sociedades liberais firmemente estabelecidas não se combateram[65].

---

64. Ver Jack S. Levy, "Domestic Politics and War", em *The Origin and Prevention of Major Wars*, org. Robert Rotberg e Theodore Rabb (Cambridge, Cambridge University Press, 1989), p. 87. Levy refere-se a vários estudos históricos que confirmaram as descobertas de Smal e Singer em *Jerusalem Journal of International Relations*, vol. I, 1976.

65. Ver o belo tratado de Michael Doyle, *Ways of War and Peace* (Nova York, Norton, 1997), pp. 277-84. Todo o capítulo 9, sobre Kant, é relevante. Aspectos da visão de Doyle apareceram anteriormente num artigo em duas partes, "Kant, Liberal Legacies, and Foreign Affairs", em *PAPA*, vol. 12, verão/outono 1983. Na primeira parte há um levantamento das provas, pp. 206-32. Doyle escreve, na p. 213: "Essas convenções [baseadas nas implicações internacionais dos princípios e instituições liberais] de respeito mútuo formaram fundações cooperativas de um tipo notavelmente eficaz para as relações entre as democracias liberais. Embora os Estados liberais tenham se envolvido em numerosas guerras com Estados não liberais, *Estados liberais constitucionalmente seguros ainda têm de guerrear entre si.* Ninguém diria que tais guerras são impossíveis, mas os indícios preliminares parecem indicar... uma predisposição significativa contra a guerra entre Estados liberais". Ver também Bruce Russett, *Grasping the Democratic Peace* (Princeton, Princeton University Press, 1993), e John Oneal e Bruce Russett, "The Classical Liberals Were Right: Democracy, Independence and Conflict", *International Studies Quarterly*, junho 1997. Oneal e Russett sustentam que três fatores reduzem a probabilidade de conflito entre as

Nenhuma das guerras mais famosas da história ocorreu entre povos democráticos estabelecidos. Certamente não na guerra do Peloponeso, já que nem Atenas nem Esparta era uma democracia liberal[66], e, de maneira similar, a Segunda Guerra Púnica, entre Roma e Cartago, tampouco, embora Roma tivesse algumas características de instituições republicanas. Quanto às guerras religiosas dos séculos XVI e XVII, como a liberdade religiosa e a liberdade de consciência não foram reconhecidas, nenhum dos Estados envolvidos qualifica-se como democrático. As grandes guerras do século XIX – as guerras napoleônicas, a guerra de Bismark[67] e a Guerra Civil Americana – não foram entre povos democráticos liberais. A Alemanha sob Bismark nunca teve um regime constitucional adequadamente estabelecido, e o sul dos Estados Unidos, com quase metade da população constituída de escravos, não era uma democracia, embora pudesse pensar em si como se fosse. Nas guerras em que várias grandes potências estiveram envolvidas, como as duas guerras mundiais, Estados democráticos lutaram como aliados no mesmo lado.

A ausência de guerra entre grandes democracias estabelecidas aproxima-se mais que qualquer coisa conhecida de uma regularidade empírica simples nas relações entre socie-

---

nações: a democracia compartilhada, o comércio mútuo e a condição de membro em organizações internacionais e regionais. A relevância do terceiro elemento surgiria do respeito ao Direito dos Povos, e portanto é levada em conta plenamente. A condição de membro nessas organizações presumivelmente estabelece vínculos diplomáticos, tornando mais fácil administrar conflitos potenciais.

66. Basta dizer que ambos tinham escravos. Embora as glórias culturais de Atenas sejam reais, não podemos ignorar o fator da escravidão, o que os mais ou menos 30 mil que podiam comparecer às assembleias eram autocratas governando uma população de 300 mil, escravos e estrangeiros, artesãos e mulheres.

67. Com isso quero referir-me às três guerras que contribuíram para ocasionar a conquista da Alemanha pela Prússia: Schleswig-Holstein (1864), a Guerra Austro-Prussiana (1866) e a Guerra Franco-Prussiana (1870-71).

dades[68]. A partir desse fato, gostaria de pensar que o registro histórico mostra que uma sociedade de povos democráticos, nos quais todas as instituições básicas são bem ordenadas por concepções liberais de direito e justiça (embora não necessariamente pela mesma concepção), é estável pelas razões certas. Como observou Michael Doyle, porém, uma enumeração dos casos históricos favoráveis não é suficiente, já que a ideia de paz democrática às vezes fracassa. Nesses casos, minha hipótese orientadora leva-me a esperar encontrar vários fracassos nas instituições e práticas de sustentação essenciais de uma democracia.

Portanto, dadas as deficiências de regimes atuais alegadamente constitucionais e democráticos, não é surpresa que intervenham muitas vezes em países mais fracos, inclusive os que exibem alguns aspectos de democracia, ou mesmo que travem guerras por razões expansionistas. Quanto à primeira situação, os Estados Unidos derrubaram as democracias de Allende, no Chile; Arbenz, na Guatemala; Mossadegh, no Irã; e, alguns acrescentariam, os sandinistas, na Nicarágua. Quaisquer que sejam os méritos desses regimes, operações ocultas foram levadas a cabo por um governo movido por interesses monopolistas e oligárquicos, sem o conhecimento nem a crítica do público. Esse subterfúgio tornou-se mais fácil pelo recurso conveniente à segurança nacional no contexto da rivalidade entre as superpotências, que permitia a tais pequenas democracias, por mais implausível que fosse, serem apresentadas como um perigo. Embora os povos

---

68. Ver Levy, "Domestic Politics and War", p. 88. Nos estudos aos quais se refere, a maioria das definições de democracia é comparável à de Small e Singer. Levy relaciona os elementos da sua definição em uma nota de rodapé: (1) eleições regulares e a participação de partidos de oposição; (2) a participação de, pelo menos, dez por cento da população adulta; (3) a instituição de um parlamento em situação de paridade com ou que controle o executivo. Nossa definição de regime democrático liberal vai muito além dessa.

democráticos não sejam expansionistas, eles realmente defendem os seus interesses de segurança, e um governo democrático pode facilmente invocar esse interesse para apoiar intervenções ocultas, mesmo quando efetivamente movido nos bastidores por interesses econômicos[69].

É claro que nações que são hoje democracias constitucionais estabelecidas dedicaram-se no passado à construção de impérios. Muitas nações europeias o fizeram nos séculos XVIII e XIX e durante a rivalidade entre a Grã-Bretanha, a França e a Alemanha antes da Primeira Guerra Mundial. A Inglaterra e a França travaram uma guerra pelo império – a chamada Guerra dos Sete Anos – em meados do século XVIII. A França perdeu as suas colônias na América do Norte, e a Inglaterra perdeu as suas colônias americanas depois da revolução de 1776. Não posso oferecer aqui uma explicação dos eventos desses séculos, o que envolveria examinar a estrutura de classes dessas nações ao longo do tempo e como essa estrutura afetou o desejo da Inglaterra e da França por colônias já no início do século XVII, assim como o papel das forças armadas no apoio a esse desejo. Também envolveria um estudo do papel desempenhado em uma era de mercantilismo por companhias de comércio licenciadas (com um monopólio conferido pela Coroa), tais como a Companhia das Índias Orientais e a Companhia da Baía de Hudson[70]. Claramente, as deficiências dessas sociedades

---

69. Sobre esse ponto, ver Allan Gilbert, "Power Motivated Democracy", *Political Theory*, novembro 1992, especialmente pp. 684 ss.

70. Sobre essas questões e os seus efeitos econômicos, ver Adam Smith, *A riqueza das nações* (1776), e Joseph Schumpeter, "The Sociology of Imperialisms", em *Imperialism and Social Causes* (1917), org. Paul Sweezy (Nova York, Kelley, 1951). Ver também Albert Hirschman, *Rival Views of Market Society*; note-se o que ele diz sobre a tese das algemas feudais, pp. 126-32. Também é relevante Michael Doyle, *The Ways of War and Peace*, capítulo 7, em que ele discute a ideia do pacifismo comercial, que remonta ao século XVIII e da qual Smith e Schumpeter são representantes importantes.

como democracias constitucionais, com os seus elementos de sustentação exigidos – de (a) a (e) acima – são evidentes mesmo em uma investigação superficial. Assim, a hipótese de Kant de um *foedus pacificum*, para ser cumprida, depende de até que ponto as condições de uma família de regimes constitucionais alcançam o ideal de tais regimes com os seus elementos de sustentação. Se a hipótese estiver correta, o conflito armado entre povos democráticos tenderá a desaparecer à medida que eles se aproximem desse ideal, e travarão guerras apenas como aliados, em autodefesa contra Estados fora da lei. Creio que essa hipótese seja correta e penso que sustente o Direito dos Povos como utopia realista.

§ 6. *A sociedade dos povos liberais: sua razão pública*

6.1 *A sociedade dos povos e o pluralismo razoável*. Qual pode ser a base para uma Sociedade dos Povos, dadas as diferenças razoáveis e esperadas entre os povos, com as suas instituições e línguas, religiões e culturas diferentes, assim como as suas diferentes histórias, situados que estão nas diferentes regiões e territórios do mundo e experimentando acontecimentos diferentes? (Essas diferenças são paralelas ao fato do pluralismo razoável em um regime nacional.)

Para perceber como obter uma base, repito o que disse na introdução: é importante compreender que o Direito dos Povos é desenvolvido no liberalismo político. Esse ponto inicial significa que o Direito dos Povos é extensão de uma concepção liberal de justiça de um regime *nacional* para uma *Sociedade dos Povos*. Desenvolvendo o Direito dos Povos em uma concepção liberal de justiça, formulamos os ideais e princípios da política exterior de um povo liberal razoavelmente justo. Faço distinção entre a razão pública dos povos liberais e a razão pública da Sociedade dos Povos. A primeira é a razão pública de cidadãos iguais de uma sociedade nacional que debatem os elementos constitucionais essenciais e questões de justiça básica no que diz respeito ao seu governo; a segunda é a razão pública de povos liberais livres e iguais, debatendo as suas relações mútuas como povos. O Direito dos Povos, com os seus conceitos e princípios, ideais e critérios políticos, é o conteúdo dessa segunda razão pública. Embora essas duas razões públicas não tenham o mesmo conteúdo, o papel da razão pública entre povos livres e democráticos é análogo ao seu papel num regime democrático constitucional entre cidadãos livres e iguais.

O liberalismo político propõe que, num regime democrático constitucional, doutrinas abrangentes de verdade ou de direito devem ser substituídas, na razão pública, por uma ideia do politicamente razoável, voltada para os cidadãos como cidadãos. Observe aqui o paralelo: a razão pública é invocada pelos membros da Sociedade dos Povos, e os seus princípios são voltados para os povos como povos. Não são expressos em termos de doutrinas abrangentes de verdade ou de direito, que podem predominar nesta ou naquela sociedade, mas em termos que possam ser compartilhados por povos diferentes.

6.2 O ideal da razão pública. Distinto da ideia de razão pública é o *ideal* de razão pública. Em uma sociedade nacional, esse ideal é realizado ou satisfeito sempre que juízes, legisladores, executivos e outros funcionários do governo, assim como candidatos a cargo público, agem a partir da ideia de razão pública e em conformidade com ela, e explicam aos outros cidadãos as suas razões para sustentar questões políticas fundamentais em função da concepção política de justiça que considerem ser a mais razoável. Dessa maneira, cumprem o que chamo o seu dever de civilidade para com os outros cidadãos. Portanto, se juízes, legisladores e executivos agem a partir da ideia de razão pública e em conformidade com ela, isso é demonstrado continuamente pelo seu discurso e pela sua conduta.

Como o ideal de razão pública é realizado por cidadãos que não são funcionários do governo? Num governo representativo, os cidadãos votam em representantes – executivos, legisladores etc. –, não em leis particulares (exceto em nível estadual ou local, onde podem votar diretamente em questões de referendos, que geralmente não são questões fundamentais). Para responder a essa pergunta dizemos que, idealmente, os cidadãos devem pensar em si mesmos *como se* fossem legisladores, e perguntar a si mesmos que estatutos, sustentados por quais razões, e satisfazendo o critério de reciprocidade, julgariam mais razoável decretar[71]. Quando firme e difundida, a disposição dos cidadãos de ver a si mesmos como legisladores ideais e de repudiar funcionários governamentais e candidatos a cargo público que violem a razão pública faz parte da base política e social da democracia liberal e é vital para que seu vigor e força perdurem. Assim, na sociedade nacional, os cidadãos cumprem o seu dever de civilidade e sustentam a ideia de razão pública ao fazerem o que podem para que os funcionários governamentais a sustentem. Esse dever, como outros direitos e deveres políticos, é um dever intrinsecamente moral. Enfatizo que não é um dever jurídico, pois, nesse caso, seria incompatível com a liberdade de discurso.

Similarmente, o ideal de razão pública de povos livres e iguais é realizado ou satisfeito sempre que executivos e legisladores, e outros funcionários governamentais, assim

---

71. Há alguma semelhança entre esse critério e o princípio do contrato original de Kant. Ver *Metaphysics of Morals, Doctrine of Rights*, §§ 47-49, e "Theory and Practice", Parte II.

como candidatos a cargo público, ajam conforme os princípios do Direito dos Povos e expliquem a outros povos as suas razões para seguir ou rever a política externa de um povo e os negócios de Estado que envolvam outras sociedades. Quanto a cidadãos privados, dizemos, como antes, que idealmente devem pensar em si mesmos *como se* fossem executivos e legisladores, e perguntar a si mesmos que política exterior, sustentada por quais considerações, eles julgariam mais razoável propor. Mais uma vez, quando firme e difundida, a disposição dos cidadãos de verem a si mesmos como executivos e legisladores ideais e de repudiar funcionários governamentais e candidatos a cargo público que violem a razão pública de povos livres e iguais é parte da base política e social da paz e da compreensão entre os povos.

6.3 Conteúdo do Direito dos Povos. Lembre que, no caso doméstico[72], o conteúdo da razão pública é dado pela família dos princípios liberais de justiça para um regime democrático constitucional, e não por um apenas. Há muitos liberalismos e, portanto, muitas formas de razão pública especificadas pela família das concepções políticas razoáveis. Nossa tarefa ao desenvolver a razão pública da Sociedade dos Povos foi especificar o seu conteúdo – os seus ideais, princípios e padrões – e como eles se aplicam às relações políticas entre os povos. E isso fizemos no primeiro argumento da posição original do segundo nível, quando considerei os méritos dos oito princípios do Direito dos Povos, relacionados no § 4. Esses princípios, familiares e grandemente tradicionais, tirei da história e dos usos do Direito e da prática internacionais. Como disse no § 4, as partes não recebem um menu de princípios e ideais possíveis para escolher, como recebiam no *Liberalismo político* e em *Uma teoria*

---

72. Ver "A ideia de razão pública revista".

da justiça. Antes, os representantes das democracias constitucionais liberais refletem sobre as vantagens dos princípios de igualdade entre os povos. Os princípios também devem satisfazer o critério da reciprocidade, já que esse critério é válido em ambos os níveis – tanto entre cidadãos como cidadãos como entre povos como povos. No segundo caso, exige-se que, ao propor um princípio para regulamentar as relações mútuas entre os povos, um povo ou os seus representantes devem pensar não apenas que seja razoável que o proponham, mas também que seja razoável que outros povos o aceitem.

6.4 Conclusão. Acabamos de completar nos §§ 3-5 o primeiro passo da teoria ideal. Quando podemos aceitar razoavelmente esse passo do Direito dos Povos como provisoriamente sólido e justificado?

(i) Devemos julgar o raciocínio da segunda posição original para os princípios e padrões do Direito dos Povos como altamente plausível e capaz de sustentação adicional. A descrição da estabilidade pelas razões certas deve parecer-nos igualmente convincente.

(ii) A visão da paz democrática também deve ser plausível e bem fundamentada pelo registro histórico da conduta dos povos democráticos. Também deve ser confirmada pela hipótese orientadora de que democracias que satisfaçam plenamente as condições de sustentação iniciais, de (a) a (e), permanecem em paz entre si.

(iii) Finalmente, como cidadãos de sociedades liberais, devemos ser capazes de endossar, com a devida reflexão, os princípios e julgamentos do Direito dos Povos. A concepção de contrato social desse Direito, mais que qualquer outra concepção que conhecemos, deveria unir em uma visão coerente as convicções políticas e os julgamentos políticos (morais) que consideramos, em todos os níveis de generalidade.

Na parte seguinte, discuto povos hierárquicos decentes nos §§ 8-9. Na Parte III, discuto os dois passos da teoria *não ideal*. A razão para prosseguir e considerar o ponto de vista dos povos hierárquicos decentes não é prescrever princípios de justiça para *eles*, mas nos assegurarmos de que os princípios liberais da política externa também são razoáveis a partir de um ponto de vista não liberal decente. O desejo de conquistar essa garantia é intrínseco à concepção liberal.

Parte II
A segunda parte da teoria ideal

§ 7. Tolerância de povos não liberais

7.1 Significado de tolerância. Uma tarefa importante na ampliação do Direito dos Povos a povos não liberais é especificar até que ponto os povos liberais devem tolerar povos não liberais. Aqui, tolerar não significa apenas abster-se de exercer sanções políticas – militares, econômicas ou diplomáticas – para fazer um povo mudar as suas práticas. Tolerar também significa reconhecer essas sociedades não liberais como membros participantes iguais, de boa reputação, na Sociedade dos Povos, com certos direitos e obrigações, inclusive o dever de civilidade, exigindo que ofereçam a outros povos razões para os seus atos adequadas à Sociedade dos Povos.

As sociedades liberais devem cooperar e dar assistência a todos os povos com boa reputação. Se se exigisse que todas as sociedades fossem liberais, então a ideia de liberalismo político deixaria de expressar a devida tolerância por maneiras aceitáveis (se existirem, como presumo) de ordenar a sociedade. Reconhecemos que uma sociedade liberal deve respeitar as doutrinas abrangentes dos seus cidadãos – religiosas, filosóficas e morais –, contanto que essas doutrinas sejam seguidas de maneiras compatíveis com uma concepção política razoável da justiça e da sua razão pública. De modo similar, dizemos que, contanto que as instituições básicas de uma sociedade não liberal cumpram certas condições específicas de direito, política e justiça, e levem seu povo a honrar um Direito razoável e justo para a Sociedade dos Povos, um povo liberal deve tolerar e aceitar essa sociedade. Na ausência de um nome melhor, às sociedades que satisfazem essas condições chamo povos *decentes* (§ 8.2).

7.2 Necessidade da concepção de tolerância. Alguns podem dizer que não há necessidade de que o Direito dos Povos desenvolva tal ideia de tolerância. A razão que poderiam dar é a de que os cidadãos de uma sociedade liberal devem julgar outras sociedades conforme a proximidade com que os seus ideais e instituições expressam e concretizam uma concepção política liberal razoável. Dado o fato do pluralismo, os cidadãos de uma sociedade liberal afirmam uma família de concepções políticas razoáveis de justiça e divergirão quanto a qual concepção é mais razoável. Eles concordam em que as sociedades não liberais deixam de tratar pessoas com razão, intelecto e sentimentos morais como verdadeiramente iguais e livres e, *portanto*, dizem eles, as sociedades não liberais estão sempre sujeitas a uma forma de sanção – política, econômica ou mesmo militar –, dependendo do caso. Nessa visão, o princípio orientador da política externa liberal é dar a todas as sociedades que ainda não são liberais uma direção liberal, até que, por fim (no caso ideal), todas as sociedades sejam liberais.

O "portanto" em itálico de algumas linhas atrás marca, porém, uma inferência que incorre em petição de princípio na seguinte questão: como podemos saber, antes de elaborar um Direito dos Povos razoável, que sociedades não liberais são sempre, as outras coisas sendo iguais, o objeto adequado de sanções políticas? Como vimos, ao discutir os argumentos na segunda posição original, na qual são selecionados os princípios do Direito dos Povos para as sociedades liberais, as partes são representantes de povos iguais, e povos iguais desejarão manter essa igualdade mútua. Além disso, o que os representantes dos povos selecionam são interpretações dos oito princípios relacionados no § 4. Nenhum povo estará disposto a contar as perdas para si como superadas por ganhos para outros povos, e, portanto, o princípio de utilidade e outros princípios morais discutidos na filosofia moral não são sequer candidatos a um Direito dos Povos. Como explico mais tarde, essa consequência, implícita no próprio processo de ampliar a concepção liberal de justiça política do caso nacional para o Direito dos Povos, será válida também para a ampliação adicional para os povos decentes.

7.3 Estrutura básica da Sociedade dos Povos. Uma consideração adicional importante é a seguinte: se os povos liberais exigem que todas as sociedades sejam liberais e sujeitam todas as que não são a sanções politicamente impostas, então os povos não liberais decentes – se existirem – terão negada uma medida de respeito devida pelos povos liberais. Essa falta de respeito pode ferir o autorrespeito de povos não liberais decentes como povos, assim como o dos seus membros individuais, e pode levar a muita amargura e ressentimento. Negar respeito a outros povos e a seus membros exige razões fortes como justificativa. Os povos liberais não podem dizer que os povos decentes negam os direitos humanos, já que (como veremos nos §§ 8-9, em que se desenvolve a noção de decência) tais povos reconhecem e protegem esses direitos; os povos liberais tampouco podem dizer que os povos decentes negam aos seus membros o direito de serem consultados ou um papel político substancial nas decisões, visto que a estrutura básica dessas sociedades, como veremos, inclui uma *hierarquia de consulta decente* ou seu equivalente. Por fim, os povos decentes permitem certo grau de dissidência, e o governo e os funcionários judiciais têm de oferecer uma réplica respeitosa, que vá ao encontro dos méritos da questão segundo a norma de Direito, tal como interpretada pelo judiciário. Os dissidentes não podem ser simplesmente ignorados como incompetentes ou carentes de compreensão. Dessa e de outras maneiras, a concepção do bem comum da justiça sustentada por povos decentes pode mudar ao longo do tempo, como resultado da dissidência de membros desses povos.

Todas as sociedades sofrem mudanças graduais, e, nas sociedades decentes, isso não é menos verdade que nas outras. Os povos liberais não devem supor que as sociedades decentes sejam incapazes de se reformar à sua própria maneira. Ao reconhecer essas sociedades como membros *bona fide* da Sociedade dos Povos, os povos liberais encorajam essa mudança. Não sufocam em nenhum caso tal mudança, como subtrair o respeito aos povos decentes poderia muito bem fazer. Deixando de lado a questão complicada de determinar se algumas formas de cultura e modos de vida são boas em si mesmas (como acredito que são), certamente é um bem, *ceteris paribus*, que indivíduos e associações estejam ligados à sua cultura particular e participem da sua vida pública e cívica comuns. Dessa maneira, a sociedade política é expressa e cumprida.

Isso não é insignificante. É um argumento a favor da preservação de um espaço relevante para a ideia da autodeterminação de um povo e para algum tipo de forma solta ou confederada de Sociedade dos Povos. Lembre que os povos (em oposição aos Estados) têm uma natureza moral definida (§ 2.1). Essa natureza inclui certo orgulho adequado e senso de honra; os povos podem ter um orgulho adequado pela sua história e conquistas, como permite o que chamo "patriotismo adequado" (§ 5.1). O devido respeito que pedem é um devido respeito compatível com a igualdade de todos os povos. O interesse que move os povos (e os distingue dos Estados) é congruente com uma igualdade imparcial e um devido respeito por outros povos. Os povos liberais devem tentar encorajar os povos decentes e não frustrar a sua vitalidade insistindo coercitivamente em que todas as sociedades sejam liberais. Além disso, se uma democracia constitucional liberal é, na verdade, superior a outras formas de sociedade, como acredito que seja, um povo liberal deve ter confiança nas suas convicções e supor que uma sociedade decente, quando os povos liberais lhe oferecem o devido respeito, possa ter maior probabilidade, ao longo do tempo, de reconhecer as vantagens das instituições liberais e tomar medidas para, sozinha, tornar-se mais liberal.

Nos últimos três parágrafos, tentei sugerir a grande importância de todos os povos decentes manterem o seu autorrespeito e terem o respeito de outros povos liberais ou decentes. Certamente, o mundo social dos povos liberais e decentes não é um mundo que, pelos princípios liberais, seja plenamente justo. Alguns podem sentir que permitir essa injustiça e não insistir em princípios liberais para todas as sociedades exige razões fortes. Creio que há tais razões. O mais importante é manter o respeito mútuo entre os povos. Cair no desprezo, por um lado, e na amargura e no ressentimento, por outro, só pode causar dano. Essas relações não são uma questão da estrutura básica (liberal ou decente) de cada povo visto em separado. Antes, sustentar o respeito mútuo entre os povos na Sociedade dos Povos constitui uma parte essencial da estrutura básica e do clima político dessa sociedade. O Direito dos Povos considera essa estrutura básica de fundo mais ampla e os méritos do seu clima político no incentivo às reformas com tendência liberal como superiores à falta de justiça liberal nas sociedades decentes.

§ 8. Extensão aos povos decentes

8.1 Observações processuais. Lembre que, na teoria ideal, a extensão das ideias políticas liberais de direito e justiça ao Direito dos Povos ocorre de duas maneiras. O primeiro passo completamos nos §§ 3-5: ou seja, a extensão do Direito dos Povos apenas às sociedades liberais. O segundo passo da teoria ideal é mais difícil; ele nos desafia a especificar um segundo tipo de sociedade – uma sociedade decente, embora não liberal – a ser reconhecido como membro *bona fide* de uma Sociedade dos Povos razoável e, nesse sentido, "tolerado". Devemos tentar formular os critérios para uma sociedade decente. Nosso objetivo é estender o Direito dos Povos às sociedades decentes e demonstrar que elas aceitam o mesmo Direito dos Povos que as sociedades liberais aceitam. Esse Direito compartilhado descreve o tipo de Sociedade dos Povos que todas as sociedades liberais e decentes querem, e expressa o fim regulador das suas políticas externas.

Na introdução, escrevi que, no mundo político e social que considero, há cinco tipos de sociedades nacionais: a primeira delas são os *povos liberais*, e a segunda são os *povos decentes*. A estrutura básica de um tipo de povo decente tem o que chamo "uma hierarquia de consulta decente", e chamo esses povos "povos hierárquicos decentes"; o outro tipo de povo decente é simplesmente uma categoria que deixo de reserva, supondo que possa haver outros povos decentes cuja estrutura básica não se ajuste à minha descrição de hierarquia de consulta, mas que são dignos de tornar-se membros de uma Sociedade dos Povos. Não tento descrever essas sociedades possíveis. (Refiro-me conjuntamente aos povos liberais e aos povos decentes como "povos bem-ordenados".) Além disso, há, em terceiro lugar, *Estados fora da lei*, e, em quarto, *sociedades oneradas por condições desfavoráveis*. Finalmente, em quinto, temos sociedades que são *absolu-*

tismos benevolentes: elas honram a maior parte dos direitos humanos, mas, como negam aos seus membros um papel significativo nas decisões políticas, não são bem-ordenadas.

Nesta seção defino primeiramente dois critérios para qualquer regime hierárquico decente. Embora esses critérios também pudessem ser satisfeitos por um regime democrático liberal, tornar-se-á claro, à medida que prosseguimos, que eles não exigem que uma sociedade seja liberal. Em seguida, confirmamos que, em uma posição original adequada (no segundo nível) com um véu de ignorância, as partes que representam esses povos hierárquicos decentes são justamente situadas, racionais, e movidas por razões adequadas. Mais uma vez, a posição original funciona, aqui, como um modelo de representação, só que, neste caso, para a elaboração de um Direito dos Povos entre povos hierárquicos decentes. Por fim, dados os seus interesses fundamentais tal como especificados pelos dois critérios, as partes que representam as sociedades hierárquicas decentes adotam o mesmo Direito dos Povos adotado pelas partes que representam as sociedades liberais. (Como disse, não discutirei outros tipos possíveis de povos decentes.)

No § 9.3, ofereço um exemplo imaginário de povo muçulmano hierárquico decente ao qual dei o nome de "Casanistão". O Casanistão honra e respeita os direitos humanos, e a sua estrutura básica contém uma hierarquia de consulta decente, dando, com isso, um papel político substancial aos seus membros nas decisões políticas.

8.2 Dois critérios para as sociedades hierárquicas decentes. Essas sociedades podem assumir muitas formas institucionais, religiosas e seculares. Todas elas, porém, são o que chamo *associativas* na forma: isto é, seus membros são vistos na vida pública como membros de grupos diferentes, e cada grupo é representado no sistema jurídico por um corpo numa hierarquia de consulta decente. Os dois critérios discutidos abaixo especificam as condições para que uma sociedade hierárquica decente seja um membro de boa reputação de uma Sociedade dos Povos razoável. (Muitas doutrinas religiosas e filosóficas, com suas diferentes ideias de justiça, podem levar a instituições que satisfaçam essas condições; contudo, como essas ideias de justiça são parte de uma doutrina religiosa ou filosófica abrangente, elas não especificam uma concepção política de justiça no meu sentido.)

1. Primeiro, a sociedade não tem objetivos agressivos e reconhece que deve alcançar seus fins legítimos por meio da diplomacia, do comércio e de outros caminhos pacíficos. Embora sua doutrina subjacente, religiosa ou de outro tipo, seja tida como abrangente e com influência sobre a estrutura do governo e da sua política social, ela respeita a ordem política e social de outras sociedades. Se busca influência maior, ela o faz de maneiras compatíveis com a independência de outras sociedades, inclusive suas liberdades religiosas e civis. Essa característica da doutrina abrangente da sociedade sustenta a base institucional da sua conduta pacífica e distingue-a dos principais Estados europeus durante as guerras religiosas dos séculos XVI e XVII.
2. O segundo critério tem três partes.

(a) A primeira parte é que o sistema de Direito de um povo hierárquico decente, em conformidade com sua ideia de justiça do bem comum (ver § 9), assegura a todos os membros do povo aquilo que veio a ser chamado direitos humanos. Um sistema social que viole esses direitos não pode especificar um esquema decente de cooperação política e social. Uma sociedade escrava não dispõe de um sistema de Direito decente, pois sua economia escravista é impelida por um esquema de comandos impostos pela força. Ela carece da ideia de cooperação social. (No § 9, abaixo, discuto mais detalhadamente a ideia de justiça do bem comum, na ligação com a ideia de uma hierarquia de consulta decente.)

Entre os direitos humanos estão o direito à vida (aos meios de subsistência e segurança)[1]; à liberdade (à liberação de escravidão, servidão e ocupação forçada, e a uma medida de liberdade de consciência suficiente para assegurar a liberdade de religião e pensamento)[2]; à propriedade (propriedade pessoal) e à igualdade formal como expressa pelas regras da justiça natural (isto é, que casos similares devem ser tratados de maneira similar)[3]. Os direitos humanos, compreendidos assim, não podem ser rejeitados como peculiarmente liberais ou específicos da tradição ocidental. Não são politicamente paroquiais[4]. Estas questões serão retomadas no § 10.

---

1. Ver Henry Shue, *Basic Rights: Substance, Affluence, and U.S. Foreign Policy* (Princeton, Princeton University Press, 1980). Shue, p. 23, e R. J. Vincent, no seu *Human Rights and International Relations*, interpretam a subsistência como incluindo segurança econômica mínima, e ambos sustentam que os direitos de subsistência são básicos. Concordo, já que o exercício sensato e racional de todas as liberdades, de qualquer tipo, assim como o uso inteligente da propriedade, sempre implicam ter meios econômicos para todos os propósitos.
2. Como discutido no § 9.2, essa liberdade de consciência pode não ser tão extensa nem tão igual para todos os membros da sociedade: por exemplo, uma religião pode predominar juridicamente no governo do Estado, ao passo que outras religiões, embora toleradas, podem ter negado o direito de ocupar certas posições. Refiro-me a esse tipo de situação como permitindo "liberdade de consciência, embora não uma liberdade igual".
3. Sobre as regras da justiça natural, ver Hart, *The Concept of Law*, pp. 156 ss.
4. T. M. Scanlon enfatiza esse ponto em "Human Rights as a Neutral Concern", em *Human Rights and U.S. Foreign Policy*, org. por P. Brown e D. MacLean (Lexington, Mass., Lexington Books, 1979), pp. 83, 89-92. Ele é relevante quando observamos que o apoio aos direitos humanos deve ser parte da política exterior das sociedades bem-ordenadas.

(b) A segunda parte é que o sistema de Direito de um povo decente deve ser tal que imponha deveres e obrigações morais (distintos dos direitos humanos) *bona fide* a todas as pessoas dentro do respectivo território[5]. Como os membros do povo são considerados decentes e racionais, assim como responsáveis e capazes de desempenhar um papel na vida social, eles reconhecem que esses deveres e obrigações ajustam-se à sua ideia de justiça do bem comum e não veem seus deveres e obrigações como meros comandos impostos pela força. Têm a capacidade do aprendizado moral e sabem a diferença entre o certo e o errado tal como compreendidos na sua sociedade. Em contraste com uma economia escravista, seu sistema de Direito especifica um esquema decente de cooperação política e social.

A concepção de pessoa de uma sociedade hierárquica decente, como implicada pelo segundo critério, não exige a aceitação da ideia liberal de que as pessoas primeiro são cidadãos e têm direitos básicos iguais como cidadãos iguais. Antes, ela vê as pessoas como

---

5. Aqui, valho-me de *A Theory of Law*, de Philip Soper (Cambridge, Mass., Harvard University Press, 1984), especialmente pp. 125-47. Soper sustenta que um sistema de Direito distinto de um sistema de meros comandos impostos coercitivamente deve ser tal que dê origem a direitos e obrigações morais para todos os membros da sociedade. Para que um sistema de Direito seja mantido, os juízes e outros funcionários devem acreditar sincera e razoavelmente que a lei é guiada por uma ideia de justiça do bem comum. Não sigo Soper, porém, em todos os aspectos. Um esquema de regras deve satisfazer a sua definição para que se qualifique como sistema de Direito adequado; ver capítulo IV, pp. 117-33. Mas quero evitar a questão longamente debatida da definição do Direito, e também quero sustentar que o Sul *antebellum*, digamos, não tinha um sistema de Direito. Então, vejo a segunda parte do critério acima – de que o sistema de Direito de um povo decente deve ser tal que imponha deveres e obrigações morais *bona fide* – como decorrente de uma concepção liberal de justiça estendida ao Direito dos Povos. Devo a Samuel Freeman a valiosa discussão destes pontos.

membros responsáveis e cooperativos dos seus grupos respectivos. Portanto, as pessoas podem reconhecer, compreender e agir em conformidade com seus deveres e obrigações morais como membros desses grupos.

(c) Finalmente, a terceira parte do segundo critério é que deve haver uma crença sincera e não irrazoável, da parte dos juízes e outros funcionários que administram o sistema jurídico, de que a lei seja realmente guiada por uma ideia de justiça do bem comum. Leis sustentadas meramente pela força são motivo para a rebelião e a resistência. Seria irrazoável, se não irracional, juízes e outros funcionários pensarem que a ideia de justiça do bem comum – que atribui direitos humanos a todos os membros de um povo – esteja sendo seguida, embora esses direitos sejam violados sistematicamente. Essa crença sincera e razoável da parte de juízes e funcionários deve refletir-se na sua boa-fé e disposição para defender publicamente as injunções da sociedade como justificadas pelo Direito. Os tribunais servem como fórum para essa defesa[6].

8.3 Base dos dois critérios. Assim como no caso da ideia do razoável no liberalismo político, não há nenhuma definição de decência a partir da qual possam ser deduzidos os dois critérios (ver § 12.2). Em vez disso, dizemos que os dois critérios parecem aceitáveis na sua formulação geral[7]. Penso na decência como uma ideia normativa do mesmo tipo que a razoabilidade, embora mais fraca (isto é, abrange menos que a razoabilidade). Damos-lhe significado pelo

---

6. Aqui, adapto a ideia de Soper em *A Theory of Law*, pp. 118, 112.
7. Uma hierarquia de consulta decente é discutida no § 9.

modo como a usamos. Assim, um povo decente deve honrar as leis da paz; seu sistema de Direito deve ser tal que respeite os direitos humanos e imponha deveres e obrigações a todas as pessoas no seu território. Seu sistema de Direito deve seguir uma ideia de justiça do bem comum, que leve em conta o que vê como interesses fundamentais de todos na sociedade. E, finalmente, deve haver uma crença sincera e não irrazoável, da parte de juízes e outros funcionários, de que a lei seja realmente guiada por uma ideia de justiça do bem comum.

Essa descrição de decência, como a da razoabilidade, é desenvolvida expondo os vários critérios e explicando o seu significado. O leitor tem de julgar se um povo decente, como dado pelos dois critérios, deve ser tolerado e aceito como membro de boa reputação da Sociedade dos Povos. Minha conjectura é que a maioria dos cidadãos razoáveis de uma sociedade liberal julgará como de boa reputação os povos que cumpram esses dois critérios aceitáveis. Nem todas as pessoas razoáveis o farão, com certeza, mas a maioria sim.

As duas ideias de justiça que discutimos encontram-se em polos opostos. A concepção liberal é a concepção da qual partimos na nossa sociedade e que consideramos como razoável com a devida reflexão. A ideia de bem comum decente dos povos hierárquicos é uma ideia mínima. A percepção disso por uma sociedade torna as suas instituições dignas de tolerância. Pode haver um amplo leque de formas institucionais que satisfaçam as ideias hierárquicas decentes satisfatórias, mas não tentarei fazer um levantamento delas. Meu objetivo tem sido delinear uma ideia de justiça que, embora distante das concepções liberais, ainda possui características que dão às sociedades assim regulamentadas a condição moral decente exigida para que sejam membros de boa reputação de uma Sociedade dos Povos razoável.

Temos de dar conta, de duas maneiras, das características dos direitos humanos que descrevi até aqui. Uma maneira é vê-los como pertencentes a uma concepção de justiça política liberal e como um subconjunto dos direitos e liberdades assegurados a todos os cidadãos livres e iguais num regime democrático liberal constitucional. A outra é vê-los como pertencentes a uma forma social associativa (como a denominei), que vê as pessoas primeiro como membros de grupos – associações, corporações e Estados. Como membros, as pessoas têm direitos e liberdades que as capacitam a cumprir seus direitos e obrigações e a participar de um sistema decente de cooperação social. Aquilo que veio a ser chamado direitos humanos tornou-se condição necessária de qualquer sistema de cooperação social. Quando são regularmente violados, temos o comando pela força, um sistema escravista e nenhuma cooperação, de nenhum tipo.

Esses direitos não dependem de nenhuma doutrina religiosa ou filosófica abrangente da natureza humana. O Direito dos Povos não diz, por exemplo, que os seres humanos são pessoas morais e têm igual valor aos olhos de Deus nem que têm certos poderes morais e intelectuais que os habilitam a esses direitos. Argumentar dessa maneira envolveria doutrinas religiosas ou filosóficas que muitos povos hierárquicos decentes poderiam rejeitar como liberais, democráticas, ou representativas da tradição política ocidental, e prejudiciais a outras culturas. Ainda assim, o Direito dos Povos não nega essas doutrinas.

É importante perceber que a concordância a respeito de um Direito dos Povos que assegura os direitos humanos não é limitada apenas às sociedades liberais. Tentarei agora confirmar esse ponto.

8.4 A posição original para povos hierárquicos decentes. Os povos hierárquicos decentes são bem-ordenados em função das suas próprias ideias de justiça, que satisfazem os dois critérios. Sendo assim, proponho que os seus representantes, em uma posição original adequada, adotariam os mesmos oito princípios (§ 4.1) que sustentei que seriam adotados pelos representantes das sociedades liberais. O argumento a favor disso é este: os povos hierárquicos decentes não participam de guerra de agressão; portanto, os seus representantes respeitam a ordem cívica e a integridade dos outros povos e aceitam que a situação simétrica (a igualdade) da posição original é justa. Em seguida, em vista das ideias de justiça do bem comum, válidas nas sociedades hierárquicas decentes, os representantes esforçam-se para proteger os direitos humanos e o bem do povo que representam e para manter a sua segurança e independência. Os representantes importam-se com os benefícios do comércio e também aceitam a ideia de assistência entre os povos em tempo de necessidade. Portanto, podemos dizer que os representantes das sociedades hierárquicas são decentes e racionais. Em vista desse raciocínio, também podemos dizer que os membros de sociedades hierárquicas decentes aceitariam – como você e eu aceitaríamos[8] – a posição original como justa entre os povos e endossariam o Direito dos Povos adotado pelos seus representantes como especificando termos justos de cooperação política com outros povos.

Como observei antes ao discutir a necessidade de uma ideia de tolerância (§ 7.2-3), alguns podem objetar que tratar os representantes dos povos igualmente quando a igualdade não é válida dentro das suas sociedades nacionais é ilógico ou injusto. A força intuitiva da igualdade é válida, pode-se dizer, apenas entre indivíduos, e tratar as sociedades igualmente depende de elas tratarem os seus membros igualmente. Não concordo. Em vez disso, a igualdade é válida entre indivíduos ou coletivos razoáveis ou decentes e racionais de

---

8. Aqui, você e eu somos membros de sociedades hierárquicas decentes, mas não da mesma.

vários tipos quando a relação de igualdade entre eles é adequada para o caso em questão. Um exemplo: em certas questões, as igrejas podem ser tratadas igualmente e devem ser consultadas como iguais em questões de política – as igrejas católica e congregacional, por exemplo. Isso pode parecer prático, embora a primeira seja organizada hierarquicamente e a segunda não. Um segundo exemplo: as universidades também podem ser organizadas de muitas maneiras. Algumas podem escolher os seus presidentes por meio de um tipo de hierarquia de consulta que inclui todos os grupos reconhecidos, outras por meio de eleições em que todos os seus membros, inclusive estudantes, têm voto. Em alguns casos, os membros têm apenas um voto; outros arranjos permitem o voto plural, dependendo da posição do votante. Mas o fato de que os arranjos internos das universidades diferem não exclui que sejam tratadas como iguais em certas circunstâncias. Pode-se facilmente imaginar mais exemplos[9].

Claramente supus que os representantes dos povos devem estar situados igualmente, embora as ideias de justiça das sociedades não liberais decentes que representam permitam desigualdades básicas entre os seus membros. (Por exemplo, alguns membros podem não ter o que chamo "igual liberdade de consciência"; ver nota 2 acima.) Não há, porém, nenhuma incompatibilidade: um povo que afirma sinceramente uma ideia não liberal de justiça ainda pode pensar razoavelmente que a sua sociedade deve ser tratada igualmente em um Direito dos Povos razoavelmente justo. Embora a igualdade plena possa estar ausente em uma sociedade, a igualdade pode ser razoavelmente proposta ao fazer reivindicações diante de outras sociedades.

Note que, no caso de uma sociedade hierárquica decente, não há argumento da posição original que derive da for-

---

9. Devo a Thomas Nagel a discussão dessa questão.

ma da sua estrutura básica. Como usado numa concepção de contrato social, um argumento da posição original para a justiça doméstica é uma ideia liberal e não se aplica à justiça nacional de um regime hierárquico decente. É por isso que o Direito dos Povos usa um argumento de posição original apenas três vezes: duas vezes para as sociedades liberais (uma vez no nível nacional e uma vez no nível do Direito dos Povos), mas apenas uma vez, no segundo nível, para as sociedades hierárquicas decentes. Apenas partes iguais podem estar situadas simetricamente em uma posição original. Os povos iguais, ou os seus representantes, são partes iguais no nível do Direito dos Povos. Em outro nível, faz sentido pensar em povos liberais e decentes juntos em uma posição original quando unidos em associações regionais ou federações de algum tipo, como a Comunidade Europeia ou a comunidade das repúblicas na antiga União Soviética. É natural contemplar a futura sociedade mundial como composta em boa parte de tais federações, unidas a certas instituições, como as Nações Unidas, capazes de falar por todas as sociedades do mundo.

§ *9. Hierarquia de consulta decente*

9.1 Hierarquia de consulta e objetivo comum. As duas primeiras partes do segundo critério exigem que o sistema de Direito de uma sociedade hierárquica seja guiado pelo que chamei ideia de justiça do bem comum[10]. Mas o significado de tal ideia ainda não está claro. Tento detalhá-lo mais, primeiro, distinguindo-o do objetivo comum de um povo (se

---

10. As sociedades bem-ordenadas com concepções liberais de justiça política também possuem uma concepção de bem comum nesse sentido: ou seja, o bem comum de alcançar justiça política para todos os seus cidadãos ao longo do tempo e preservar a cultura livre que a justiça permite.

ele o tem) e, segundo, insistindo em que o sistema jurídico de um povo hierárquico decente deve conter uma hierarquia de consulta decente. Isto é, a estrutura básica da sociedade deve incluir uma família de corpos representativos cujo papel na hierarquia seja participar de um processo de consulta estabelecido e cuidar daquilo que a ideia de justiça do bem comum de um povo considera como os interesses importantes de todos os membros do povo.

O objetivo ou fim comum (deve haver um) é o que a sociedade como um todo tenta conquistar para si ou para os seus membros. O objetivo ou fim comum afeta o que as pessoas recebem e o seu bem-estar. Na ideia de justiça do bem comum a busca desse objetivo comum deve ser encorajada, mas não maximizada em si mesma, e sim de maneira compatível com as restrições especificadas, honrando os passos no processo de consulta, o que provê a base institucional para a proteção dos direitos e deveres dos membros do povo. (Muitas sociedades não têm um objetivo comum, mas, antes, o que chamarei "prioridades especiais" [§ 9.3]; nesse caso, também essas prioridades devem ser buscadas de maneira compatível com as restrições especificadas pelo processos de consulta.)

Ainda que todas as pessoas em uma sociedade hierárquica decente não sejam consideradas como cidadãos livres e iguais, nem como indivíduos que mereçam representação igual (segundo a máxima "um cidadão, um voto"), elas são vistas como decentes e racionais e como capazes de aprendizagem moral tal como reconhecida na sua sociedade. Como membros responsáveis da sociedade, elas podem reconhecer quando seus deveres e obrigações morais conformam-se à ideia de justiça do bem comum do povo. Cada pessoa pertence a um grupo representado por um corpo na hierarquia de consulta, e cada pessoa participa de atividades distintas e desempenha certo papel no esquema geral de cooperação.

Nas decisões políticas, uma hierarquia de consulta decente permite que vozes diferentes sejam ouvidas – não, com certeza, da maneira permitida por instituições democráticas, mas adequadamente, em vista dos valores religiosos e filosóficos da sociedade, como expressos na sua ideia de bem comum. As pessoas como membros de associações, corporações e Estados têm o direito, em algum ponto do processo de consulta (muitas vezes na etapa de selecionar os representantes de um grupo), de expressar dissidência política, e o governo tem a obrigação de considerar seriamente a dissidência de um grupo e de oferecer uma resposta conscienciosa. É necessário e importante que vozes diferentes sejam ouvidas porque a crença sincera dos juízes e outros oficiais na justiça do sistema jurídico deve incluir o respeito pela possibilidade de dissidência[11]. Os juízes e outros funcionários devem estar disponíveis às objeções. Não podem recusar-se a ouvir, acusando os dissidentes de incompetentes e incapazes de compreender, pois não teríamos então uma hierarquia de consulta decente, mas um regime paternalista[12]. Além disso, se os juízes e outros funcionários ouvirem, os dissidentes não têm de aceitar a resposta que lhes seja dada; podem renovar o seu protesto, contanto que expliquem por que ainda estão insatisfeitos, e a sua explicação, por sua vez, deve receber uma resposta adicional mais completa. A dissidência expressa uma forma de protesto público e é permissível, contanto que permaneça dentro da estrutura básica da ideia de justiça do bem comum.

---

11. Ver Soper, *A Theory of Law*, p. 141.
12. O processo de consulta muitas vezes é mencionado em discussões sobre as instituições políticas islâmicas; contudo, está claro que o propósito da consulta muitas vezes é tal que o califa pode obter um compromisso de lealdade dos seus súditos, ou, às vezes, é tal que ele pode discernir a força da oposição.

9.2 Três observações. Muitos pontos precisam ser examinados antes que uma ideia de hierarquia de consulta decente esteja suficientemente clara. Observo três.

Uma primeira observação diz respeito a por que há grupos representados pelos corpos na hierarquia de consulta. (No esquema liberal, os cidadãos são representados assim.) Uma resposta é que uma sociedade hierárquica decente pode sustentar uma visão similar à de Hegel, que diz o seguinte: na sociedade decente bem ordenada, as pessoas pertencem primeiro a Estados, corporações e associações – isto é, a grupos. Como esses grupos representam os interesses racionais dos seus membros, algumas pessoas participarão representando publicamente esses interesses no processo de consulta, mas o fazem como membros de associações, corporações e Estados, não como indivíduos. A justificativa para esse arranjo é a seguinte: enquanto numa sociedade liberal, em que cada cidadão tem um voto, os interesses dos cidadãos tendem a encolher e concentrar-se nos seus interesses econômicos privados, em detrimento dos vínculos da comunidade, numa hierarquia de consulta, quando o seu grupo é assim representado, os membros votantes dos vários grupos levam em conta os interesses mais amplos da vida política. Naturalmente, uma sociedade hierárquica decente nunca teve o conceito de uma pessoa, de um voto, que está associado à tradição do pensamento democrático liberal, e talvez pensasse (como Hegel pensou) que tal ideia expresse erroneamente uma ideia individualista de que cada pessoa, como unidade atomista, tenha o direito básico de participar igualmente na deliberação política[13].

---

13. Ver Hegel, *Filosofia do direito* (1821), § 308. A principal objeção de Hegel à constituição de Würtemberg, apresentada pelo rei liberal em 1815-16, fixa-se na sua ideia do sufrágio direto. Sua objeção encontra-se, em parte, na seguinte passagem do ensaio de 1817, "Atas da assembleia dos Estados no reino de

Segundo, a natureza da visão de tolerância religiosa de um povo decente precisa de menção explícita. Embora em sociedades hierárquicas decentes uma religião do Estado possa, em algumas questões, ser a autoridade última na sociedade, e possa controlar a política do governo em certas questões importantes, essa autoridade não é (como já enfatizei) estendida politicamente às relações com outras sociedades. Além disso, as doutrinas religiosas ou filosóficas (abrangentes) de uma sociedade hierárquica decente não devem ser completamente irrazoáveis. Com isso quero dizer, entre outras coisas, que essas doutrinas devem admitir uma medida suficiente de liberdade de consciência e liberdade de religião e pensamento, mesmo que essas liberdades não sejam tão extensas nem tão iguais para todos os membros da sociedade decente como são nas sociedades liberais. Embora a religião estabelecida possa ter vários privilégios, é essencial, para que a sociedade seja decente, que nenhuma religião seja

---

Würtemberg, 1815-16": "Os eleitores parecem não ter vínculo ou ligação com a ordem civil e a organização do Estado. Os cidadãos vêm à cena como átomos isolados, e as assembleias eleitorais são agregados inorgânicos desordenados; o povo como um todo está dissolvido num amontoado. Essa é uma forma que a comunidade jamais deveria adotar na realização de qualquer empreendimento; é uma forma por demais indigna da comunidade e em contradição com os seus conceitos como ordem espiritual. Idade e propriedade são qualidades que afetam apenas o próprio indivíduo, não traduzindo seu valor na ordem civil. Tal valor ele tem apenas por força do seu ofício, da sua posição, da sua capacidade no mister que, reconhecido pelos seus concidadãos, habilita-o a ser descrito como mestre do seu ofício" (p. 262).
A passagem continua ao longo dessas linhas e conclui dizendo: "Por outro lado, de alguém que tem apenas 25 anos e possui uma propriedade que rende 200 ou mais florins por ano, dizemos 'ele não é nada'. Se a Constituição, não obstante, faz dele alguma coisa, um votante, ela lhe concede direito político grandioso sem nenhum vínculo com outros corpos cívicos e introduz uma das questões mais importantes em uma situação que tem mais em comum com o princípio democrático – até mesmo anárquico – de separação do que com o de uma ordem orgânica" (pp. 262-3).
Apesar dessas objeções, Hegel tomou o partido da Constituição liberal do rei contra os Estados conservadores. Cito a tradução do ensaio de Hegel de *Hegel's Political Writings*, trad. ingl. T. M. Knox, com uma introdução de Z. A. Pelczynski (Oxford, Clarendon Press, 1964).

perseguida ou tenha negadas as condições cívicas e sociais que permitem sua prática em paz e sem medo[14]. Além disso, em vista da possível desigualdade de liberdade religiosa, se não por algum outro motivo, é essencial que uma sociedade hierárquica permita o direito de emigração e lhe dê assistência[15].

Aqui, pode surgir a questão de por que doutrinas religiosas ou filosóficas que negam a liberdade de consciência plena e igual não são irrazoáveis. Não digo que sejam razoáveis, mas, antes, que não são completamente irrazoáveis; penso que devemos permitir um espaço entre o completamente irrazoável e o completamente razoável. O segundo requer a liberdade de consciência plena e igual, e o primeiro a nega inteiramente. Doutrinas tradicionais que permitem uma medida de liberdade de consciência, mas não a permitem completamente são visões que, creio, encontram-se nesse espaço, e não são completamente irrazoáveis.

Uma terceira observação diz respeito à representação, em uma hierarquia de consulta, de membros da sociedade tais como mulheres, que podem ter estado longamente sujeitas a opressão e abuso equivalente à violação dos seus direitos humanos. Um passo para assegurar que suas reivindicações

---

14. Sobre a importância dessa estipulação, ver *Ordinary Vices*, de Judith Shklar (Cambridge, Mass., Harvard University Press, 1984), no qual ela apresenta o que chama "liberalismo do medo". Ver especialmente a introdução e os capítulos de 1 a 6. Shklar certa vez chamou esse tipo de liberalismo o liberalismo das "minorias permanentes"; ver, dela, *Legalism* (Cambridge, Mass., Harvard University Press, 1964), p. 224.

15. Sujeito a certas qualificações, as sociedades liberais também devem permitir esse direito. Pode-se objetar que o direito de emigração carece de sentido sem o direito de ser aceito em algum lugar como imigrante. Mas muitos direitos carecem de sentido nessa acepção: para dar alguns exemplos, o direito de casar-se, de convidar pessoas a ir à própria casa ou mesmo de fazer uma promessa. É preciso dois para fazer valer esses direitos. Outra questão complexa é até que ponto o direito à emigração deve se estender. Qualquer que seja a resposta, certamente o direito à emigração para minorias religiosas não deve ser meramente formal, e um povo deve prover assistência aos emigrantes quando praticável.

sejam levadas em conta adequadamente pode ser arranjar que uma maioria dos membros dos corpos que representam os (anteriormente) oprimidos seja escolhida dentre aqueles cujos direitos foram violados. Como vimos, uma condição da sociedade hierárquica decente é que seu sistema jurídico e sua ordem social não violem os direitos humanos. O processo de consulta deve ser arranjado para deter todas as violações desse tipo[16].

9.3 Casanistão: um povo hierárquico decente. O Direito dos Povos não pressupõe a existência de povos hierárquicos decentes mais do que pressupõe a existência de povos democráticos constitucionais razoavelmente justos. Se elevamos muito os padrões, nenhum existe. No caso dos povos democráticos, o máximo que podemos dizer é que alguns estão mais próximos do que outros de um regime constitucional razoavelmente justo. O caso de povos hierárquicos decentes é ainda menos claro. Podemos descrever coerentemente as suas virtudes políticas e instituições sociais básicas?

Guiado pelos §§ 8-9, descrevo agora um hipotético povo hierárquico decente. O propósito desse exemplo é sugerir que um governo decente é viável, contanto que os seus governantes não se permitam ser corrompidos, seja favorecendo os ricos, seja usufruindo o exercício do poder por si mesmo. Imagine um povo islâmico idealizado chamado "Casanistão". O sistema de Direito do Casanistão não institui a separação de Igreja e Estado. O Islã é a religião favorecida, e

---

16. Retorno a este ponto no § 10. Deve-se observar aqui que alguns autores sustentam que os direitos democráticos e liberais plenos são necessários para impedir violações dos direitos humanos. Isso é afirmado como fato empírico sustentado pela experiência histórica. Não discuto essa afirmação, que pode ser verdadeira. Minhas observações a respeito de uma sociedade hierárquica decente, porém, são conceituais. Isto é, pergunto se podemos imaginar tal sociedade, e, se ela existe, se julgamos que deva ser tolerada politicamente.

apenas muçulmanos podem ocupar as posições superiores de autoridade política e influenciar as principais decisões e políticas do governo, inclusive a política externa. Contudo, outras religiões são toleradas e podem ser praticadas sem medo nem perda da maioria dos direitos cívicos, exceto o direito de ocupar os cargos políticos ou judiciais superiores. (Essa exclusão marca uma diferença fundamental entre o Casanistão e um regime democrático liberal, em que todos os cargos e posições estão, por assim dizer, abertos a cada cidadão.) Outras religiões e associações são encorajadas a ter uma vida cultural própria florescente e a participar da cultura cívica da sociedade mais ampla[17].

Tal como o imagino, esse povo decente é marcado pelo seu tratamento esclarecido das várias religiões não islâmicas e de outras minorias que têm vivido em seu território há gerações, originárias de conquistas ocorridas há muito tempo ou da imigração permitida pelo povo. Essas minorias têm sido súditos leais da sociedade e não estão sujeitas a discriminação arbitrária nem são tratadas como inferiores pelos muçulmanos nas relações públicas ou sociais. Para tentar fortalecer a sua lealdade, o governo permite que não muçulmanos possam fazer parte das forças armadas e servir

---

17. Muitos caminhos podem levar à tolerância; sobre isso ver *Da tolerância*, de Michael Walzer (São Paulo, Martins Fontes, 1999). A doutrina que atribuí aos governantes do Casanistão era similar a uma encontrada no Islã alguns séculos atrás. (O Império Otomano tolerava judeus e cristãos; os governantes otomanos até os convidavam para ir à capital, Constantinopla.) Essa doutrina afirma o valor de todos os povos decentes e prove os elementos essenciais que a utopia realista exige. Segundo essa doutrina: (a) todas as diferenças religiosas entre os povos são da vontade divina, e é assim se os crentes pertencem à mesma sociedade ou a sociedades diferentes; (b) a punição pela crença errada cabe apenas a Deus; (c) comunidades de crenças diferentes devem respeitar-se mutuamente; (d) a crença na religião natural é inata em todas as pessoas. Esses princípios são discutidos por Roy Mottahedeh em "Toward an Islamic Theory of Toleration", em *Islamic Law Reform and Human Rights* (Oslo, Nordic Human Rights Publications, 1993).

nos postos de comando mais elevados. Ao contrário da maioria dos governantes muçulmanos, os governantes do Casanistão não foram atrás de império e território. Isso, em parte, é resultado de os seus teólogos interpretarem a *jihad* em um sentido espiritual e moral, não em termos militares[18]. Os governantes muçulmanos há muito tempo sustentam a visão de que todos os membros da sociedade querem naturalmente ser membros leais do país em que nasceram e em que permaneceram assim, a menos que sejam discriminados e tratados injustamente. Seguir essa ideia deu resultado. Os membros não muçulmanos e as suas minorias permaneceram leais e apoiaram o governo em tempos de perigo.

Penso que também é plausível imaginar o Casanistão organizado em uma hierarquia de consulta decente, que foi mudada de tempos em tempos para torná-la mais sensível às necessidades do seu povo e dos muitos grupos étnicos diferentes representados pelos corpos jurídicos na hierarquia de consulta. Essa hierarquia satisfaz bem de perto as seis diretrizes seguintes. Primeiro, todos os grupos devem ser consultados. Segundo, cada membro de um povo deve pertencer a um grupo. Terceiro, cada grupo deve ser representado por um corpo que contenha pelo menos alguns dos membros do grupo que conheçam e compartilhem os interesses fundamentais do grupo. Essas três primeiras condições garantem que os interesses fundamentais de todos os grupos sejam consultados e levados em consideração[19]. Quarto, o corpo que toma a decisão final – os governantes do Casanistão – deve pesar

---

18. A interpretação espiritual da *jihad* foi comum nos países islâmicos; nessa interpretação, a *jihad* era compreendida como uma obrigação de todo muçulmano. Ver Bernard Lewis, *The Middle East* (Nova York, Scribner, 1995), pp. 233 ss.

19. Isso parece mais próximo do primeiro sentido de bem comum de John Finnis em *Natural Law and Natural Rights* (Oxford, Clarendon Press, 1980), pp. 155 ss.

as visões e reivindicações de cada um dos corpos consultados e, se convocados, os juízes e outros funcionários devem explicar e justificar a decisão dos governantes. No espírito do processo, a consulta a cada corpo pode influenciar o resultado. Quinto, a decisão deve ser feita segundo uma concepção das prioridades especiais do Casanistão. Entre essas prioridades especiais está estabelecer um povo muçulmano decente e racional, que respeite as minorias religiosas. No caso, podemos esperar que minorias não muçulmanas estejam menos comprometidas com certas prioridades do que os muçulmanos, mas podemos conjecturar razoavelmente que tanto muçulmanos como não muçulmanos considerarão essas prioridades como significativas. Sexto e último – mas altamente importante –, essas prioridades especiais devem ajustar-se a um esquema geral de cooperação, e os termos justos segundo os quais a cooperação do grupo é conduzida devem ser especificados explicitamente[20]. Essa concepção não é precisa; contudo, serve como guia para a decisão contra o pano de fundo de situações reais e expectativas estabelecidas.

Finalmente, imagino a estrutura básica do Casanistão como incluindo assembleias em que os corpos de consulta hierárquica se possam encontrar. Ali, os representantes podem levantar suas objeções às políticas governamentais, e os membros do governo podem retrucar, o que se exige que seja feito pelo governo. A dissidência é respeitada no sentido de merecer uma resposta dizendo como o governo acha que pode interpretar razoavelmente as suas políticas em confor-

---

20. Essa concepção do bem comum aproxima-se do terceiro sentido de Finnis. Ver novamente *Natural Law and Natural Rights*, pp. 155 ss. Aqui, reitero que uma hierarquia de consulta não se esforça simplesmente para maximizar a conquista do objetivo comum. Antes, tenta maximizar essa conquista honrando todas as restrições encerradas no próprio processo de consulta. Isso é o que distingue uma sociedade justa ou decente de outras.

midade com a sua ideia de justiça do bem comum e impor deveres e obrigações a todos os membros da sociedade. Imagino ainda, como exemplo de como a dissidência, quando autorizada e ouvida, pode instigar a mudança, que no Casanistão ela tenha levado a reformas importantes nos direitos e no papel das mulheres, com o judiciário concordando em que as normas vigentes não possam ser harmonizadas com a ideia de justiça do bem comum da sociedade.

Não sustento que o Casanistão seja perfeitamente justo, mas parece-me que tal sociedade é decente. Além disso, embora seja apenas imaginado, não julgo irrazoável supor que uma sociedade como o Casanistão possa existir, especialmente porque não carece de precedente no mundo real (como indica a nota 18 acima). Os leitores podem me acusar de utopismo sem fundamento, mas discordo. Antes, parece-me que algo como o Casanistão é o melhor que podemos esperar com realismo – e coerência. É uma sociedade esclarecida no seu tratamento das minorias religiosas. Penso que o esclarecimento a respeito dos limites do liberalismo recomenda que tentemos conceber um Direito dos Povos razoavelmente justo que povos liberais e não liberais possam endossar conjuntamente. A alternativa é um cinismo fatalista que concebe o bem da vida unicamente em termos de poder.

§ 10. Direitos humanos

10.1 Direito dos Povos suficientemente liberal. Pode-se objetar que o Direito dos Povos não seja suficientemente liberal. Essa objeção pode assumir duas formas. Por um lado, alguns pensam nos direitos humanos como mais ou menos os mesmos direitos que os cidadãos possuem em um regime democrático constitucional razoável; essa visão simplesmente expande a classe dos direitos humanos para que inclua todos os direitos que os governos liberais garantem. Os direitos humanos no Direito dos Povos, por contraste, expressam uma classe especial de direitos urgentes, tais como a liberdade que impede a escravidão ou servidão, a liberdade (mas não igual liberdade) de consciência e a segurança de grupos étnicos contra o assassinato em massa e o genocídio. A violação dessa classe de direitos é igualmente condenada por povos liberais razoáveis e por povos hierárquicos decentes.

Uma segunda afirmação dos que sustentam que o Direito dos Povos não é suficientemente liberal é que apenas os governos democráticos liberais são eficazes para proteger mesmo esses direitos humanos especificados pelo Direito dos Povos. Segundo os críticos que adotam essa linha, esse é um fato confirmado pela história de muitos países diferentes ao redor do mundo. Se os fatos da história, sustentados pelo raciocínio do pensamento político e social, demonstram que os regimes hierárquicos são sempre, ou quase sempre, opressivos e negam os direitos humanos, tem-se argumentado a favor da democracia liberal[21]. O Direito dos Povos, porém, supõe que existam povos hierárquicos decentes, ou que poderiam existir, e considera por que devem ser tolerados e aceitos pelos povos liberais como povos com boa reputação.

10.2 Papel dos direitos humanos no Direito dos Povos. Os direitos humanos são uma classe de direitos que desempenha um papel especial num Direito dos Povos razoável: eles restringem as razões justificadoras da guerra e põem limites à autonomia interna de um regime. Dessa maneira, refletem as duas mudanças básicas e historicamente profundas

---

21. A Convenção de Copenhague de 1990 defendeu dessa maneira os direitos democráticos como instrumentais.

em como os poderes da soberania têm sido concebidos desde a Segunda Guerra Mundial. Primeiro, a guerra não é mais um meio admissível de política governamental e só é justificada em autodefesa ou em casos graves de intervenção para proteger os direitos humanos. E, segundo, a autonomia interna de um governo agora é limitada.

Os direitos humanos são distintos dos direitos constitucionais ou dos direitos da cidadania democrática liberal[22], ou de outros direitos que são próprios de certos tipos de instituições políticas, individualistas e associativas. Eles estabelecem um padrão necessário, mas não suficiente, para a decência das instituições políticas e sociais. Ao fazê-lo, limitam o Direito nacional admissível de sociedades com boa reputação em uma Sociedade dos Povos razoavelmente justa[23]. Portanto, a classe especial dos direitos humanos tem estes três papéis:

---

22. Ver a esclarecedora discussão de Judith Shklar dos direitos da cidadania democrática em *American Citizenship* (Cambridge, Mass., Harvard University Press, 1991), com a sua ênfase na significação histórica da escravidão.

23. Essa afirmação pode ser esclarecida fazendo-se distinção entre os direitos que foram relacionados como direitos humanos nas várias declarações internacionais. Considere a Declaração Universal dos Direitos Humanos de 1948. Primeiro, há direitos humanos propriamente ditos, ilustrados pelo Artigo 3: "Todos têm direito à vida, à liberdade e à segurança da pessoa", e pelo Artigo 5: "Ninguém será sujeitado a tortura ou a tratamento ou punição cruel e degradante." Os artigos de 3 a 18 podem ser todos colocados sob a denominação de direitos humanos propriamente ditos, dependendo de certas questões de interpretação. Segundo, há direitos humanos que são implicações óbvias da primeira classe de direitos. A segunda classe de direitos abrange os casos extremos descritos pelas convenções especiais sobre o genocídio (1948) e sobre o *apartheid* (1973). Essas duas classes abrangem os direitos humanos ligados ao bem comum, como explicado no texto acima.

Das outras declarações, algumas parecem mais adequadamente descritas como afirmando aspirações liberais, como o Artigo 1 da Declaração Universal dos Direitos Humanos de 1948: "Todos os seres humanos nascem livres e iguais em dignidade e direitos. São dotados de razão e consciência e devem agir mutuamente com um espírito de fraternidade." Outras parecem pressupor tipos específicos de instituição, como o direito à segurança social, no Artigo 22, e o direito a pagamento igual por trabalho igual, no Artigo 23.

1. Seu cumprimento é condição necessária da decência das instituições políticas de uma sociedade e da sua ordem jurídica (§§ 8-9).
2. Seu cumprimento é suficiente para excluir a intervenção justificada e coercitiva de outros povos, por exemplo, por meio de sanções diplomáticas e econômicas ou, em casos graves, da força militar.
3. Eles estabelecem um limite para o pluralismo entre os povos[24].

10.3 Os direitos humanos nos Estados fora da lei. O rol dos direitos humanos honrados por regimes liberais e decentes deve ser compreendido como direitos universais no seguinte sentido: eles são intrínsecos ao Direito dos Povos e têm um efeito (moral) sendo ou não sustentados localmente. Isto é, sua força política (moral) estende-se a todas as sociedades, e eles são obrigatórios para todos os povos e sociedades, inclusive os Estados fora da lei[25]. Um Estado fora da lei que viole esses direitos deve ser condenado e, em casos graves, pode ser sujeitado a sanções coercitivas e mesmo a intervenção. A adequação de impor o Direito dos Povos já é clara a partir das nossas reflexões sobre os poderes tradicionais da soberania (§ 2.2), e o que direi mais tarde a respeito do dever de assistência confirmará o direito à intervenção.

---

24. Ver Terry Nardin, *Law, Morality, and the Relations of States* (Princeton, Princeton University Press, 1983), p. 240, citando "The Romance of the Nation-State", de Luban, PAPA, vol. 8 (1980), p. 306.

25. Peter Jones, "Human Rights: Philosophical or Political", em *National Rights, Institutional Obligations*, org. Simon Caney, David George e Peter Jones (Boulder, Westview Press, 1996), interpreta a minha descrição dos direitos humanos em "The Law of Peoples", tal como publicado em *On Human Rights: The Oxford Amnesty Lectures* (Nova York, Basic Books, 1993) de um modo que creio ser errôneo. Ele está correto ao perceber que interpreto os direitos humanos como um grupo de direitos que povos liberais e povos hierárquicos decentes imporiam e reconheceriam. Não está claro que ele pense neles como universais e aplicáveis a Estados fora da lei.

Pode-se perguntar qual a justificativa de povos liberais e decentes bem ordenados para interferir em um Estado fora da lei, com base em que esse Estado violou os direitos humanos. As doutrinas, religiosas ou não, podem basear a ideia de direitos humanos em uma concepção teológica, filosófica ou moral da natureza da pessoa humana. O Direito dos Povos não segue essa via. O que chamo direitos humanos é, como disse, um subconjunto adequado de direitos possuídos pelos cidadãos em um regime democrático constitucional liberal ou dos direitos dos membros de uma sociedade hierárquica decente. No Direito dos Povos, tal como elaborado para os povos liberais e decentes, esses povos simplesmente não toleram Estados fora da lei. A recusa em tolerar tais Estados é consequência do liberalismo e da decência. Se a concepção política do liberalismo político é racional, e se os passos que demos no desenvolvimento do Direito dos Povos também o são, os povos liberais e decentes têm o direito, pelo Direito dos Povos, de não tolerar Estados fora da lei, e têm razões extremamente boas para essa postura. Os Estados fora da lei são agressivos e perigosos; todos os povos estão mais seguros se tais Estados mudam ou são forçados a mudar seu comportamento. Do contrário, eles afetam profundamente o clima de poder e violência internacionais. Volto a essas questões na Parte III da teoria não ideal[26].

§ 11. Comentários sobre o processo do Direito dos Povos

11.1 O lugar da justiça cosmopolita. Completadas as duas partes da teoria ideal, faço uma pausa para alguns co-

---

26. Devemos, em algum ponto, enfrentar a questão da interferência em Estados fora da lei simplesmente pela sua violação dos direitos humanos, mesmo que esses Estados não sejam perigosos nem agressivos, mas, na verdade, bem fracos. Volto a essa questão nos §§ 14-5, na discussão da teoria não ideal.

mentários sobre o modo como o Direito dos Povos foi exposto usando uma concepção liberal de justiça baseada no contrato social.

Alguns pensam que qualquer Direito dos Povos liberal, particularmente qualquer contrato social de tal Direito, deve começar pela questão da justiça cosmopolita ou global liberal para todas as pessoas. Argumentam que, em tal visão, todas as pessoas são consideradas razoáveis e racionais e possuem o que chamei "os dois poderes morais" – capacidade de senso de justiça e capacidade de concepção do bem – que são a base da igualdade política no liberalismo abrangente, como encontrado em Kant ou J. S. Mill, e no liberalismo político. Desse ponto de partida, eles prosseguem e imaginam uma posição original com o seu véu de ignorância atrás do qual todas as partes estão situadas simetricamente. Seguindo o tipo de raciocínio sobre a posição original para o caso nacional[27], adotariam, então, um primeiro princípio de que todas as pessoas têm direitos e liberdades básicas iguais. Com isso se fundamentariam imediatamente os direitos humanos numa concepção de justiça cosmopolita liberal[28].

Prosseguir dessa maneira, porém, nos leva de volta ao lugar onde estávamos no § 7.2 (em que considerei e rejeitei o argumento de que as sociedades não liberais estão sempre adequadamente sujeitas a alguma forma de sanção), já que equivale a dizer que todas as pessoas devem ter os direitos liberais iguais aos dos cidadãos de uma democracia constitucional. Nessa descrição, a política externa de um povo liberal – que é do nosso interesse elaborar – terá de atuar

---

27. Ver *Uma teoria da justiça*, §§ 4, 24.
28. Brian Barry, em *Theories of Justice* (Berkeley, University of California Press, 1989), discute os méritos desse procedimento. Ver também Charles Beitz, *Political Theory and International Relations* (Princeton, Princeton University Press, 1979), parte III; Thomas Pogge, *Realizing Rawls* (Ithaca, N.Y., Cornell University Press, 1990), parte 3, caps. 5-6; e David Richards, "International Distributive Justice", *Nomos*, vol. 24 (1982). Todos parecem ter tomado esse caminho.

gradualmente para impelir todas as sociedades ainda não liberais em uma direção liberal até que, por fim (no caso ideal), todas as sociedades sejam liberais. Mas essa política externa simplesmente supõe que apenas uma sociedade democrática liberal pode ser aceitável. Sem tentar elaborar um Direito dos Povos razoável, não podemos saber que as sociedades não liberais não podem ser aceitáveis. A possibilidade de uma posição original global não demonstra isso, e não podemos simplesmente supô-lo.

O Direito dos Povos parte do mundo político internacional como o percebemos e tem interesse em como deve ser a política exterior de um povo liberal razoavelmente justo. Para elaborar essa política exterior, ele discute dois tipos de povos bem ordenados, os povos democráticos liberais e os povos hierárquicos decentes. Também discute os Estados fora da lei e os Estados que sofrem de condições desfavoráveis. Reconheço que a minha descrição envolve grande simplificação. Contudo, permite que examinemos, de maneira razoavelmente realista, qual deve ser o objetivo da política exterior de um povo democrático liberal.

11.2 Esclarecimentos a respeito das sociedades decentes. Repetindo, não estou dizendo que uma sociedade hierárquica decente é tão razoável e justa como uma sociedade liberal. Pois, julgada pelos princípios de uma sociedade democrática liberal, uma sociedade hierárquica decente claramente não trata os seus membros com igualdade. Tem, contudo, uma boa concepção política de justiça (§ 8.2), e essa concepção é honrada na sua hierarquia de consulta decente (§ 9.1). Além disso, honra um Direito dos Povos razoável e justo, o mesmo Direito que os povos liberais honram. Esse Direito se aplica a como os povos se tratam mutuamente como *povos*. O modo como os povos se tratam mutuamente e o modo como tratam os seus próprios membros são coisas diferentes. Uma sociedade hierárquica decente honra um Direito dos Povos razoável e justo, embora não trate os seus membros razoável ou justamente como cidadãos livres e iguais, já que carece da ideia liberal de cidadania.

Uma sociedade hierárquica decente vai ao encontro das exigências morais e jurídicas suficientes para sobrepujar as razões políticas que poderíamos ter para impor sanções ao seu povo, suas instituições e cultura, ou nela interferir pela força. É importante enfatizar que as razões para não impor sanções não se resumem unicamente à prevenção de possíveis erros no trato com um povo estrangeiro. O perigo de erro e também de arrogância da parte dos que propõem sanções deve, naturalmente, ser levado em conta; contudo, as sociedades hierárquicas decentes devem possuir certas características institucionais que mereçam respeito, mesmo se as suas instituições como um todo não forem suficientemente razoáveis do ponto de vista do liberalismo político ou do liberalismo em geral. As sociedades liberais podem divergir amplamente de muitas maneiras: por exemplo, algumas são muito mais igualitárias que outras[29]. Contudo, essas diferenças são toleradas na sociedade dos povos liberais. As instituições de alguns tipos de sociedades hierárquicas não podem ser também similarmente toleráveis? Creio que sim.

Desse modo, considero estabelecido que, se as sociedades hierárquicas decentes honram as condições especificadas em §§ 8-9, devem ser consideradas pelos povos liberais, pela reflexão, como membros *bona fide* de uma Sociedade dos Povos razoável. É isso o que quero dizer com tolerância. Objeções críticas, baseadas no liberalismo político ou em doutrinas abrangentes, religiosas ou não, continuarão no que diz respeito a essa e a outras questões. Suscitar essas

---

29. Ver os três aspectos do igualitarismo mencionados em *Political Liberalism*, pp. 6-7.

objeções é direito dos povos liberais, plenamente compatível com as liberdades e a integridade das sociedades hierárquicas decentes. No liberalismo político, devemos distinguir entre, primeiro, o argumento político a favor da intervenção, com base na razão pública do Direito dos Povos, e, segundo, o argumento moral e religioso, com base nas doutrinas abrangentes dos cidadãos. Na minha estimativa, o primeiro deve prevalecer para que seja mantida uma paz estável entre as sociedades pluralistas.

11.3 A questão de oferecer incentivos. Ainda surge, contudo, uma questão genuína. Uma sociedade não liberal decente deve receber incentivos para desenvolver uma constituição democrática mais liberal? Essa questão suscita muitos aspectos difíceis; ofereço algumas sugestões para orientação. Primeiro, parece claro que uma organização de povos razoáveis e decentes, tal como as Nações Unidas (idealmente), não deve oferecer incentivos para que os seus membros se tornem mais liberais, pois isso levaria a sérios conflitos entre eles. Esses próprios povos não liberais decentes, contudo, podem solicitar voluntariamente fundos para esse propósito, digamos, de um análogo do FMI (Fundo Monetário Internacional), que deve tratar tais fundos na mesma base que outros empréstimos. Se tal empréstimo recebesse uma prioridade especial, porém, isso, mais uma vez, poderia provocar conflitos entre povos liberais e decentes[30].

Também sugiro que não é razoável um povo liberal adotar como parte da sua política externa a concessão de subsídios para outros povos como incentivos para que se tornem mais liberais, embora as pessoas na sociedade civil possam

---

30. Na verdade, o FMI, hoje, muitas vezes vincula condições políticas aos empréstimos, até mesmo condições que realmente parecem exigir uma aproximação de instituições mais abertas, liberais e democráticas.

levantar fundos privados para esse propósito. É mais importante que um governo democrático liberal considere o que é seu dever de assistência a povos onerados por condições desfavoráveis. Também sustentarei adiante (§ 16) que a autodeterminação, devidamente limitada por condições adequadas, é um bem importante para um povo, e que a política exterior dos povos liberais deve reconhecer esse bem, e não assumir a aparência de ser coercitiva. As sociedades decentes devem ter a oportunidade de decidir seu futuro por si mesmas.

§ 12. Observações finais

12.1 O Direito dos Povos como universal em alcance. Concluímos agora a segunda parte da teoria ideal do Direito dos Povos, a extensão do Direito dos Povos a povos hierárquicos decentes (§§ 8-9). Afirmei que povos liberais razoavelmente justos e povos hierárquicos decentes aceitariam o mesmo Direito dos Povos. Por essa razão, o debate político entre os povos no que diz respeito às suas relações mútuas deve ser expresso em função do conteúdo e dos princípios desse Direito.

No caso nacional, as partes da posição original, ao formar os princípios de justiça, podem ser descritas como selecionando, a partir do utilitarismo clássico (ou médio), uma família de princípios intuicionistas racionais ou uma forma de perfeccionismo moral. O liberalismo moral, porém, não escolhe primeiros princípios universais, com validade para todas as partes da vida moral e política. Isto é, os princípios de justiça para a estrutura básica de uma sociedade democrática liberal não são princípios completamente gerais. Eles não se aplicam a todos os sujeitos: nem a igrejas, nem a universidades, sequer mesmo às estruturas básicas de todas as sociedades. E também não são válidos para o Direito dos Povos, que é autônomo. Os oito princípios (§ 4) do Direito dos Povos aplicam-se a povos bem ordenados considerados como livres e iguais; no caso, podemos descrever as partes selecionando diferentes interpretações desses oito princípios. Ao expor o Direito dos Povos, começamos com os princípios da justiça política para a estrutura básica de uma sociedade democrática liberal fechada e contida em si[31]. Modelamos então as partes numa segunda, mas adequada, posição original em que, como representantes de povos iguais, selecionam os princípios do Direito dos Povos para a Sociedade dos Povos bem ordenados. A flexibilidade da ideia da posição original é demonstrada em cada passo do processo, porque pode ser modificada para se ajustar ao tema em questão. Caso se tornasse razoavelmente completo, o Direito dos Povos incluiria princípios políticos razoáveis para todos os temas politicamente relevantes: para cidadãos livres e iguais e os seus governos, e para povos livres e iguais. Também incluiria diretrizes para a formação de organizações de cooperação entre os povos e para a especificação dos vários deveres e obrigações. Se o Direito dos Povos é, dessa maneira, razoavelmente completo, dizemos que é "universal no alcance", no sentido de que pode ser estendido para oferecer princípios para todos os temas politicamente relevantes. (O Direito dos Povos regulamenta o tema político mais abrangente, a Sociedade política dos Povos.) Não há nenhum tema relevante, politicamente falando, para o qual não tenhamos princípios e padrões de julgamento. A sequência de dois níveis nas Partes I e II é razoável se o seu resultado é endossado mediante a adequada reflexão[32].

---

31. Ver *Political Liberalism*, conferência I, "Fundamental Ideas".
32. Uso a expressão para designar o mesmo que "equilíbrio reflexivo" como explicado em *Uma teoria da justiça*, §§ 3-4, 9.

12.2 Nenhuma dedução a partir da razão prática. Como a minha apresentação do Direito dos Povos deve muito à ideia de Kant de *foedus pacificum* e a tanta coisa no seu pensamento, devo dizer o seguinte: em nenhum ponto estamos deduzindo os princípios de direito, justiça e decência, ou os princípios da racionalidade, a partir de uma concepção da razão prática como pano de fundo[33]. Antes, estamos dando conteúdo a uma ideia de razão prática e a três de suas partes componentes, as ideias de razoabilidade, decência e racionalidade. Os critérios para essas três ideias normativas não são deduzidos, mas enumerados e caracterizados em cada caso. A razão prática como tal é simplesmente o raciocínio a respeito do que fazer ou o raciocínio a respeito de quais instituições e políticas são razoáveis, decentes ou racionais, e por quê. Não há nenhuma lista de condições necessárias e suficientes para cada uma dessas três ideias, e as diferenças de opinião são de esperar. Conjecturamos porém que, se o conteúdo da razoabilidade, da decência e da racionalidade for exposto adequadamente, os princípios e padrões de direito e justiça resultantes permanecerão juntos e serão afirmados por nós com a devida reflexão. Contudo, não pode haver garantia.

Embora a ideia de razão prática seja associada a Kant, o liberalismo político é inteiramente distinto do seu idealismo transcendental. O liberalismo político especifica a ideia do razoável[34]. O termo "razoável" é usado muitas vezes em *Uma teoria da justiça*, mas nunca é especificado, penso. Isso é feito no *Liberalismo político*, quando se oferecem os crité-

---

33. A conferência III de *Liberalismo político* é enganosa sob esse aspecto. Há muitos lugares nesse livro em que dou a impressão de que o conteúdo do razoável e do racional é derivado dos princípios da razão prática.

34. Refiro-me aqui a *Liberalismo político* e "A ideia de razão pública revista".

rios relevantes para cada tema[35], isto é, para cada tipo de coisa à qual se aplique o termo "razoável". Assim, os cidadãos razoáveis são caracterizados pela sua disposição de oferecer termos justos de cooperação social entre iguais e pelo seu reconhecimento dos ônus do julgamento[36]. Além disso, é dito que afirmam apenas doutrinas abrangentes razoáveis[37]. Por sua vez, tais doutrinas são razoáveis contanto que reconheçam os elementos essenciais de um regime democrático liberal[38] e exibam um ordenamento coerente dos muitos valores da vida (religiosos ou não). Embora essas doutrinas devam ser relativamente estáveis, elas podem evoluir à luz do que, dado o desenvolvimento da sua tradição, é aceito como razão boa e suficiente[39]. Também é razoável esperar uma variedade de julgamentos políticos em geral, e, portanto, não é razoável rejeitar todas as regras do voto de maioria. Do contrário, a democracia liberal torna-se impossível[40]. O liberalismo político não oferece nenhuma maneira de provar que essa especificação é, ela própria, razoável. Mas isso não é preciso. É simplesmente razoável politicamente oferecer termos justos de cooperação a outros cidadãos livres e iguais, e é simplesmente irrazoável politicamente recusar-se a fazê-lo.

O significado da ideia de decência é dado da mesma maneira. Como já disse, uma sociedade decente não é agressiva e guerreira apenas em defesa própria. Ela tem uma ideia boa de justiça, que atribui direitos humanos a todos os seus membros; as suas estruturas básicas incluem uma hierarquia

---

35. Ver *Political Liberalism*, p. 94
36. *Ibid.*, pp. 48-64.
37. *Ibid.*, p. 59.
38. *Ibid.*, p. xviii.
39. *Ibid.*, p. 59.
40. *Ibid.*, p. 393.

de consulta decente, que protege esses e outros direitos e assegura que todos os grupos da sociedade sejam representados decentemente por corpos eleitos no sistema de consulta. Finalmente, deve haver uma crença sincera e não irrazoável, da parte dos juízes e outros funcionários que administram o sistema jurídico, de que a lei seja realmente guiada pela ideia de justiça do bem comum. Leis sustentadas meramente pela força são motivo para a rebelião e a resistência. São a rotina em uma sociedade escravista mas não podem fazer parte de uma sociedade decente.

Quanto aos princípios da racionalidade, eles são especificados em *Uma teoria da justiça*, que discute os princípios de racionalidade relevantes para a decisão sobre planos de vida, a racionalidade deliberativa e o princípio aristotélico[41]. Esses princípios são os mais simples ou básicos. Dizem coisas como: as outras coisas sendo iguais, é racional selecionar o meio mais efetivo para os nossos fins. Ou: as outras coisas sendo iguais, é racional selecionar a possibilidade mais inclusiva, aquela que nos permite perceber todos os objetivos que os outros percebem, assim como mais alguns fins adicionais. Novamente, esses princípios de racionalidade são simplesmente especificados ou elaborados como acaba de ser ilustrado, e não deduzidos ou derivados.

---

41. Escrevo em *Uma teoria de justiça*, seç. 63, p. 454: "Esses princípios [de escolha racional] serão por enumeração, de modo que, no fim, substituam o conceito de racionalidade". Sobre os princípios relevantes, ver seç. 63, pp. 454-9.

Parte III
A teoria não ideal

§ 13. *A doutrina da guerra justa: o direito à guerra*

13.1 Papel da teoria não ideal. Até este ponto ocupamo-nos da teoria ideal. Ao ampliar uma concepção liberal de justiça, desenvolvemos uma concepção ideal de um Direito dos Povos para a sociedade dos povos bem ordenados, isto é, povos liberais e decentes. Essa concepção deve guiar esses povos bem ordenados na sua conduta mútua e na idealização de instituições comuns para o seu benefício mútuo. Também deve guiá-los na maneira de lidar com povos não bem ordenados. Antes que se complete a nossa discussão do Direito dos Povos, devemos considerar, portanto, embora não possamos fazê-lo de maneira inteiramente adequada, as questões que se originam das condições não ideais de nosso mundo, com as suas grandes injustiças e males sociais amplamente disseminados. Baseados na suposição de que existem no mundo alguns povos relativamente bem ordenados, perguntamos, na teoria não ideal, como esses povos devem agir diante de povos não bem ordenados. Tomamos como característica básica dos povos bem ordenados o fato de que desejam viver num mundo em que todas as pessoas aceitem e sigam o (ideal do) Direito dos Povos.

A teoria não ideal pergunta como esse objetivo a longo prazo poderia ser alcançado, ou aproximado, geralmente em etapas graduais. Ela busca políticas e cursos de ação moralmente permissíveis, politicamente possíveis, e com probabilidade de serem eficazes. Assim concebida, a teoria não ideal pressupõe que a teoria ideal já esteja disponível. Isso porque, até o ideal ser identificado, pelo menos no contorno – e isso é tudo o que devemos esperar –, a teoria não ideal carece de objetivo, de meta com referência à qual suas perguntas possam ser respondidas. Embora as condições específicas do nosso mundo em qualquer tempo – o *status quo* – não determinem a concepção ideal da Sociedade dos Povos, essas condições afetam as respostas específicas às perguntas da teoria não ideal. Pois essas são questões da transição de um mundo que contém Estados fora da lei e sociedades sofrendo de condições desfavoráveis, para um mundo em que todas as sociedades venham a aceitar e seguir o Direito dos Povos.

Existem, como vimos na introdução, dois tipos de teoria não ideal. Um tipo lida com condições de não aquiescência, isto é, com condições em que certos regimes recusam-se a aquiescer a um Direito dos Povos razoável; esses regimes pensam que uma razão suficiente para guerrear é o fato de que a guerra promove, ou poderia promover, os interesses racionais (não razoáveis) do regime. Chamo esses regimes *Estados fora da lei*. O outro tipo de teoria não ideal lida com condições desfavoráveis, isto é, com as condições de sociedades cujas circunstâncias históricas, sociais e econômicas tornam difícil, se não impossível, a conquista de um regime bem ordenado, liberal ou decente. Chamo essas sociedades de *sociedades oneradas*[1].

---

1. Também há outras possibilidades. Alguns Estados não são bem ordenados e violam os direitos humanos, mas não são agressivos e não acalentam planos de

Começo com a teoria da não aquiescência e lembro que o quinto princípio de igualdade inicial (§ 4.1) do Direito dos Povos dá aos povos bem ordenados direito à guerra em defesa própria, mas não, como na descrição tradicional de soberania, direito à guerra na busca racional dos interesses racionais de um Estado; estes, sozinhos, não são razão suficiente. Os povos bem ordenados, tanto liberais como decentes, não iniciam guerra uns contra os outros; guerreiam apenas quando acreditam sincera e razoavelmente que a sua segurança é seriamente ameaçada pelas políticas expansivas de Estados fora da lei. No que se segue, elaboro o conteúdo dos princípios do Direito dos Povos para a conduta de guerra.

13.2 O direito à guerra dos povos bem ordenados. Nenhum Estado tem direito à guerra na busca de interesses *racionais*, em contraste com interesses *razoáveis*. O Direito dos Povos, porém, atribui a todos os povos bem ordenados (liberais e decentes) e, na verdade, a qualquer sociedade que siga e honre um Direito dos Povos razoavelmente justo, o direito à guerra em autodefesa[2]. Embora todas as sociedades bem ordenadas tenham esse direito, elas podem interpretar as suas ações de maneira diferente, dependendo de como pensam nos seus fins e propósitos. Observarei algumas dessas diferenças.

Quando uma sociedade liberal guerreia em autodefesa, ela o faz para proteger e preservar as liberdades básicas dos seus cidadãos e das suas instituições políticas constitucio-

---

atacar os vizinhos. Não sofrem de condições desfavoráveis, mas simplesmente têm uma política de Estado que viola os direitos humanos de certas minorias entre eles. São, portanto, Estados fora da lei porque violam o que é reconhecido como direitos pela sociedade dos povos razoavelmente justos e decentes e podem estar sujeitos a algum tipo de intervenção em casos graves. Discutirei essa questão mais detalhadamente na nota 6 e também posteriormente no texto.

2. O direito à guerra normalmente inclui o direito de ajudar a defender os aliados.

nalmente democráticas. Na verdade, uma sociedade liberal não pode exigir com justiça que os seus cidadãos lutem para conquistar riqueza econômica ou obter reservas naturais, muito menos conquistar poder e império[3]. (Quando uma sociedade persegue esses interesses, ela já não honra o Direito dos Povos e torna-se um Estado fora da lei.) Violar a liberdade dos cidadãos pela conscrição ou outras práticas semelhantes na formação de forças armadas só pode ser feito, numa concepção política liberal, em nome da própria liberdade, isto é, como necessário para defender as instituições democráticas liberais, as muitas tradições religiosas e não religiosas, e as formas de vida da sociedade civil[4].

A significação especial do governo constitucional liberal é que, por meio da sua política democrática e seguindo a ideia de razão pública, os cidadãos podem expressar sua concepção de sociedade e adotar ações adequadas à sua defesa. Isto é, idealmente, os cidadãos elaboram uma opinião *verdadeiramente* política, não simplesmente uma opinião a respeito do que promoveria melhor os seus interesses particulares, de qualquer tipo, como membros da sociedade civil. Tais cidadãos (verdadeiramente políticos) desenvolvem uma opinião sobre os acertos e erros do direito político e da justiça e sobre o que o bem-estar de diferentes partes da sociedade exige. Como no *Liberalismo político*, cada cidadão é considerado como possuidor do que chamei "os dois poderes morais" – uma capacidade para o senso de justiça e para a concepção do bem. Supõe-se também que cada cidadão tem, em qualquer tempo, uma concepção do bem compatível com uma doutrina religiosa, filosófica ou moral abrangente. Essas

---

3. Naturalmente, as chamadas sociedades liberais às vezes fazem isso, o que apenas demonstra que elas podem agir errado.
4. Ver *Uma teoria de justiça*, seção 58, pp. 421 ss.

capacidades lhes permitem cumprir seu papel como cidadãos e sustentar sua autonomia política e cívica. Os princípios da justiça protegem os interesses de ordem superior dos cidadãos; estes são garantidos dentro da estrutura da constituição liberal e da estrutura básica da sociedade. Essas instituições estabelecem um ambiente razoavelmente justo dentro do qual pode florescer a cultura de fundo[5] da sociedade civil.

Os povos decentes também têm direito à guerra em autodefesa. Eles descreveriam o que estão defendendo diversamente do que faz um povo liberal, mas os povos decentes também têm algo que vale a pena defender. Por exemplo, os governantes do povo decente imaginado, o Casanistão, poderiam defender corretamente a sua sociedade muçulmana hierárquica decente. Eles admitem e respeitam os membros de diferentes credos e respeitam as instituições políticas de outras sociedades, inclusive de sociedades não muçulmanas e não liberais. Também respeitam e honram os direitos humanos; sua estrutura básica contém uma hierarquia de consulta decente, e eles aceitam um Direito dos Povos (razoável).

O quinto tipo de sociedade relacionado anteriormente – um *absolutismo benevolente* – também parece ter o direito à guerra em autodefesa. Embora um absolutismo benevolente realmente respeite e honre os direitos humanos, ele não é uma sociedade bem ordenada, já que não oferece aos seus membros um papel significativo nas decisões políticas. Mas *qualquer* sociedade que não seja agressiva e honre os direitos humanos tem o direito de autodefesa. Seu nível de vida espiritual e cultural pode não ser elevado aos nossos olhos, mas ela sempre tem o direito de se defender contra a invasão do seu território.

---

5. Ver *Political Liberalism*, p. 14.

13.3 O Direito dos Povos como guia para a política externa. Um Direito dos Povos decente guia as sociedades bem ordenadas no confronto com regimes fora da lei ao especificar o objetivo que elas devem ter em mente e indicar os meios que podem usar ou que devem evitar. Sua defesa, porém, é apenas a primeira e mais urgente tarefa. O objetivo a longo prazo é levar todas as sociedades a honrar o Direito dos Povos e se tornarem membros plenos e de boa reputação da sociedade dos povos bem ordenados. Os direitos humanos, assim, seriam assegurados em toda parte. Como levar todas as sociedades a esse objetivo é uma questão de política externa; pede sabedoria política, e o sucesso depende em parte da sorte. Essas não são questões a que a filosofia política tenha muito a acrescentar; simplesmente recapitulo vários pontos familiares.

Para que os povos bem ordenados alcancem esses objetivos de longo prazo, devem estabelecer novas instituições e práticas, que sirvam como um tipo de centro confederativo e fórum público para sua opinião e política comuns quanto a regimes não bem ordenados. Podem fazer isso em instituições como as Nações Unidas ou formando alianças separadas de povos bem ordenados em certas questões. Esse centro confederativo pode ser usado para formular e expressar a opinião das sociedades bem ordenadas. Lá, podem expor à visão pública as instituições injustas e cruéis de regimes opressores e expansionistas e as suas violações dos direitos humanos.

Mesmo os regimes fora da lei não são inteiramente indiferentes a esse tipo de crítica, especialmente quando a sua base é um Direito dos Povos bem fundado, que não possa ser rejeitado facilmente como uma simples ideia liberal ou ocidental. Gradualmente, ao longo do tempo, os povos bem ordenados podem pressionar os regimes fora da lei para que mudem sua conduta, mas é improvável que, por si mesma, essa pressão seja eficaz. Ela pode ser sustentada pela firme recusa de assistência, econômica ou de outro tipo, ou pela recusa em admitir os regimes fora da lei como membros de boa reputação em práticas cooperativas mutuamente benéficas. O que fazer sobre esses assuntos, porém, é essencialmente uma questão de julgamento político e depende de uma avaliação das consequências prováveis de várias políticas[6].

§ 14. A doutrina da guerra justa: a conduta de guerra

14.1 Princípios que restringem a conduta de guerra. Seguindo a descrição acima do objetivo de uma guerra justa,

---

6. Antes, disse que devemos, em algum ponto, perguntar se alguma vez é legítimo interferir em Estados fora da lei simplesmente porque violam os direitos humanos, embora não sejam perigosos nem agressivos para outros Estados e possam, na verdade, ser bem fracos. Certamente há um argumento *prima facie* a favor da intervenção de algum tipo em tais casos, embora devamos proceder de maneira diferente com civilizações avançadas e sociedades primitivas. Sociedades primitivas, isoladas, sem nenhum contato com sociedades liberais ou decentes, não temos realmente nenhuma maneira de influenciá-las. Mas as que são mais desenvolvidas, que buscam comércio ou outros arranjos comparativos com sociedades liberais ou decentes, são uma história diferente. Imagine uma sociedade desenvolvida semelhante à dos astecas. Embora seja inofensiva para todos os membros respeitadores da lei da Sociedade dos Povos, mantém a sua classe inferior de escravos, conservando os membros mais jovens para o sacrifício humano nos seus templos. Há alguma abordagem de tato que pudesse persuadi-los a interromper essas práticas? Creio que devemos fazê-los perceber que, sem honrar os direitos humanos, sua participação num sistema de cooperação social é simplesmente impossível, e que tal sistema seria benéfico para eles. Um sistema impulsionado pela escravidão e pela ameaça de sacrifício humano não é um sistema de cooperação e não pode ser parte de um sistema internacional de cooperação. (Ver também § 17.1.) Existe alguma ocasião em que a intervenção pela força possa ser necessária? Se os delitos contra os direitos humanos são egrégios, e a sociedade não reage à imposição de sanções, tal intervenção em defesa dos direitos humanos seria aceitável e exigida. Posteriormente, no § 15.4, discutirei a proposição de que, no percurso devido, se os povos são expostos à civilização liberal e aos princípios e ideais básicos da civilização e da cultura liberais de uma maneira positiva, podem se dispor a atuar baseados neles, e as violações dos direitos humanos podem diminuir. Dessa maneira, o círculo de povos que se inter-relacionam pode se expandir ao longo do tempo.

consideremos agora os princípios que restringem a conduta de guerra – *jus in bello*. Começo expondo seis princípios e suposições do pensamento tradicional a respeito do assunto:

(i) O objetivo de uma guerra justa movida por um povo bem ordenado justo é uma paz justa e duradoura entre os povos e, especialmente, com seu atual inimigo.

(ii) Os povos bem ordenados não guerreiam entre si (§§ 5, 8), mas apenas contra Estados não bem ordenados, cujos objetivos expansionistas ameacem a segurança e as instituições livres de regimes bem ordenados e ocasionem a guerra[7].

(iii) Na conduta de guerra, os povos bem ordenados devem distinguir claramente três grupos: os líderes e funcionários do Estado fora da lei, seus soldados e sua população civil. A razão pela qual um povo bem ordenado deve distinguir claramente os líderes e funcionários do Estado fora da lei da sua população civil é a seguinte: como o Estado fora da lei não é bem ordenado, os membros civis da sociedade não podem ser os que organizaram e provocaram a guerra[8]. Isso foi feito pelos líderes e funcionários, assistidos por outras elites que controlam e constituem os quadros do aparelho estatal. Eles são responsáveis, desejaram a guerra, e por fazer isso são criminosos. Mas a população civil, muitas vezes mantida na ignorância e dominada pela propaganda estatal, não é responsável. É assim mesmo se alguns civis, sabendo de tudo, são entusiastas da guerra. Não importa quais sejam

---

7. A responsabilidade pela guerra raramente é de só um lado. Contudo, a responsabilidade realmente admite graus. Portanto, é certamente legítimo afirmar que um lado pode ter mais responsabilidade que o outro. Expressando de outra maneira: algumas mãos estão mais sujas do que outras. Também é importante reconhecer que às vezes um povo bem ordenado com mãos um tanto sujas ainda poderia ter o direito e até mesmo o dever de guerrear para se defender. Isso é claro a partir da história da Segunda Guerra Mundial.

8. Sigo aqui *Just and Unjust Wars*, de Michael Walzer (Nova York, Basic Books, 1977). É um trabalho impressionante, e penso que o que digo não se afasta dele em nenhum aspecto significativo.

as circunstâncias iniciais da guerra (por exemplo, o assassinato do herdeiro ao trono austro-húngaro, o arquiduque Fernando, por um nacionalista sérvio em Sarajevo, em junho de 1914, ou os ódios étnicos nos Bálcãs), são os líderes das nações, não os civis comuns, que a iniciam. Em vista desses princípios, tanto o bombardeio de Tóquio e de outras cidades japonesas na primavera de 1945 como o bombardeio atômico de Hiroshima e Nagasaki, todos, primariamente, ataques a populações civis, foram erros muito graves, como hoje são ampla, embora não geralmente, vistos.

Quanto aos soldados do Estado fora da lei, deixando de lado os escalões superiores da classe oficial, eles, como os civis, não são responsáveis pela guerra. Pois os soldados muitas vezes são alistados e, de outras maneiras, forçados à guerra; são doutrinados coercitivamente nas virtudes marciais, e o seu patriotismo muitas vezes é cruelmente explorado[9]. A razão pela qual podem ser atacados diretamente não

---

9. O alto comando japonês, ao longo de toda a Segunda Guerra Mundial, lutou movido pelo espírito do *bushido*, o código de honra do guerreiro samurai. Esse código foi mantido vivo pelos oficiais do Exército Imperial Japonês, que por sua vez doutrinaram os soldados regulares japoneses nessa disciplina. O *bushido* exigia que o soldado estivesse disposto antes a ser morto que a ser capturado, e tornava a rendição punível com a morte. Assim, a rendição estando fora de cogitação, toda batalha tornava-se uma luta até a morte. Os soldados japoneses lutavam até o fim nos chamados ataques *banzai* (o nome vem do grito de guerra *Tenno heika banzai*, "Vida longa ao imperador"), muito depois de terem qualquer chance de cumprir a sua missão. Por exemplo, no ataque japonês a Bougainville, no rio Torokina, em março de 1944, os americanos perderam 78 soldados; os japoneses, mais de 5.500. Ataques similares, sem sentido, eram comuns, o mais famoso sendo talvez o ocorrido em Saipan, em junho de 1944. As Convenções de Genebra para a rendição eram destinadas a impedir isso. Mas, para se defender, os americanos no Pacífico Sul não tinham escolha a não ser uma reação à altura, e assim, normalmente, nos combates de infantaria (chamados "lutas de fogo" entre unidades pequenas, esquadrões, pelotões e companhias), nenhum dos lados capturava prisioneiros ou se rendia. Era o dever do imperador, tivesse ele alguma percepção do seu papel, intervir e pensar no futuro do seu povo, o que ele acabou por fazer. Sobre a natureza dos combates de infantaria no Pacífico, tão diferentes dos enfrentados pelos soldados americanos na França e na Alemanha (pondo de lado a Waf-

é porque sejam responsáveis pela guerra, mas porque os povos bem ordenados não têm outra escolha. Não podem se defender de nenhuma outra maneira, e têm de se defender.

(iv) Os povos bem ordenados devem respeitar, tanto quanto possível, os direitos humanos dos membros do outro lado, civis e soldados, por duas razões. Uma é simplesmente a de que o inimigo, como todos os outros, tem esse direito pelo Direito dos Povos (§ 10.3). A outra razão é ensinar aos soldados e civis inimigos o conteúdo desses direitos pelo exemplo do tratamento que receberem. Dessa maneira, o significado e a importância dos direitos humanos lhes são mais bem demonstrados.

(v) Continuando o pensamento de ensinar o conteúdo dos direitos humanos, o princípio seguinte é o de que os povos bem ordenados, pelas suas ações e proclamações, quando viável, devem prever, durante uma guerra, o tipo de paz e o tipo de relações que buscam. Ao fazê-lo, demonstram abertamente a natureza dos seus objetivos e o tipo de povo que são. Esses últimos deveres recaem, em boa parte, nos seus líderes e funcionários, pois só eles estão em posição de falar por todo o povo e de atuar como requer o princípio. Embora todos os princípios precedentes também especifiquem os deveres da estadística, isso é peculiarmente verdadeiro em (iv) e agora (v). A maneira como uma guerra é travada e os atos cometidos para terminá-la sobrevivem na memória das sociedades e podem ou não preparar o palco para a guerra futura. É sempre dever do estadista adotar essa visão de longo prazo.

---

fen SS), ver Eric Bergerud, *Touched with Fire* (Nova York, Viking, Penguin Books, 1996), pp. 124-45 e 403-25, e Gerald Linderman, *The World within War* (Nova York, Free Press, 1997), cap. 4. Minha descrição do *bushido* e do *banzai* segue as respectivas chamadas no *Oxford Companion to World War II* (Nova York, Oxford University Press, 1995), org. por I. C. B. Dear e M. R. D. Foot.

(vi) Finalmente, o raciocínio prático de meios e fins deve sempre ter um papel restrito quando se julga a adequação de uma ação ou política. Esse modo de pensamento – se levado a cabo pelo raciocínio utilitário, pela análise de custo-benefício, pelo peso dos interesses nacionais, ou de outras maneiras possíveis – deve ser sempre estruturado e limitado pelos princípios e suposições precedentes. As normas da conduta de guerra estabelecem certas fronteiras que não devemos cruzar, para que os planos e estratégias de guerra e a condução das batalhas permaneçam dentro dos limites próprios. A única exceção são situações de emergência suprema, que discutirei abaixo.

14.2 O ideal do estadista. Observei que o quarto e o quinto princípio da conduta de guerra são obrigatórios especialmente para os estadistas como grandes líderes de povos, pois eles estão na posição mais eficaz para representar os objetivos e obrigações do seu povo. Mas quem é o estadista? Não existe um cargo de estadista, como existe o de presidente, o de chanceler ou primeiro-ministro. Antes, o estadista é um ideal, como o do indivíduo fidedigno ou virtuoso. Estadistas são presidentes, primeiros-ministros ou outros funcionários que, pelo desempenho e liderança exemplares no seu cargo, manifestam força, sabedoria e coragem[10]. Eles guiam o seu povo em tempos turbulentos e perigosos.

O ideal do estadista é sugerido pelo dito: o político pensa na próxima eleição; o estadista, na próxima geração. É tarefa do estudioso da filosofia articular e expressar as condições permanentes e os interesses reais de uma sociedade bem or-

---

10. Kant diz, na *Crítica do julgamento*, Ak, 262 ss., que a coragem do general (*Feldherr*) torna-o mais sublime que o estadista. No caso, porém, acredito que Kant faz um erro de julgamento, pois o estadista pode demonstrar coragem tanto quanto o general.

denada. É tarefa do estadista, porém, discernir essas condições e interesses na prática. O estadista vê mais e com mais profundidade que a maioria dos outros, e compreende o que precisa ser feito. O estadista deve entender com perfeição, ou quase, e depois manter-se firme nessa posição de vantagem. Washington e Lincoln foram estadistas[11], mas Bismarck não[12]. Os estadistas podem ter os seus próprios interesses quando detêm o cargo; contudo, não devem ser egoístas nos seus julgamentos e avaliações dos interesses fundamentais da sua sociedade, e não devem ser dominados, especialmente na guerra, por paixões e espírito de vingança[13].

Acima de tudo, os estadistas devem apegar-se ao objetivo de conquistar uma paz justa e devem evitar as coisas que dificultam a conquista da paz. Nesse aspecto, devem garantir que as proclamações feitas em nome do seu povo deixem claro que, assim que a paz é firmemente restabelecida, deve-se permitir à sociedade inimiga ter um regime bem ordenado autônomo. (Durante algum tempo, porém, pode-se corretamente estabelecer limites à liberdade de política externa da sociedade derrotada.)

O povo do inimigo não deve ser mantido como escravo ou servo após a rendição[14], nem ter negada no devido tempo sua liberdade plena. Assim, o ideal do estadista inclui elementos morais. Agir meramente pelas chamadas práticas históri-

---

11. Sobre Washington, ver Stanley Elkins e Eric McKittrick, *The Age of Federalism* (Nova York, Oxford University Press, 1993), pp. 58-75. Sobre Lincoln, ver *Frederick Douglas: Autobiographies*, org. H. L. Gates (Nova York, Library of America, 1994); a Oração de 1876, quando da inauguração do monumento dos libertos a Lincoln, no Parque Lincoln, em Washington, D.C., está incluída como apêndice, pp. 915-25.

12. Ver meu comentário na Parte I, § 5.5, nota 67.

13. Um aspecto notável de Lincoln é a sua falta de egoísmo como estadista.

14. Ver as observações de Churchill explicando o significado de "rendição incondicional" em *The Hinge of Fate* (Boston, Houghton Mifflin, 1950), pp. 685-8.

cas mundiais não torna alguém um estadista. Napoleão e Hitler alteraram incalculavelmente a história e a vida da humanidade, mas, decididamente, não foram estadistas.

14.3 Isenção de emergência suprema. Essa isenção[15] permite-nos colocar de lado – em certas circunstâncias especiais – a posição estrita dos civis, que normalmente impede que sejam atacados diretamente na guerra. Nesse caso, devemos proceder com cautela. Houve ocasiões, na Segunda Guerra Mundial, em que a Grã-Bretanha poderia ter sustentado adequadamente à suspensão da posição estrita dos civis, e que podia bombardear Hamburgo ou Berlim? É possível, mas apenas se tivesse certeza de que o bombardeio teria feito algum bem substancial; tal ação não pode ser justificada por um ganho marginal duvidoso[16]. Quando a Grã-Bretanha estava só e não tinha nenhum outro meio de romper o poder superior da Alemanha, pode-se dizer que o bombardeio de cidades alemãs era justificável[17]. Esse período se estendeu pelo menos desde a queda da França, em junho de 1940, até a Rússia ter claramente derrotado a primeira ofensiva alemã no verão e no outono de 1941, mostrando que conseguiria combater a Alemanha até o fim. Seria possível argumentar que esse período se estendeu ainda até o verão e o outono de 1942 ou mesmo durante a batalha de Estalingrado (que terminou com a rendição alemã em fevereiro de 1943). Mas o bombardeio de Dresden, em fevereiro de 1945, foi claramente muito posterior.

Determinar quando se aplica a isenção de emergência suprema depende de certas circunstâncias, sobre as quais

---

15. O nome "emergência suprema" vem de Walzer, em *Just and Unjust Wars*, cap. 16, pp. 255-65.
16. Beneficiei-me aqui da discussão com Thomas Pogge.
17. Proibições como a proibição da tortura de prisioneiros de guerra ainda vigoram.

haverá divergência de julgamento. O bombardeio da Alemanha pela Inglaterra até o final de 1941 ou 1942 podia ser justificado porque não se podia permitir que a Alemanha vencesse a guerra, e isso por duas razões básicas. Primeiro, o nazismo prenunciava um mal moral e político incalculável para a vida civilizada em todo o mundo. Segundo, a natureza e a história da democracia constitucional e o seu lugar na história europeia estavam em jogo. Churchill realmente não exagerou quando disse à Casa dos Comuns, no dia em que a França capitulou, que "se não conseguirmos [enfrentar Hitler] o mundo todo, inclusive os Estados Unidos [...] mergulharão em uma nova Idade das Trevas". Esse tipo de ameaça, em resumo, justifica invocar a isenção de emergência suprema, em nome não apenas das democracias constitucionais, mas de todas as sociedades bem ordenadas.

O mal peculiar do nazismo precisa ser compreendido. Era característico de Hitler que ele não reconhecia nenhuma possibilidade de relação política com os seus inimigos. Eles tinham de ser sempre intimidados pelo terror e pela brutalidade e dominados pela força[18]. Desde o início, a campanha contra a Rússia deveria ser uma guerra de destruição e, às vezes, até mesmo de extermínio dos povos eslavos, os habitantes originais subsistindo, quando muito, apenas como servos. Quando Goebbels e outros protestaram dizendo que a guerra não poderia ser vencida dessa maneira, Hitler recusou-se a escutar[19].

---

18. Ver a instrutiva discussão disso por Stuart Hampshire em *Innocence and Experience* (Cambridge, Mass., Harvard University Press, 1989), pp. 66-78.

19. Sobre os protestos de Goebbels e outros, ver Alan Bullock, *Hitler: A Study in Tyranny* (Londres, Oldham's Press, 1952), pp. 633-44. Ver também Omar Bartov, *Hitler's Army* (Nova York, Oxford University Press, 1991). Esse trabalho estuda a queda na brutalidade e no barbarismo da guerra no fronte oriental, onde a Wehrmacht foi derrotada.

14.4 O fracasso da estadística. Está claro, porém, que a isenção de emergência suprema nunca foi válida para os Estados Unidos, em tempo nenhum, durante a guerra com o Japão. Os Estados Unidos não tinham justificativa para bombardear cidades japonesas, e, durante a discussão entre os líderes aliados, em junho e julho de 1945, antes do uso da bomba atômica contra Hiroshima e Nagasaki, o peso do raciocínio de meios e fins práticos venceu, superando os escrúpulos dos que sentiam que os limites estavam sendo violados.

Era justificado jogar as bombas, afirmou-se, para apressar o fim da guerra. Está claro que Truman e a maioria dos outros líderes aliados acharam que o bombardeio faria isso e salvaria vidas de soldados americanos. Presumiu-se que a vida dos japoneses, militares e civis, valesse menos. Além disso, o raciocínio era que jogar as bombas daria ao Imperador e aos líderes japoneses uma maneira de não serem humilhados, uma questão importante dada a cultura samurai dos militares japoneses. Alguns estudiosos também acreditam que as bombas foram jogadas para deixar a Rússia impressionada com o poderio americano e tornar os líderes russos mais abertos às exigências americanas[20].

O fracasso de todas essas razões em justificar as violações dos princípios da conduta de guerra é evidente. O que causou esse fracasso de estadística entre os líderes aliados? Truman certa vez descreveu os japoneses como animais e disse que deveriam ser tratados como tais[21]; contudo, hoje

---

20. Ver Gar Alperovitz, *Atomic Diplomacy: Hiroshima and Potsdam* (Nova York, Penguin Books, 1985), sobre a discussão desta última razão. Se verdadeira, é particularmente incriminadora. Não faço nenhuma tentativa de avaliar a importância relativa dada a essas razões.

21. Ver *Truman* de David McCullough (Nova York, Simon and Schuster, 1992), p. 458, sobre o intercâmbio de Truman e Russell, senador da Geórgia, em agosto de 1945.

soa tolo chamar bárbaros e animais os alemães e japoneses como um todo[22]. Os militares nazistas e tojos sim, mas não os povos alemão e japonês. Churchill atribuiu o seu erro de julgamento no bombardeio de Dresden à paixão e intensidade do conflito[23]. Mas é um dever do estadista impedir que tais sentimentos, por mais naturais e inevitáveis que possam ser, alterem o curso que um povo bem ordenado deve seguir na luta pela paz. O estadista compreende que as relações com o inimigo atual têm importância especial: a guerra deve ser conduzida aberta e publicamente, de maneiras que preparem o povo inimigo para o modo como serão tratados e tornem possível uma paz duradoura e amigável. Os medos ou fantasias da parte do povo inimigo, de que estarão sujeitos a vingança e retaliação, devem ser apaziguados. Por mais difícil que possa ser, o inimigo atual deve ser visto como um futuro associado numa paz compartilhada e justa.

Outro fracasso da estadística foi não considerar negociações com os japoneses antes que fossem tomados passos drásticos como o bombardeio de cidades japonesas na pri-

---

22. *Hitler's Willing Executioners: Ordinary Germans and the Holocaust* (Nova York, Knopf, 1996) de Daniel Goldhagen oferece, penso, a visão errada do Holocausto. Este não se originou, como ele afirma, em uma tendência mental cognitiva peculiar à cultura política alemã, existente havia séculos e à qual os nazistas simplesmente deram expressão. Embora o antissemitismo estivesse presente na Alemanha, também estivera em toda a Europa – na França (veja o caso Dreyfus, no fim do século XIX), nos *pogroms* na Polônia e na Rússia – e na política da Igreja, de isolar os judeus em guetos durante a Contrarreforma, no fim do século XVI. A lição do Holocausto é, antes, que um líder carismático de um Estado totalitário e militarista pode, com propaganda incessante e agressiva, incitar um número suficiente da população a executar até mesmo planos enorme e horrivelmente maus. O Holocausto poderia ter acontecido qualquer que viesse a ser esse Estado. Além disso, nem todos os alemães sucumbiram à invectiva de Hitler, e por que algumas pessoas sucumbiram não pode ser explicado simplesmente pelo antissemitismo nativo. Ver também *Unwilling Germans? The Goldhagen Debate*, org. Robert P. Shandley, trad. ingl. Jeremiah Riemer (Minneapolis, University of Minnesota Press, 1998), para críticas e discussões do livro de Goldhagen por autores alemães contemporâneos.

23. Ver Martin Gilbert, *Winston Churchill: Never Despair*, vol. 8 (Boston, Houghton Mifflin, 1988), p. 259.

mavera de 1945 e o bombardeio de Hiroshima e Nagasaki. Acredito que essa rota poderia ter sido eficaz e evitado mais mortes. Em 6 de agosto, uma invasão era desnecessária, já que a guerra estava eficazmente encerrada[24]. Mas, se isso é verdade ou não, não faz diferença. Como povo democrático liberal, os Estados Unidos deveriam ao povo japonês uma oferta de negociações para terminar a guerra. Os seus governantes e militares haviam sido instruídos pelo Imperador, em 26 de junho[25], talvez até antes, a procurar uma maneira de terminar a guerra, e com certeza devem ter percebido que, com a marinha destruída e as ilhas mais distantes e mais próximas ocupadas, a guerra estava perdida. Os líderes do regime, imbuídos do código de honra samurai, não teriam considerado negociações por conta própria, mas, com instruções do Imperador, poderiam ter reagido positivamente às ofertas americanas. Estas, porém, nunca chegaram.

14.5 Significação da cultura política. Está claro que o bombardeio atômico de Hiroshima e Nagasaki e o bombardeio convencional de cidades japonesas foram grandes erros, do tipo que os deveres da estadística exigem que os líderes políticos evitem; contudo, é igualmente claro que uma expressão articulada dos princípios da guerra justa, se introduzida nesse tempo, não teria alterado o resultado. Pois, simplesmente, era tarde demais: nessa época, o bombardeio a civis já se tornara uma prática de guerra aceita. Reflexões sobre a guerra justa teriam caído em ouvidos surdos. Por essa razão, essas perguntas devem ser consideradas com cuidado antes do conflito.

---

24. Ver Barton Bernstein, "The Atomic Bombings Reconsidered", *Foreign Affairs*, 74:1, janeiro-fevereiro, 1995.
25. Ver Gerhard Weinberg, *A World at Arms* (Cambridge, Cambridge University Press, 1994), pp. 886-9.

De modo similar, os fundamentos da democracia constitucional e a base dos seus direitos e deveres precisam ser discutidos continuamente em todas as muitas associações da sociedade civil, como parte da compreensão e educação dos cidadãos antes de participar da vida política. Essas questões precisam ser parte da cultura política; não devem dominar o conteúdo cotidiano da política comum, mas ser pressupostas e operar no pano de fundo. No tempo dos bombardeios da Segunda Guerra Mundial, não havia compreensão anterior suficiente da grande importância dos princípios da guerra justa para que sua expressão tivesse bloqueado o fácil apelo ao raciocínio de meios e fins. Esse raciocínio justifica bastante e com muita rapidez, e provê um caminho para que as forças dominantes do governo calem quaisquer escrúpulos morais incômodos. Se os princípios da guerra não são expostos antes dessa ocasião, tornam-se simplesmente considerações a mais a ser equilibradas na balança. Esses princípios devem vigorar muito antes da guerra e ser plenamente compreendidos pelos cidadãos em geral. O fracasso da estadística é constituído parcialmente pelo fracasso da cultura política pública – até mesmo sua cultura militar e sua doutrina de guerra[26] – em respeitar os princípios da guerra justa.

---

26. Uma grande tentação para o mal é o poder aéreo. Estranhamente, a doutrina militar oficial da Luftwaffe compreendeu certo (ainda que pela razão errada): o poder aéreo deve sustentar o exército e a marinha no campo e no mar. A doutrina militar adequada declara que o poder aéreo não deve ser usado para atacar civis. Seguir essa doutrina não teria afetado, penso, a eficácia do exército e da marinha dos Estados Unidos na derrota do Japão. A marinha norte-americana derrotou a marinha japonesa em Midway em junho de 1942, destruiu a sua frota de cargueiros na batalha do Mar das Filipinas, perto de Saipan, em junho de 1944, e mutilou a sua frota de batalha no Estreito de San Bernardino, a norte de Leyte, e no Estreito de Suriago, ao sul de Leyte, em outubro de 1944, ao passo que os fuzileiros navais tomaram as ilhas Marshall, Guam, Saipan e Iwo Jima, e o exército capturou a Nova Guiné e as Filipinas, terminando com a batalha por Okinawa. Isso marcou eficazmente o fim da guerra. Na verdade, o palco para uma paz negociada estava pronto bem antes disso.

Duas doutrinas niilistas de guerra devem ser repudiadas absolutamente. Uma é traduzida pela observação de Sherman, "A guerra é o inferno", com a sua implicação de que qualquer coisa vale para acabar com ela tão logo seja possível[27]. A outra sustenta que somos todos culpados, estamos portanto no mesmo nível e não podemos corretamente culpar ou ser culpados. Essas doutrinas – se é que merecem esse título – negam superficialmente todas as distinções razoáveis; seu vazio moral é manifesto no fato de que as sociedades civilizadas justas e decentes – suas instituições e leis, sua vida civil, a cultura de fundo e os costumes – dependem sempre de fazer distinções morais e políticas significativas. Certamente a guerra é um tipo de inferno, mas por que isso deveria significar que as distinções normativas deixam de ser válidas? Reconhecendo também que às vezes todos ou quase todos podem ser culpados em certo grau, isso não significa, todavia, que todos sejam igualmente culpados. Em resumo, não existe nenhuma ocasião em que sejamos dispensados das distinções refinadas dos princípios políticos e restrições graduadas[28].

14.6 Comparação com a doutrina cristã. O Direito dos Povos é similar e diferente da conhecida doutrina de guerra justa do Direito natural cristão[29]. Ambos são similares no

---

27. Em justiça a Sherman, diga-se que na sua marcha pela Geórgia, no outono de 1864, seus soldados destruíram apenas propriedades. Não atacaram civis.

28. Ver *Eichmann in Jerusalem* (Nova York, Viking Press, 1963), especialmente as quatro últimas páginas do pós-escrito, sobre o papel do julgamento.

29. Essa doutrina tem origem em Santo Ambrósio e Santo Agostinho, que se valeram dos autores clássicos de Grécia e Roma. *Christian Attitudes toward War and Peace* (Nashville, Abingdon Press, 1960), de Roland Bainton, oferece um resumo útil de Agostinho nas pp. 91-100. Agostinho não produziu nenhum tratado ou discussão extensa das suas concepções, de modo que elas devem ser colhidas em seus muitos escritos. Ver também São Tomás de Aquino, *Summa Theologica*, II-II, Questão 40, Artigos 1-4, e Francisco de Vitoria, "On the Law of War", em *Political Writings*, org. por A. Pagden e J. Lawrence (Cambridge, Cambridge Uni-

sentido de implicarem que a paz universal entre as nações é possível se todos os povos agem segundo a doutrina do Direito natural cristão *ou* do Direito dos Povos, que não exclui o Direito natural nem qualquer outra doutrina abrangente razoável.

Contudo, é importante, aqui, dar um passo para trás e perceber onde se encontra a diferença essencial entre o Direito dos Povos e o Direito natural, isto é, em como eles são concebidos. Pensa-se no Direito natural como parte da lei de Deus, que pode ser conhecida pelos poderes naturais da razão, mediante o estudo da estrutura do mundo. Como Deus tem autoridade suprema sobre toda a criação, essa lei é obrigatória para todos os humanos, na condição de membros de uma comunidade. Compreendido assim, o Direito natural é distinto da lei eterna, que se encontra na razão de Deus e guia a atividade de Deus no criar e sustentar o mundo. O Direito natural também é distinto da lei revelada, que não pode ser conhecida pelos poderes da razão natural, e do Direito eclesiástico, que se aplica a questões religiosas e jurisdicionais da Igreja. Por contraste, o Direito dos Povos cai no domínio do político como concepção política. Isto é, embora possa ser apoiado pela doutrina cristã do Direito natural, seus princípios são expressos unicamente em função de uma concepção política e dos seus valores políticos[30]. Am-

---

versity Press, 1991), pp. 295-327. Ralph Potter oferece uma discussão geral da doutrina cristã com comentários e referências bibliográficas no seu *War and Moral Discourse* (Richmond, John Knox Press, 1969). Para um levantamento proveitoso do mundo antigo, ver Doyne Dawson, *The Origins of Western Warfare* (Boulder, The Westview Press, 1996).

30. Devo observar aqui que, embora o Direito dos Povos, como o liberalismo político, seja estritamente político, ele *não* é secular. Com isso, quero dizer que não nega valores religiosos ou de outro tipo, digamos, por meio de alguma teoria (social ou natural) "não teísta" ou "não metafísica". Cabe aos cidadãos e estadistas decidir, à luz das suas doutrinas abrangentes, o peso dos valores políticos. Para discussão adicional, ver *Political Liberalism*, IX, "Reply to Habermas", § 2, pp. 385-95, e "A ideia de razão pública revista", § 6.

bas as concepções sustentam o direito à guerra em autodefesa, mas o conteúdo dos princípios para a conduta de guerra não é o mesmo.

Essa última observação é ilustrada pela doutrina católica do duplo efeito. Ela concorda com os princípios do Direito dos Povos para a conduta de guerra (como exposta no § 14.1 acima), de que os civis não devem ser atacados diretamente. Ambas as concepções concordam também em que o bombardeio convencional do Japão na primavera de 1945 e o bombardeio atômico de Hiroshima e Nagasaki foram grandes males. Contudo, divergem em que os princípios para a conduta de guerra na concepção do contrato social incluem a isenção de emergência suprema (§ 14.3), mas a doutrina do duplo efeito não. A doutrina do duplo efeito proíbe baixas civis, exceto na medida em que sejam não intencionais e resultado indireto de um ataque legítimo a um alvo militar. Baseando-se no comando divino de que os inocentes nunca devem ser mortos, essa doutrina diz que não devemos agir com intenção de atacar o Estado inimigo tirando as vidas inocentes dos seus civis. O liberalismo político permite a isenção de emergência suprema; a doutrina católica a rejeita, dizendo que devemos ter fé e abraçar o comando de Deus[31]. Isso é doutrina inteligente, mas é contrário aos deveres do estadista no liberalismo político.

O estadista, discutido no § 14.2, é uma figura central quando se considera a conduta de guerra, e deve estar preparado para empreender uma guerra justa em defesa dos regimes democráticos liberais. Na verdade, os cidadãos esperam que aqueles que buscam o cargo de presidente ou primei-

---

31. Ver o poderoso ensaio de G. E. M. Anscombe, "War and Murder", em *Nuclear Weapons and Christian Conscience*, org. Walter Stein (Londres, Merlin Press, 1961), pp. 45-62. Este foi escrito como objeção à decisão de Oxford de conferir um título honorário ao presidente Truman em 1952. A visão no § 14 concorda com Anscombe no caso particular de Hiroshima.

ro-ministro o façam, e seria violar uma compreensão política fundamental, pelo menos na ausência de uma declaração pública anterior à eleição, recusar-se a fazê-lo por razões religiosas, filosóficas ou morais. Os *quakers*, que se opõem a todas as guerras, podem fazer parte de um consenso em um regime constitucional, mas não podem endossar sempre as decisões particulares de uma democracia – no caso, participar de uma guerra de autodefesa – mesmo quando essas decisões são razoáveis à luz dos seus valores políticos. Isso indica que não poderiam, de boa-fé, na ausência de circunstâncias especiais, buscar os cargos mais elevados de um regime democrático liberal. O estadista deve atentar para o mundo político e deve, em casos extremos, ser capaz de distinguir entre os interesses do regime bem ordenado que ele serve e os ditames da doutrina religiosa, filosófica ou moral pela qual vive.

§ *15. Sociedades oneradas*

15.1 Condições desfavoráveis. Na teoria da não aquiescência, vimos que o objetivo de longo prazo de sociedades (relativamente) bem ordenadas é, de certa maneira, trazer os Estados fora da lei para a sociedade dos povos bem ordenados. Os Estados fora da lei[32] da Europa moderna no início do período moderno – Espanha, França e os Habsburgos – ou, mais recentemente, a Alemanha, todos tentaram alguma vez sujeitar boa parte da Europa à sua vontade. Tinham esperança de difundir a sua religião e a sua cultura e procura-

---

32. Alguns podem contestar esse termo, mas esses Estados eram realmente sociedades fora da lei. Suas guerras eram essencialmente guerras dinásticas, às quais a vida e os interesses fundamentais da maioria dos membros da sociedade eram sacrificados.

vam o domínio e a glória, para não mencionar riqueza e território. Esses Estados estavam entre as sociedades mais eficazmente organizadas e economicamente avançadas da época. Seu defeito estava nas tradições políticas e instituições de Direito, propriedade e estrutura de classes, juntamente com as crenças religiosas e morais e a cultura subjacente que os sustentavam. São essas coisas que moldam a vontade política de uma sociedade, e constituem elementos que devem mudar antes que uma sociedade possa sustentar um Direito dos Povos razoável.

No que se segue, atenho-me ao segundo tipo de teoria não ideal, a saber, as sociedades oneradas por condições desfavoráveis (daqui em diante, *sociedades oneradas*). As sociedades oneradas, embora não sejam expansionistas nem agressivas, carecem de tradições políticas e culturais, de capital humano e conhecimento técnico e, muitas vezes, dos recursos materiais e tecnológicos necessários para que sejam bem ordenadas. O objetivo de longo prazo das sociedades (relativamente) bem ordenadas deve ser o de trazer as sociedades oneradas, tal como os Estados fora da lei, para a sociedade dos povos bem ordenados. Os povos bem ordenados têm um dever de assistir as sociedades oneradas. Daí não decorre, porém, que a única maneira, ou a melhor maneira, de executar esse dever de assistência seja seguir um princípio de justiça distributiva para regulamentar as desigualdades econômicas e sociais entre as sociedades. A maioria de tais princípios não tem um objetivo definido ou limite depois do qual o auxílio possa ser interrompido.

Os níveis de riqueza e bem-estar entre as sociedades podem variar, e presume-se que o façam, mas ajustar esses níveis não é objetivo do dever de assistência. Apenas as sociedades oneradas precisam de auxílio. Além disso, nem todas essas sociedades são pobres, não mais do que são ricas todas as sociedades bem ordenadas. Uma sociedade com poucos recursos naturais e pouca riqueza pode ser bem ordenada se as suas tradições políticas, sua lei e sua estrutura de propriedade e classe, juntamente com as crenças morais e religiosas e a cultura subjacentes, são tais que sustentem uma sociedade liberal ou decente.

15.2 Primeira diretriz para o dever de assistência. A primeira diretriz a considerar é a de que uma sociedade bem ordenada não precisa ser uma sociedade rica. Recordo aqui os três pontos básicos a respeito do princípio de "poupança justa" (em uma sociedade nacional), que elaborei em *Uma teoria da justiça*, § 44.

(a) O propósito de um princípio de poupança justa (real) é estabelecer instituições básicas (razoavelmente) justas para uma sociedade democrática constitucional livre (ou qualquer sociedade bem ordenada) e assegurar um mundo social que torne possível uma vida digna para todos os seus cidadãos.

(b) Da mesma maneira, a poupança pode parar assim que instituições básicas justas (ou decentes) tenham sido estabelecidas. Nesse ponto, a poupança real (isto é, acréscimos líquidos ao capital real de todos os tipos) pode cair a zero, o estoque existente só precisa ser mantido ou substituído, e os recursos não renováveis, cuidadosamente administrados para uso futuro, como adequado. Assim, a taxa de poupança como restrição ao consumo corrente deve ser expressa em função do capital agregado acumulado, da abstenção de uso de recursos e da tecnologia desenvolvida para conservar e regenerar a capacidade do mundo natural de sustentar a sua população humana. Com esses e outros elementos essenciais, uma sociedade pode, é claro, continuar a poupar depois desse limite, mas isso não é mais um dever de justiça.

(c) A grande riqueza não é necessária para estabelecer instituições justas (ou decentes). Quanto é necessário dependerá da história particular de uma sociedade, assim como da sua concepção de justiça. Assim, os níveis de riqueza entre os povos bem ordenados não serão, em geral, os mesmos.

Essas três características do processo de poupança discutido em *Uma teoria da justiça* revelam a similaridade entre o dever de assistência no Direito dos Povos e o dever da poupança justa no caso nacional. Em cada caso, o objetivo é concretizar e preservar instituições justas (ou decentes), e não simplesmente aumentar, muito menos maximizar indefinidamente, o nível médio de riqueza ou a riqueza de qualquer sociedade ou de qualquer classe particular na sociedade. Nesses aspectos, o dever de assistência e o dever da poupança justa expressam a mesma ideia subjacente[33].

---

33. A ideia principal que expresso aqui vale-se de *The Principles of Political Economy*, J. S. Mill, 1ª ed. (Londres, 1848), livro IV, cap. 6, "The Stationary State". Sigo a visão de Mill, de que o propósito de poupar é tornar possível uma estrutura social básica justa; assim que isso é assegurado, a poupança real (aumento líquido em capital real) pode não mais ser necessária. "A arte de viver" é mais importante do que a "arte de se virar", para usar as suas palavras. O pensamento de que a poupança real e o desenvolvimento econômico devem continuar indefinidamente, para cima e em frente, sem nenhum objetivo específico em vista, é a ideia da classe negociante de uma sociedade capitalista. Mas o que conta para Mill são instituições básicas justas e o bem-estar do que ele chamaria "a classe trabalhadora". Mill diz: "[...] a decisão [entre um sistema justo de economia privada e o socialismo] dependerá principalmente de uma consideração, a saber, qual dos dois sistemas é compatível com a maior quantidade de liberdade e espontaneidade humana. Assegurados os meios de subsistência, a mais forte das necessidades pessoais dos seres humanos é a liberdade, e (ao contrário das necessidades físicas, que à medida que a civilização avança tornam-se mais moderadas e passíveis de controle) ela aumenta de intensidade em vez de diminuir à medida que a inteligência e as faculdades morais são mais desenvolvidas". Da 7ª e última edição dos *Princípios* publicada durante a vida de Mill, parágrafo 9 do § 3 do cap. 1 do livro II. O que Mill diz aqui é perfeitamente compatível com o Direito dos Povos e a sua estrutura de valores políticos, embora eu não possa aceitá-la tal como se encontra. As referências aos *Princípios* de Mill são da edição em brochura, organizada por Jonathan Riley, em Oxford World Dassics (Oxford, Oxford University Press, 1994). O texto completo dos *Princípios* encontra-se agora em *The Complete Works of John Stuart Mill*, vols. 2 e 3, introdução de V. W. Bladen, org. J. M. Robson (Londres, University of Toronto Press, Routledge and Kegan Paul, 1965).

15.3 Segunda diretriz. Uma segunda diretriz para pensar a respeito de como executar o dever de assistência é perceber que a cultura política de uma sociedade onerada é de suma importância, e que, ao mesmo tempo, não existe nenhuma receita, com certeza nenhuma receita fácil, para que os povos bem ordenados ajudem uma sociedade onerada a mudar sua cultura política e social. Creio que as causas da riqueza de um povo e as formas que assume encontram-se na sua cultura política e nas tradições religiosas, filosóficas e morais que sustentam a estrutura básica das suas instituições políticas e sociais, assim como a indústria e o talento cooperativo dos seus membros, todos sustentados pelas suas virtudes políticas. Eu conjecturaria ainda que não existe nenhuma sociedade, em nenhum lugar do mundo – exceto por casos marginais[34] –, com recursos tão parcos que não pudesse, sendo razoável e racionalmente organizada e governada, tornar-se bem ordenada. Os exemplos históricos parecem indicar que países pobres em recursos podem sair-se muito bem (o Japão, por exemplo), ao passo que países ricos em recursos podem ter sérias dificuldades (a Argentina, por exemplo). Os elementos cruciais que fazem a diferença são a cultura política, as virtudes políticas e a sociedade cívica do país, a probidade e indústria dos seus membros, sua capacidade de inovação e muito mais. Crucial também é a política demográfica do país: ela deve cuidar para que não se sobrecarreguem suas terras e economia com uma população maior do que possam sustentar. Contudo, de uma maneira ou de outra, o dever de assistência não é diminuído de nenhum modo. O que se deve perceber é que meramente dispensar

---

34. Os esquimós do Ártico, por exemplo, são bem raros e não precisam afetar a nossa abordagem geral. Presumo que os seus problemas possam ser resolvidos de maneira *ad hoc*.

fundos não será suficiente para retificar as injustiças políticas e sociais básicas (embora o dinheiro muitas vezes seja essencial). Mas uma ênfase sobre os direitos humanos pode ajudar regimes ineficazes e a conduta dos governantes que forem insensíveis ao bem-estar do seu próprio povo.

Essa insistência nos direitos humanos é apoiada pelo trabalho de Amartya Sen a respeito da fome[35]. No seu estudo empírico de quatro casos históricos bem conhecidos (Bengala, 1943; Etiópia, 1972-74; Sahel, 1972-73; Bangladesh, 1974), ele descobriu que o declínio de alimentos não tem de ser a principal causa da fome ou mesmo uma causa menor. Nos casos que estudou, a queda na produção de alimentos não era grande o suficiente para levar à fome se houvesse um governo decente, que se importasse com o bem-estar de todo o seu povo e um esquema razoável de programas de apoio através de instituições públicas. O principal problema foi o fracasso dos respectivos governos em distribuir (e suplementar) o alimento que existia. Sen concluiu: "períodos de fome são desastres econômicos, não apenas crises de alimento"[36]. Em outras palavras, são atribuíveis a falhas na estrutura política e social e ao fracasso em instituir políticas para remediar os efeitos de quedas na produção de alimentos. Permitir que o povo passe fome quando isso pode ser impedido reflete falta de interesse pelos direitos humanos, e regimes bem ordenados, como os descrevi, não permitem que isso aconteça. Insistir nos direitos humanos irá, espera-se, pressionar na direção de governos eficientes em uma Sociedade dos Povos

---

35. Ver Amartya Sen, *Poverty and Famines* (Oxford, Clarendon Press, 1981). O livro de Sen com Jean Drèze, *Hunger and Public Action* (Oxford, Clarendon Press, 1989), confirma esses pontos e enfatiza o sucesso dos regimes democráticos ao lidar com a pobreza e a fome. Ver a formulação resumida no cap. 13, p. 25. Ver também o importante trabalho de Partha Dasgupta, *An Inquiry into Well-Being and Destitution* (Oxford, Clarendon Press, 1993), caps. 1, 2 e 5.

36. Sen, *Poverty and Famines*, p. 162.

bem ordenada. (Observo, a propósito, que haveria fome em massa em toda democracia ocidental se não existissem esquemas em vigor para auxiliar os desempregados.) Respeitar os direitos humanos também aliviaria a pressão populacional em uma sociedade onerada, no tocante àquilo que a economia pode sustentar decentemente[37]. Um fator decisivo aqui parece ser a condição das mulheres. Algumas sociedades – a China é exemplo – impuseram restrições severas ao tamanho das famílias e adotaram outras medidas draconianas. Mas não há necessidade de ser tão severo. A política mais simples, eficaz e aceitável é estabelecer os elementos da justiça igual para as mulheres. Instrutivo aqui é o estado indiano de Kerala, que, no fim da década de 1970, permitiu às mulheres votar e participar da política, receber e usar a educação e possuir e gerir riqueza e propriedade. Como resultado, em poucos anos, a taxa de nascimento de Kerala caiu abaixo da taxa da China, sem invocar os poderes coercitivos do Estado[38]. Políticas semelhantes foram instituídas em outros lugares – por exemplo, Bangladesh, Colômbia e Brasil – com resultados similares. Os elementos da justiça básica mostraram-se essenciais para a política social saudável. A injustiça é sustentada por interesses profundamente arraigados e não desaparecerá facilmente, mas não se pode desculpar invocando a falta de recursos naturais.

Repetindo, não existe nenhuma receita fácil para auxiliar uma sociedade onerada a mudar sua cultura política. Atirar

---

37. Não quero usar o termo "excesso de população" aqui, já que parece implicar a ideia de população ótima. Mas o que é isso? Quando vista em relação com o que a economia pode sustentar, a questão de haver ou não pressão populacional é bastante clara. Devo este ponto a Amartya Sen.

38. Ver Amartya Sen, "Population: Delusion and Reality", *The New York Review of Books*, 22 de setembro, 1994, pp. 62-71. Sobre Kerala, ver pp. 70 ss. A taxa de natalidade na China em 1979 era 2,8; a de Kerala, 3,0. Em 1991, essas taxas eram de 2,0 e 1,8, respectivamente.

fundos nela geralmente é indesejável, e o uso da força é excluído pelo Direito dos Povos. Mas certos tipos de conselho podem ser úteis, e as sociedades oneradas fariam bem em prestar atenção especial aos interesses fundamentais das mulheres. O fato de que a condição das mulheres muitas vezes se fundamenta na religião ou mantém uma relação estreita com concepções religiosas[39] não é a causa da sua sujeição, já que outras causas geralmente estão presentes. Podemos explicar que todos os tipos de sociedade bem ordenada afirmam os direitos humanos e possuem pelo menos as características de uma hierarquia de consulta decente ou algo análogo. Essas características exigem que qualquer grupo que represente os interesses fundamentais da mulher inclua uma maioria de mulheres (§ 8.3). A ideia é que devem ser adotadas as condições do procedimento de consulta necessárias para impedir violações dos direitos humanos das mulheres. Essa não é uma ideia peculiarmente liberal, mas comum a todos os povos decentes.

Podemos, então, fazer essa ideia influenciar como condição de uma assistência que é oferecida, sem estarmos sujeitos à acusação de minar indevidamente a religião e a cultura de uma sociedade. O princípio, aqui, é similar ao que é sempre seguido no que diz respeito às afirmações da religião. Assim, uma religião não pode se justificar dizendo que a intolerância por outras religiões é necessária para que ela se mantenha. Da mesma maneira, uma religião não pode justificar a sujeição das mulheres dizendo que é necessária para sua sobrevivência. Os direitos humanos básicos pertencem às instituições e práticas comuns de todas as sociedades liberais e decentes[40].

---

39. Digo isso porque muitos autores muçulmanos negam que o Islã sancione a desigualdade das mulheres em muitas sociedades muçulmanas, e o atribuem a várias causas históricas. Ver Leila Ahmed, *Women and Gender in Islam* (New Haven, Yale University Press, 1992).

40. Ver *Political Liberalism*, V, § 6.

15.4 Terceira diretriz. A terceira diretriz para executar o dever de assistência é que seu objetivo seja ajudar as sociedades oneradas a serem capazes de gerir os seus próprios negócios de um modo razoável e racional e, por fim, tornarem-se membros da sociedade dos povos bem ordenados. Isso define o "alvo" da assistência. Depois de ser alcançado, não se exige assistência adicional, embora a sociedade, agora bem ordenada, ainda possa ser relativamente pobre. Assim, as sociedades bem ordenadas que oferecem assistência não devem agir de maneira paternalista, mas de maneiras calculadas, que não entrem em conflito com o objetivo final da assistência: liberdade e igualdade para as sociedades antigamente oneradas.

Deixando de lado a questão complicada de determinar se algumas formas de cultura e modos de vida são bons em si, como creio que são, certamente é um bem para os indivíduos e associações estarem vinculados à sua cultura particular e participarem da sua vida pública e cívica comum. Dessa maneira, pertencer a uma sociedade política particular e sentir-se à vontade no seu mundo cívico e social ganham expressão e plenitude[41]. Isso não é pouca coisa. É um argumento a favor da preservação de espaço significativo para a ideia de autodeterminação de um povo e a favor de algum tipo de forma frouxa ou confederada de Sociedade dos Povos, contanto que as hostilidades divisoras das diferentes culturas possam ser domadas, como parece que podem, por uma sociedade de regimes bem ordenados. Buscamos um mundo em que desapareçam os ódios étnicos que levam a guerras nacionalistas. Um patriotismo adequado (§ 5.2) é apego ao nosso povo e ao nosso país, disposição para defender suas reivindicações legítimas e ao mesmo tempo respeitar as reivindicações legítimas

---

41. *Ibid.*, V, § 7.

de outros povos[42]. Os povos bem ordenados devem tentar encorajar tais regimes.

15.5 Dever de assistência e afinidade. Uma preocupação legítima quanto ao dever de assistência é determinar se o apoio motivacional para segui-lo pressupõe um grau de afinidade entre os povos, isto é, um senso de coesão social e proximidade, que não pode ser esperado sequer em uma sociedade de povos liberais – para não falar em uma sociedade de povos bem ordenados –, com suas línguas, religiões e culturas separadas. Os membros de uma única sociedade nacional compartilham um governo central e uma cultura política comuns, e o aprendizado moral dos conceitos e princípios políticos funciona com mais eficácia no contexto de instituições políticas e sociais abrangendo toda a sociedade, que sejam parte da vida diária[43]. Ao participar de instituições compartilhadas todos os dias, os membros da mesma sociedade devem poder resolver conflitos e problemas dentro da sociedade em uma base comum posta em termos da razão pública.

É tarefa do estadista lutar contra a potencial ausência de afinidade entre os diferentes povos e tentar afastar suas causas na medida em que derivem de injustiças institucionais internas do passado e da hostilidade entre as classes sociais herdadas através da sua história e antagonismos comuns. Como a afinidade entre os povos é naturalmente mais fraca (como questão de psicologia humana) à medida que as instituições abrangendo toda a sociedade abarcam uma área maior e aumentam as diferenças culturais, o estadista deve combater continuamente essas tendências sem visão[44].

---

42. Estas são especificadas pelo Direito dos Povos.
43. Joshua Cohen, "A More Democratic Liberalism", *Michigan Law Review*, vol. 92, nº 6 (maio, 1994), pp. 1532-3.
44. Aqui, valho-me de um princípio psicológico, o de que o aprendizado social de posturas morais que sustentem instituições políticas funciona com mais

O que encoraja o trabalho do estadista é que as relações de afinidade não são uma coisa fixa, mas podem se fortalecer ao longo do tempo, quando os povos vierem a trabalhar juntos em instituições cooperativas que desenvolveram. É característico dos povos liberais e decentes que busquem um mundo em que todos os povos tenham um regime bem ordenado. No início, podemos supor que esse objetivo é impulsionado pelo *interesse próprio* de cada povo pois tais regimes não são perigosos, mas pacíficos e colaboradores. Contudo, quando a cooperação entre os povos prossegue rapidamente, eles podem vir a se importar uns com os outros, e a afinidade entre eles torna-se mais forte. Portanto, já não são movidos simplesmente pelo interesse próprio, mas pelo interesse recíproco pelo modo de vida e pela cultura de cada um, e podem dispor-se a fazer sacrifícios uns pelos outros. Esse cuidado mútuo é o resultado dos esforços cooperativos bem-sucedidos e das experiências comuns ao longo de um considerável período de tempo.

O círculo – que hoje é relativamente estreito – de povos mutuamente solícitos pode se expandir ao longo do tempo e nunca deve ser visto como fixo. Gradualmente, os povos não são mais movidos apenas pelo interesse próprio ou pelo cuidado recíproco, mas vêm a afirmar sua civilização e cultura liberais e decentes até que, por fim, estejam prontos para agir com base nos *ideais e princípios* que a sua civilização explicita. A tolerância religiosa tem surgido historicamente como *modus vivendi* entre credos hostis, tornando-se mais tarde um princípio moral compartilhado por povos civilizados e reorganizado pelas suas religiões principais. Isso tam-

---

eficácia por meio de instituições e práticas comuns abrangendo toda a sociedade. O aprendizado se enfraquece nas condições mencionadas no texto. Em uma utopia realista esse princípio psicológico estabelece limites ao que pode ser sensatamente proposto como conteúdo do Direito dos Povos.

bém é verdadeiro a respeito da abolição da escravidão e da servidão, do governo do Direito, do direito à guerra apenas em autodefesa, e da garantia dos direitos humanos. Estes tornam-se ideais e princípios das civilizações liberais e decentes, e princípios do Direito de todos os povos civilizados.

§ 16. Sobre a justiça distributiva entre os povos

16.1 Igualdade entre os povos. Sobre isso há duas concepções. Uma sustenta que a igualdade é justa, ou um bem em si. O Direito dos Povos, por outro lado, sustenta que as desigualdades não são sempre injustas, e que, quando são, é por causa dos seus efeitos injustos na estrutura básica da Sociedade dos Povos e das relações entre os povos e entre seus membros[45]. Vimos a grande importância dessa estrutura básica ao discutirmos a necessidade da tolerância de povos não liberais decentes (§§ 7.2-7.3).

Vejo três razões para me preocupar com a desigualdade na sociedade nacional e considerar como cada uma delas se aplica à Sociedade dos Povos. Uma razão para reduzir as desigualdades em uma sociedade nacional é aliviar o sofrimento e as dificuldades dos pobres. Contudo, isso não requer que todas as pessoas sejam iguais na riqueza. Em si, não importa quão grande a distância entre ricos e pobres possa ser. O que importa são as consequências. Em uma sociedade nacional liberal essa distância não pode ser maior do que o permitido pelo critério de reciprocidade, de modo que os menos favorecidos (como requer o terceiro princípio liberal) tenham meios suficientes para fazer uso inteligente e eficaz da sua liberdade e levar vidas razoáveis e dignas. Quando

---

45. Minha discussão da desigualdade deve muito, como tantas vezes, a T. M. Scanlon.

essa situação existe, não há mais necessidade de diminuir a distância. De modo similar, na estrutura básica da Sociedade dos Povos, assim que o dever de assistência é satisfeito, e todos os povos têm um governo liberal ou decente, não há, novamente, nenhuma razão para diminuir a distância entre a riqueza média dos diferentes povos.

A segunda razão para diminuir a distância entre ricos e pobres numa sociedade nacional é que essa distância muitas vezes leva alguns cidadãos a serem estigmatizados e tratados como inferiores, e isso é injusto. Assim, numa sociedade liberal ou decente, devem ser evitadas as convenções que estabeleçam hierarquias reconhecidas socialmente mediante expressões de deferência. Elas podem ferir injustamente o respeito por si mesmos dos que não são assim reconhecidos. O mesmo deve ocorrer quanto às estruturas básicas da Sociedade dos Povos se os cidadãos de um país se sentirem inferiores aos cidadãos de outro por causa da riqueza maior destes, *contanto* que esses sentimentos sejam justificados. Não obstante, quando o dever de assistência é cumprido, esses sentimentos são injustificados. Pois então cada povo ajusta a si mesmo o significado e a importância da riqueza da sua sociedade. Se insatisfeito, pode continuar a aumentar a poupança ou, se isso não for viável, emprestar de outros membros da Sociedade dos Povos.

A terceira razão para considerar as desigualdades entre os povos diz respeito ao importante papel da equidade no processo político da estrutura básica da Sociedade dos Povos. No caso nacional, esse interesse é evidente no assegurar a honestidade das eleições e das oportunidades políticas de concorrer a cargo público. O financiamento público de partidos e campanhas políticas tenta ir ao encontro dessas questões. Além disso, quando falamos de igualdade de oportunidade, queremos dizer algo mais que a igualdade jurídica formal. Queremos dizer, mais ou menos, que as condições sociais de fundo são tais que cada cidadão, independentemente de classe ou origem, deve ter a mesma chance de alcançar uma posição social favorecida, dados os mesmos talentos e disposição para tentar. As políticas para alcançar essa igualdade de oportunidade incluem, por exemplo, assegurar educação imparcial para todos e eliminar a discriminação. A equidade também desempenha um papel importante no processo político da estrutura básica da Sociedade dos Povos, análogo, embora não igual, ao seu papel no caso nacional.

A equidade básica entre os povos é dada pelo fato de estarem representados igualmente na segunda posição original com o seu véu de ignorância. Assim, os representantes dos povos desejarão preservar a independência da sua própria sociedade e sua igualdade diante das outras. No funcionamento de organizações e confederações frouxas de povos, as desigualdades destinam-se a servir os muitos fins que os povos compartilham (§ 4.5). Nesse caso, os povos maiores e menores estarão dispostos a fazer contribuições proporcionalmente maiores e menores e a aceitar retornos proporcionalmente maiores e menores. Além disso, as partes formularão diretrizes para estabelecer organizações cooperativas, e concordarão quanto a padrões de equidade no comércio e a certos dispositivos de assistência mútua. Se essas organizações cooperativas tiverem efeitos distributivos injustificados, estes terão de ser corrigidos na estrutura básica da Sociedade dos Povos.

16.2 A justiça distributiva entre os povos. Vários princípios foram propostos para regulamentar as desigualdades entre os povos e impedir que se tornem excessivas. Dois deles são discutidos por Charles Beitz[46]. Outro é o princípio

---

46. Charles Beitz, *Political Theory and International Relations* (Princeton, Princeton University Press, 1979).

igualitário de Thomas Pogge[47], que é similar em muitos aspectos ao segundo princípio de justiça redistributiva de Beitz. São princípios sugestivos e muito discutidos, e devo dizer por que não os aceito. Mas, é claro, aceito os objetivos de Beitz e Pogge, de alcançar instituições liberais ou decentes, assegurar os direitos humanos e satisfazer necessidades básicas. Creio que estes são abrangidos pelo dever de assistência, discutido na seção precedente.

Primeiro, formularei os dois princípios de Beitz. Ele distingue entre o que chama "princípio de redistribuição de recursos" e um "princípio de distribuição global". A distinção entre eles é a seguinte: suponha primeiro que a produção de bens e serviços em todos os países seja *autárquica*, isto é, cada país vale-se inteiramente do próprio trabalho e dos próprios recursos, sem comércio de nenhum tipo. Beitz sustenta que algumas regiões têm recursos amplos, podendo-se esperar que as sociedades dessas regiões façam o melhor uso da sua riqueza natural e prosperem. Outras sociedades não são tão afortunadas, e apesar dos seus melhores esforços podem conseguir apenas um nível mínimo de bem-estar por causa da escassez de recursos[48]. Beitz vê o princípio de redistribuição de recursos como oferecendo a cada sociedade uma chance justa de estabelecer instituições políticas justas e uma economia que possa atender às necessidades básicas dos seus membros. Afirmar esse princípio "garante às pessoas de sociedades pobres em recursos que o seu destino adverso não as impedirá de concretizar condições econômicas sufi-

---

47. O princípio igualitário global de Pogge, tal como exposto em "An Egalitarian Law of Peoples", *PAPA*, 23:3 (verão, 1994), não é uma formulação da sua visão preferida, mas uma que ele vê como interna a *Uma teoria da justiça*. Ele diz como pensa que o sistema internacional deveria ser tratado se fosse tratado como o nacional é tratado na *Teoria da justiça*.

48. Beitz, *Political Theory and International Relations*, p. 137.

cientes para sustentar instituições sociais justas e proteger os direitos humanos"⁴⁹. Ele não explica como os países com recursos suficientes devem redistribuí-los para os países pobres em recursos, mas isso não importa.

O princípio de distribuição global que Beitz discute diz respeito a uma situação em que a produção não é mais autárquica e há fluxos de comércio e serviços entre os países. Ele acredita que, nesse caso, um sistema global de cooperação já exista. Nesse exemplo, Beitz propõe que uma diferença global se aplica (análoga ao princípio usado no caso nacional em *Uma teoria da justiça*), oferecendo um princípio de justiça distributiva entre as sociedades⁵⁰. Como ele acredita que os países mais ricos são mais ricos por causa dos maiores recursos disponíveis, presume-se que o princípio global (com o seu esquema de taxação, digamos) redistribua os benefícios de maiores recursos a povos pobres em recursos.

Contudo, já que, como eu disse, o elemento crucial no desempenho de um país é a sua cultura política – as virtudes políticas e cívicas dos seus membros –, não o nível dos seus recursos⁵¹, a arbitrariedade da distribuição de recursos naturais não causa nenhuma dificuldade. Portanto, sinto que não precisamos discutir o princípio de justiça redistributiva de Beitz. Por outro lado, se pretendemos que um princípio global de justiça redistributiva para o Direito dos Povos se aplique ao nosso mundo continuamente, sem limite – sem um alvo, poderíamos dizer – no mundo hipotético em que se chega depois de satisfeito plenamente o dever de assistên-

---

49. *Ibid.*, p. 141.
50. *Ibid.*, pp. 153-63.
51. Isso é vigorosamente sustentado (ainda que, às vezes, em excesso) por David Landes no livro *The Wealth and Poverty of Nations* (Nova York, W. W. Norton, 1998). Ver sua discussão dos países da OPEP, pp. 411-4. Landes pensa que a descoberta de reservas de petróleo foi uma "infelicidade monumental" para o mundo árabe (p. 414).

cia, a sua atração é questionável. Nesse mundo hipotético, um princípio global dá, penso, o que consideraríamos resultados inaceitáveis. Considere dois casos ilustrativos:

Caso (i): dois países liberais ou decentes estão no mesmo nível de riqueza (estimada, digamos, em bens primários) e têm a mesma população. O primeiro decide industrializar-se e aumentar a sua taxa de poupança (real), enquanto o segundo não o faz. Satisfeito com as coisas como elas são e preferindo uma sociedade mais pastoril e sossegada, o segundo reafirma os seus valores sociais. Algumas décadas depois, o primeiro país é duas vezes mais rico que o segundo. Supondo, como supomos, que ambas as sociedades são liberais ou decentes e que os seus povos são livres e responsáveis, capazes de tomar as suas próprias decisões, o país em industrialização deve ser taxado para dar fundos ao segundo? Segundo o dever de assistência não haveria nenhuma taxa, e isso parece certo, ao passo que, com um princípio igualitário global sem alvo, sempre haveria um fluxo de taxas, contanto que a riqueza de um povo fosse menor que a do outro. Isso parece inaceitável.

O caso (ii) é paralelo ao (i), exceto pelo fato de que, no início, o índice de crescimento populacional nos países liberais ou decentes é um tanto elevado. Ambos os países proveem os elementos de justiça igual para as mulheres, como exigido de uma sociedade bem ordenada, mas o primeiro enfatiza esses elementos, e as mulheres prosperam no mundo político e econômico. Em consequência, chega gradualmente a um crescimento populacional zero, que permite um nível crescente de riqueza ao longo do tempo. A segunda sociedade, embora também tenha esses elementos de justiça igual, por causa dos valores religiosos e sociais vigentes, livremente sustentados pelas suas mulheres, não reduz a taxa de crescimento populacional, e esta permanece razoavelmente elevada⁵². Como antes, algumas décadas depois a primeira sociedade está duas vezes mais rica que a segunda. Dado que ambas as sociedades são liberais ou decentes, e os seus povos, livres e responsáveis, capazes de tomar suas próprias decisões, o dever de assistência já não exige mais taxas da primeira sociedade, agora mais rica, ao passo que o princípio igualitário global sem alvo exigiria. Novamente, esta última posição parece inaceitável.

O ponto crucial é que o papel do dever de assistência é ajudar sociedades oneradas a tornarem-se membros plenos da Sociedade dos Povos e capazes de determinar o caminho do seu futuro por si mesmas. Trata-se de um princípio de *transição*, da mesma maneira que o princípio da poupança real ao longo do tempo em uma sociedade nacional é um princípio de transição. Como foi explicado no § 15.2, a poupança real tem o fim de estabelecer o fundamento para uma estrutura social básica justa, ponto em que pode cessar. Na sociedade do Direito dos Povos, o dever de assistência é válido até que todas as sociedades tenham alcançado instituições básicas liberais ou decentes justas. Tanto o dever de poupança real como o dever de assistência são definidos por um *alvo* além do qual não são mais exigíveis. Eles garantem os elementos essenciais da *autonomia política*: a autonomia política dos povos liberais e decentes iguais e livres da Sociedade dos Povos.

Isso suscita a questão da diferença entre um princípio igualitário global e o dever de assistência⁵³. Esse princí-

---

52. Como os elementos básicos da justiça igual para as mulheres (incluindo a liberdade de consciência e liberdade religiosa) estão em vigor, presumo que a taxa de crescimento populacional é voluntária, isto é, que as mulheres não são coagidas pela religião nem pelo seu lugar na estrutura social. Isso obviamente pede mais consideração do que posso oferecer aqui.

53. Para uma formulação da visão de Pogge, ver, de sua autoria, "Human Flourishing and Universal Justice", a ser publicado em *Social Philosophy*, 16:1

pio tem o objetivo de ajudar os pobres em todo o mundo e propõe um Dividendo Geral de Recursos (DGR) a ser pago por toda sociedade a um fundo internacional administrado com esse propósito. A pergunta a fazer é se o princípio tem um alvo e um ponto de interrupção. O dever de assistência tem ambos: ele busca elevar os pobres do mundo até que sejam cidadãos livres e iguais de uma sociedade razoavelmente liberal ou membros de uma sociedade hierárquica decente. Esse é o alvo. Também tem, deliberadamente, um ponto de interrupção, já que, para cada sociedade onerada, o princípio deixa de se aplicar assim que o alvo é atingido. Um princípio igualitário global poderia funcionar de maneira semelhante. Vamos chamá-lo princípio igualitário com alvo. Quão grande é a diferença entre o dever de assistência e esse princípio igualitário? Certamente, há um ponto em que as necessidades básicas de um povo (estimadas em bens primários) são satisfeitas, e ele pode caminhar com os próprios pés. Pode haver discordância quanto a esse momento, mas que ele exista é crucial para o Direito dos Povos e o seu dever de assistência. Dependendo de como os respectivos alvos e pontos de interrupção forem definidos, os princípios poderão ser os mesmos, com questões práticas de tributação e administração, para distingui-los.

16.3 Contraste com a visão cosmopolita. O Direito dos Povos supõe que cada sociedade tem na sua população um cabedal suficiente de capacidades humanas, dispondo de recursos humanos potenciais para concretizar instituições justas. O fim político último da sociedade é tornar-se plenamente

---

(1999). Pogge me diz que, ali, sua visão realmente tem um alvo e um ponto de interrupção. Menciono no texto que isso suscita a questão de quão grande pode ser a diferença entre o dever de assistência e a visão igualitária global na "Justiça Universal". Sem os detalhes da argumentação, não posso continuar a discuti-la aqui.

justa e estável pelas razões certas. Assim que esse fim é alcançado, o Direito dos Povos não prescreve mais nenhum alvo como, por exemplo, elevar o padrão de vida para além do que é necessário para sustentar essas instituições. Tampouco existe razão para que alguma sociedade peça mais do que o necessário para sustentar instituições justas ou a redução adicional das diferenças materiais entre as sociedades.

Essas observações ilustram o contraste entre o Direito dos Povos e uma visão cosmopolita (§ 11). O interesse final de uma visão cosmopolita é o bem-estar dos indivíduos, não a justiça das sociedades. Segundo essa visão, ainda há uma questão referente à necessidade de mais distribuição global, mesmo depois que cada sociedade tenha alcançado instituições internamente justas. O caso ilustrativo mais simples é supor que, em duas sociedades, ambas satisfazem internamente os dois princípios de justiça encontrados em *Uma teoria da justiça*. Nessas duas sociedades, a pessoa representativa em pior situação em uma delas está em pior situação que a pessoa representativa em pior situação na outra. Suponha que fosse possível, por meio de alguma redistribuição global que permitisse a ambas as sociedades continuar a satisfazer os dois princípios de justiça internamente, melhorar o quinhão da pessoa representativa em pior situação na primeira sociedade. Devemos preferir a redistribuição à distribuição original?

O Direito dos Povos é indiferente às duas distribuições. A visão cosmopolita, por outro lado, não é indiferente. Ela se preocupa com o bem-estar dos indivíduos, e, portanto, com determinar se o bem-estar da pessoa globalmente em pior situação pode ser melhorado. O que é importante para o Direito dos Povos é a justiça e a estabilidade, pelas razões certas, de sociedades liberais e decentes, vivendo como membros de uma sociedade de povos bem ordenados.

Parte IV
Conclusão

§ *17. A razão pública e o Direito dos Povos*

17.1 O Direito dos Povos não é etnocêntrico. Ao desenvolver o Direito dos Povos, disse que as sociedades liberais perguntam como devem se conduzir para com outras sociedades a partir do ponto de vista das suas *próprias* concepções políticas. Devemos sempre partir de onde estamos agora, supondo que tomamos todas as precauções razoáveis para rever os fundamentos de nossa concepção política e nos precavermos contra a parcialidade e o erro. À objeção de que proceder assim é etnocêntrico ou meramente ocidental, a resposta é: não, não necessariamente. Se é ou não é depende do *conteúdo* do Direito dos Povos que as sociedades abraçam. A objetividade desse Direito depende não do tempo, lugar ou cultura de origem, mas de satisfazer ou não o critério de reciprocidade e de fazer parte da razão pública da sociedade dos povos liberais e decentes.

Examinando o Direito dos Povos, percebemos que ele satisfaz o critério da reciprocidade (§ 1.2). Ele pede de outras sociedades apenas o que elas podem oferecer razoavelmente, sem se submeterem a uma posição de inferioridade ou dominação. Aqui, é crucial que o Direito dos Povos não exija que sociedades decentes abandonem ou modifiquem suas instituições religiosas e adotem instituições liberais. Isso capacitou o Direito a ser universal no seu alcance. É assim porque pede de outras sociedades apenas o que elas podem razoavelmente endossar tão logo preparadas para se colocar em relação de igualdade com todas as outras sociedades. Não se pode dizer que estar em uma relação de igualdade com outros povos é uma ideia ocidental! Que outra relação um povo e o seu regime podem razoavelmente esperar?

17.2 Tolerância de povos decentes. Como vimos, não se pode exigir razoavelmente que todos os povos sejam liberais. Isso decorre, na verdade, do princípio de tolerância de um Direito dos Povos liberal e da sua ideia de razão pública tal como elaborada a partir de uma família de concepções liberais. Que concepção de tolerância de outras sociedades o Direito dos Povos expressa? E como ela está ligada ao liberalismo político? Se perguntássemos se as sociedades liberais são, moralmente falando, melhores que as sociedades hierárquicas decentes e outras sociedades decentes, e, portanto, se o mundo seria um lugar melhor se exigíssemos que todas as sociedades fossem liberais, aqueles que sustentam uma visão liberal poderiam achar que a resposta é sim. Mas essa resposta negligencia a grande importância de manter o respeito mútuo entre os povos e de cada povo manter o seu respeito próprio, não incorrendo no desprezo pelo outro, por um lado, nem na amargura e no ressentimento, por outro (§ 7.3). Essas relações não são uma questão da estrutura básica interna (liberal ou decente) de cada povo visto separadamente. Antes, concernem a relações de *respeito mútuo* entre os povos e constituem, portanto, uma parte essencial da estrutura básica e do clima político da Sociedade dos Povos. Por essas razões, o Direito dos Povos reconhece os povos decentes como membros dessa sociedade maior. Com confiança nos ideais do pensamento democrático liberal e constitucional, ele respeita os povos decentes, permitindo que encontrem a sua própria maneira de honrar esses ideais.

As doutrinas abrangentes desempenham apenas um papel restrito na política democrática liberal. Questões de elementos constitucionais essenciais e questões de justiça básica devem ser solucionadas por uma concepção pública de justiça e pela sua razão pública, embora todos os cidadãos também atentem para as suas doutrinas abrangentes. Dado o pluralismo das sociedades democráticas liberais – um pluralismo que é mais bem percebido como o resultado do exercício da razão humana em instituições livres –, afirmar tal concepção política como base da justificativa pública, juntamente com as instituições políticas básicas que a concretizam, é a base mais razoável e profunda de que dispomos para a unidade social.

O Direito dos Povos, tal como o esbocei aqui, simplesmente estende essas mesmas ideias à sociedade dos povos bem ordenados. Isso porque esse Direito, que soluciona questões políticas fundamentais que surgem na Sociedade dos Povos, deve também estar baseado numa concepção política pública de justiça. Delineei o conteúdo de tal concepção política e tentei explicar como podia ser endossada por sociedades bem ordenadas, tanto liberais como decentes. Exceto como base de um *modus vivendi*, as sociedades expansionistas de qualquer tipo não podem endossá-la. No seu caso, nenhuma solução pacífica existe, exceto o domínio de um lado ou a paz da exaustão[1].

---

1. Em julho de 1864, em um ponto baixo para o Norte, durante a Guerra Civil Americana, uma missão de paz oficial foi a Richmond. Alega-se que Jefferson Davis disse: "A guerra [...] deve continuar até que o último homem desta geração caia [...] a menos que vocês reconheçam o direito ao autogoverno. Não estamos lutando pela escravidão. Estamos lutando pela independência – e isso ou o extermínio é o que teremos". Ver David Donald, *Lincoln* (Nova York, Simon and Schuster, 1995), p. 523. Na sua mensagem anual ao Congresso, em 6 de dezembro de 1864, Lincoln descreveu a situação entre o Norte e o Sul da seguinte maneira: "[Davis] não tenta nos en-

Alguns podem achar esse fato difícil de aceitar. Isso porque muitas vezes se pensa que a tarefa da filosofia é descobrir uma forma de argumento convincente contra todos os demais argumentos. Não existe, porém, tal argumento. Os povos podem frequentemente ter fins últimos que exigem a oposição de um ao outro, sem consenso. Se esses fins são considerados fundamentais o suficiente, e se uma ou mais sociedades recusam-se a aceitar a ideia do politicamente razoável e a família de ideias que a acompanha, pode surgir um impasse entre elas e ocorrer a guerra, como aconteceu entre o Norte e o Sul na Guerra Civil Americana. O liberalismo político começa com os termos do politicamente razoável e constrói a sua argumentação a partir daí. Não encontramos a paz declarando que a guerra é irracional ou dispendiosa, embora na verdade possa ser, mas preparando o caminho para os povos desenvolverem uma estrutura básica que sustente um regime razoavelmente justo ou decente e torne possível um Direito dos Povos razoável.

§ 18. A reconciliação com o nosso mundo social

18.1 A Sociedade dos Povos é possível. No § 1.1 eu disse que a filosofia política é realisticamente utópica quando amplia o que normalmente pensamos ser os limites da possibilidade política prática. Nossa esperança para o futuro baseia-se na crença de que as possibilidades do nosso mundo social permitem a uma sociedade democrática constitu-

---

ganar. Não nos dá nenhuma desculpa para nos iludirmos. Ele não pode reaceitar a União voluntariamente; não podemos voluntariamente ceder. Entre ele e nós a questão é distinta, simples e inflexível. Trata-se de uma questão que só pode ser julgada pela guerra e decidida pela vitória." Roy F. Basier, org., *Collected Works of Abraham Lincoln* (New Brunswick, Rutgers University Press, 1953), vol. 8, p. 151.

cional viver como membro de uma Sociedade dos Povos razoavelmente justa. Um passo inicial para nos reconciliarmos com o nosso mundo social é perceber que tal Sociedade dos Povos é realmente possível.

Relembre quatro fatos básicos aos quais me referi com frequência. Esses fatos podem ser confirmados pela reflexão sobre a história e a experiência política. Não foram descobertos pela teoria social; tampouco acham-se em discussão, visto serem virtualmente truísmos.

(a) O fato do pluralismo razoável: Uma característica básica da democracia liberal é o fato do pluralismo razoável – o fato de que uma pluralidade de doutrinas abrangentes razoáveis em conflito, religiosas e não religiosas (ou seculares), é o resultado da cultura das suas instituições livres. Doutrinas diferentes e irreconciliáveis unir-se-ão para sustentar a ideia de liberdade igual para todas as doutrinas e a ideia de separação de Igreja e Estado. Mesmo se cada uma prefere que as outras não existam, a pluralidade de seitas é a maior garantia que cada uma tem da sua igual liberdade[2].

(b) O fato da unidade democrática na diversidade: Este é o fato de que, em uma sociedade democrática constitucional, a unidade política e social não exige que os cidadãos sejam unidos por uma doutrina abrangente, religiosa ou não religiosa. Até o fim do século XVII, ou mais tarde, essa não era uma visão comum. A divisão religiosa era vista como um desastre para a política do Estado. Foi necessária a experiência histórica para demonstrar que essa visão é falsa. Embora

---

2. Ver James Madison: "Onde há tal variedade de seitas, não pode haver uma maioria de nenhuma seita para oprimir e perseguir o resto [...] Os Estados Unidos têm uma variedade tão grande de seitas que isso é uma forte garantia contra a perseguição religiosa." Convenção de Virgínia, 12 de junho, 1788. *Papers of James Madison*, org. William. T. Hutchinson e William M. E. Rachal (Chicago, University of Chicago Press, 1962), vol. 11, p. 130.

seja necessária uma base pública de compreensão, isso é oferecido numa sociedade democrática pela razoabilidade e racionalidade das suas instituições políticas e sociais, os méritos das quais podem ser debatidos em função da razão pública.

(c) O fato da razão pública: Este é o fato de que os cidadãos numa sociedade democrática liberal percebem que não podem chegar a um acordo ou mesmo aproximar-se da compreensão mútua com base nas suas doutrinas abrangentes irreconciliáveis. Assim, quando estão discutindo questões políticas fundamentais, recorrem não a essas doutrinas, mas a uma família razoável de concepções políticas de direito e justiça, e portanto à ideia do politicamente razoável, endereçada aos cidadãos como cidadãos. Isso não significa que doutrinas de fé e doutrinas não religiosas (seculares) não possam ser introduzidas na discussão política, mas, antes, que seus introdutores também devem prover fundamentos suficientes na razão pública para um plano de ação política que doutrinas religiosas ou não religiosas possam apoiar[3].

(d) O fato da paz democrática liberal: é o fato discutido no § 5, o de que, idealmente, as sociedades democráticas constitucionais bem ordenadas não guerreiam entre si e guerreiam apenas em autodefesa ou em aliança, defendendo outros povos liberais ou decentes. É o princípio (5) do Direito dos Povos[4].

Esses quatro fatos oferecem uma explicação de por que uma Sociedade dos Povos razoavelmente justa é possível. Creio que, numa sociedade de povos liberais e decentes, o Direito dos Povos deva ser honrado, se não todo o tempo, na maioria do tempo, para que seja reconhecido como go-

---

3. Ver "A ideia de razão pública revista", § 4.
4. Montesquieu o define como "o princípio de que, em tempos de paz, as várias nações devem fazer o maior bem possível umas às outras, em tempos de guerra, o mínimo de mal possível, sem prejudicar os seus verdadeiros interesses". *O espírito das leis*, livro 1, cap. 3.

vernando as relações entre si. Para demonstrar isso, passamos pelos oito princípios sobre os quais concordaríamos (§ 4.1) e observamos que nenhum deles tem probabilidade de ser violado. Os povos democráticos liberais e os povos decentes tenderão a seguir o Direito dos Povos entre si, já que esse Direito convém aos seus interesses fundamentais e cada um deseja honrar os seus acordos com os outros e ser conhecido como digno de confiança. Os princípios com maior probabilidade de serem violados são as normas para conduta de guerra justa contra Estados fora da lei agressivos e o dever de assistência devido às sociedades oneradas. Isso porque as razões que sustentam esses princípios pedem grande presciência e, muitas vezes, têm contra si paixões poderosas. Mas é dever do estadista convencer o público da enorme importância desses princípios.

Para perceber isso, relembre a discussão sobre o papel do estadista na conduta de guerra contra um Estado inimigo e as emoções e ódios a que ele deve estar preparado para resistir (§ 14). Do mesmo modo que o dever de assistência: pode haver muitos aspectos da cultura e do povo de uma sociedade estrangeira vivendo em condições desfavoráveis que interferem com a solidariedade natural de outras sociedades ou que as levam a subestimar, ou deixar de reconhecer, em que grande extensão os direitos humanos estão sendo violados na sociedade estrangeira. Uma percepção de distância social e angústia quanto ao desconhecido tornam mais fortes esses sentimentos. Um estadista pode achar difícil convencer a opinião pública da enorme importância de capacitar outras sociedades a estabelecer pelo menos instituições políticas e sociais decentes.

18.2 Limites da reconciliação. Observei na introdução que duas ideias motivam o Direito dos Povos. A primeira é a de que os grandes males da história humana – a guerra injusta, a opressão, a perseguição religiosa, a escravidão e o resto – resultam da injustiça política, com suas crueldades e brutalidade. A segunda é a de que, assim que a injustiça política tenha sido eliminada por políticas sociais justas (ou, pelo menos, decentes) e pelo estabelecimento de instituições básicas justas (ou, pelo menos, decentes), esses grandes males acabarão por desaparecer. Chamo "utopia realista" um mundo em que esses grandes males foram eliminados, e instituições básicas justas (ou, pelo menos, decentes) foram estabelecidas por povos liberais e decentes que honram o Direito dos Povos. Essa descrição da utopia realista mostra-nos, na tradição dos escritos tardios de Kant, as condições sociais sob as quais podemos ter esperança razoável de que todos os povos liberais e decentes possam pertencer, como membros de boa reputação, a uma Sociedade dos Povos razoável.

Existem, porém, importantes limites para a reconciliação. Menciono dois. Muitas pessoas – vamos chamá-las "fundamentalistas" de várias religiões ou de doutrinas seculares que foram historicamente dominantes – poderiam não se reconciliar com um mundo social como o que descrevi. Para elas, o mundo social almejado pelo liberalismo político é um pesadelo de fragmentação social e doutrinas falsas, quando não positivamente más. Para reconciliar-se com um mundo social, devemos ser capazes de vê-lo como razoável e racional. A reconciliação exige o reconhecimento do fato do pluralismo razoável nas sociedades liberais e decentes e nas suas relações mútuas. Além disso, devemos também reconhecer esse pluralismo como compatível com doutrinas abrangentes razoáveis, tanto religiosas como seculares[5].

---

5. O catolicismo desde o Vaticano II e algumas formas de protestantismo, judaísmo e islamismo são exemplos disso. Ver "A ideia de razão pública revista", § 3.

Contudo, esta última ideia é justamente o que o fundamentalismo nega e o liberalismo político afirma.

Um segundo limite para a reconciliação com um mundo social que concretize a ideia de uma utopia realista é que ele pode ser um mundo em que muitos dos seus membros podem sofrer de considerável infortúnio e aflição, e pode ser perturbado pelo vazio espiritual. (Essa é a crença de muitos fundamentalistas.) O liberalismo político é um liberalismo da liberdade – nisso, coloca-se ao lado de Kant, Hegel e J. S. Mill[6]. Ele sustenta a liberdade igual de povos liberais e decentes e dos cidadãos iguais e livres dos povos liberais e decentes, e procura assegurar a esses cidadãos meios para todos os propósitos adequados (bens primários) para que possam fazer uso das suas liberdades. Seu bem-estar espiritual, porém, não é garantido. O liberalismo político não rejeita as questões espirituais como destituídas de importância, mas, ao contrário, por causa da sua importância, deixa que cada cidadão decida por si mesmo. Isso não quer dizer que a religião seja, de certa maneira, "privatizada"; em vez disso, ela não é "politizada" (isto é, pervertida e diminuída por fins ideológicos). A divisão de trabalho entre as instituições políticas e sociais, por um lado, e a sociedade cívica, com as suas muitas e diversas associações (religiosas e seculares), por outro, é plenamente mantida.

18.3 Reflexão final. A ideia de utopia realista reconcilia-nos com o nosso mundo social, mostrando que é possível uma democracia constitucional razoavelmente justa, existindo como membro de uma Sociedade dos Povos razoavelmente justa. Ela estabelece que tal mundo pode existir em algum lugar e em algum tempo, mas não que tem de existir ou que existirá. Ainda assim, podemos sentir que a possibi-

---

6. Ver §§ 1.2 e 7.3.

lidade de tal ordem política e social, liberal e decente, é inteiramente irrelevante enquanto essa possibilidade não for concretizada. Embora a concretização não seja, naturalmente, destituída de importância, creio que a própria possibilidade de tal ordem social pode, ela própria, reconciliar-nos com o mundo social. Ela não é uma mera possibilidade lógica mas uma possibilidade que se liga às tendências e inclinações profundas do mundo social. Enquanto acreditarmos, por boas razões, que é possível uma ordem política e social razoavelmente justa e capaz de sustentar a si mesma, no país e no exterior, poderemos ter esperança razoável de que nós ou outros, algum dia, em algum lugar, a conquistaremos; podemos, então, fazer algo por essa conquista. Apenas isso, deixando de lado o sucesso ou o fracasso, é suficiente para eliminar os perigos da resignação e da incredulidade. Ao demonstrar como o mundo social pode concretizar as características de uma utopia realista, a filosofia política provê um objetivo de esforço político de longo prazo e, ao trabalhar rumo a ele, dá significado ao que podemos fazer hoje.

Assim, nossa resposta à pergunta de ser ou não possível uma Sociedade dos Povos razoavelmente justa afeta-nos antes de chegarmos à política real, limita e inspira o modo como participamos dela. Rejeitar como impossível a ideia de uma Sociedade dos Povos justa e bem ordenada afetará a qualidade e o tom dessas posturas e determinará nossa política de maneira significativa. Em *Uma teoria da justiça* e no *Liberalismo político*, esbocei as concepções mais razoáveis de justiça para um regime democrático liberal e apresentei uma candidata ao título de a mais razoável. Nesta monografia sobre o Direito dos Povos, tentei ampliar essas ideias, expondo as diretrizes para a política exterior de uma sociedade liberal em uma Sociedade dos Povos razoavelmente justa.

Se não for possível uma Sociedade dos Povos razoavelmente justa, cujos membros subordinem o seu poder a objetivos razoáveis, e se os seres humanos forem, em boa parte, amorais, quando não incuravelmente descrentes e egoístas, poderemos perguntar, com Kant, se vale a pena os seres humanos viverem na terra[7].

---

7. "Se a justiça perece, então não vale mais a pena os homens viverem na terra." Kant, *Rechtslehre*, na Observação E seguindo § 49, Ak, VI, 332.

A ideia de razão pública revista

A ideia de razão pública, tal como a compreendo[1], faz parte de uma concepção de sociedade democrática constitucional bem ordenada. A forma e o conteúdo dessa razão – a maneira como é compreendida pelos cidadãos e como ela interpreta sua relação política – são parte da própria ideia de democracia. Isso porque uma característica básica da democracia é o pluralismo razoável – o fato de que uma pluralidade de doutrinas abrangentes razoáveis e conflitantes[2], religiosas, filosóficas e morais, é o resultado normal da sua

---

1. Ver *Political Liberalism* (Nova York, Columbia University Press, brochura, 1996), conferência VI, seç. 8.5. Referências a *Political Liberalism* são dadas por conferência e seção; os números de páginas também são fornecidos, a menos que a referência diga respeito a uma conferência, seção ou subseção inteira. Observe que a edição em brochura de 1996 de *Political Liberalism* contém uma segunda introdução que, entre outras coisas, tenta tornar mais claros certos aspectos do liberalismo político. A seção 5 dessa introdução, nas pp. l-lvii, discute a ideia de razão pública e esboça várias mudanças que agora faço ao afirmar essa ideia. Elas são seguidas e elaboradas no que é apresentado aqui e são importantes para uma compreensão completa do argumento. Observe também que a paginação da edição em brochura é igual à do original.

2. Usarei o termo "doutrina" para visões abrangentes de todos os tipos e o termo "concepção" para uma concepção política e as suas partes componentes, como a concepção da pessoa como cidadão. O termo "ideia" é usado como um termo geral e pode referir-se a qualquer um dos dois, como determinado pelo contexto.

cultura de instituições livres[3]. Os cidadãos percebem que não podem chegar a um acordo ou mesmo aproximar-se da compreensão mútua com base nas suas doutrinas abrangentes irreconciliáveis. Em vista disso, precisam considerar que tipos de razões podem oferecer razoavelmente um ao outro quando estão em jogo perguntas políticas fundamentais. Proponho que, na razão pública, as doutrinas abrangentes de verdade ou direito sejam substituídas por uma ideia do politicamente razoável dirigido aos cidadãos como cidadãos[4]. É central para a ideia de razão pública que ela não critica nem ataca nenhuma doutrina abrangente, religiosa ou não, exceto na medida em que essa doutrina seja incompatível com os elementos essenciais da razão pública e de uma sociedade política democrática. A exigência básica é que uma doutrina razoável aceite um regime democrático constitucional e a ideia de lei legítima que o acompanha. Embora as sociedades democráticas divirjam quanto às doutrinas específicas que nelas são influentes e ativas – como diferem nas democracias ocidentais da Europa, Estados Unidos, Israel e Índia –, encontrar uma ideia adequada de razão pública é um interesse que confronta a todas elas.

§ 1. A ideia de razão pública

1.1 A ideia de razão pública explicita no nível mais profundo os valores morais e políticos que devem determinar a relação de um governo democrático constitucional com os

---

3. Naturalmente, toda sociedade também contém numerosas doutrinas irrazoáveis. Contudo, neste ensaio, estou interessado em uma concepção normativa ideal de governo democrático, isto é, com a conduta dos seus cidadãos razoáveis e os princípios que seguem, supondo que são dominantes e estão no controle. Até que ponto as doutrinas irrazoáveis são ativas e toleradas deve ser determinado pelos princípios da justiça e os tipos de ação que elas permitem. Ver § 7.2.

4. Ver § 6.2.

seus cidadãos e a relação destes entre si. Aqueles que rejeitam a democracia constitucional com o seu critério de reciprocidade[5] rejeitarão, naturalmente, a própria ideia de razão pública. Para eles, a relação política pode ser de amizade ou inimizade para com os de uma comunidade religiosa ou secular particular ou pode ser uma luta implacável para conquistar o mundo para a verdade inteira. O liberalismo político não conquista os que pensam dessa maneira. O zelo de incorporar a verdade inteira na política é incompatível com uma ideia de razão pública que faça parte da cidadania democrática.

A ideia de razão pública tem uma estrutura definida, e, se um ou mais dos seus aspectos é ignorado, ela pode parecer implausível, como parece quando aplicada à cultura de fundo[6]. Ela tem cinco aspectos diferentes: (1) as questões políticas fundamentais às quais se aplica; (2) as pessoas a quem se aplica (funcionários do governo e candidatos a cargo público); (3) seu conteúdo como dado por uma família de concepções políticas razoáveis de justiça; (4) a aplicação dessas concepções em discussões de normas coercitivas a serem decretadas na forma de lei legítima para um povo democrático; (5) a verificação pelos cidadãos de que os princípios derivados das suas concepções de justiça satisfaçam o critério de reciprocidade.

Além disso, tal razão é pública de três maneiras: como razão de cidadãos livres e iguais, é a razão do público; seu tema é o bem público no que diz respeito a questões de justiça política fundamental, cujas questões são de dois tipos, elementos constitucionais essenciais e questões de justiça básica[7]; e a sua natureza e conteúdo são públicos, sendo ex-

---

5. Ver § 1.2.
6. Ver o texto que acompanha as notas 12-5.
7. Essas questões são descritas em *Political Liberalism*, conferência VI, seç. 5, pp. 227-30. Os elementos constitucionais essenciais concernem a questões

pressos no raciocínio público por uma família de concepções razoáveis de justiça política que se pense que possa satisfazer o critério de reciprocidade.

É imperativo perceber que a ideia de razão pública não se aplica a todas as discussões políticas de questões fundamentais, mas apenas às discussões das questões naquilo a que me refiro como fórum político público[8]. Esse fórum pode ser dividido em três partes: o discurso dos juízes nas suas discussões, e especialmente dos juízes de um tribunal supremo; o discurso dos funcionários de governo, especialmente executivos e legisladores principais, e finalmente o discurso de candidatos a cargo público e de seus chefes de campanha, especialmente no discurso público, nas plataformas de campanha e declarações políticas[9]. Precisamos dessa divisão tripartite porque, como observo mais tarde, a ideia de razão pública não se aplica da mesma maneira a esses três casos e em outras partes[10]. Ao discutirmos o que chamo a concepção ampla da

---

a respeito de quais direitos e liberdades políticas, digamos, podem ser incluídos razoavelmente em uma constituição escrita, quando se supõe que a constituição pode ser interpretada por um tribunal supremo ou algum corpo similar. Questões de justiça básica relacionam-se com a estrutura básica da sociedade e, portanto, diriam respeito a questões de economia básica, justiça social e outras coisas não abrangidas por uma constituição.

8. Não há nenhum significado estabelecido desse termo. O que uso não é, penso, peculiar.

9. Aqui, enfrentamos a questão de onde traçar o limite entre os candidatos, os que administram suas campanhas e outros cidadãos politicamente engajados em geral. Esclarecemos essa questão tornando os candidatos e os que administram suas campanhas responsáveis pelo que é dito e feito em nome dos candidatos.

10. Muitas vezes, autores que discutem esse tópico usam termos que não distinguem as partes da discussão pública, por exemplo termos como "a praça pública", "o fórum público" e semelhantes. Acompanho Kent Greenawalt quando pensa que é necessária uma divisão mais refinada. Ver Kent Greenawalt, *Religious Convictions and Political Choice* (Oxford, Oxford University Press, 1988), pp. 226-7 (descrevendo, por exemplo, as diferenças entre um líder religioso pregar ou promover uma organização pró-vida e liderar um movimento político importante ou concorrer a cargo político).

cultura política pública[11], veremos que a ideia de razão pública aplica-se mais estritamente aos juízes que a outros, mas que as exigências da justificativa pública para essa razão são sempre as mesmas.

Distinta e separada desse fórum político público tripartite está o que chamo cultura de fundo[12]. É a cultura da sociedade civil. Em uma democracia, essa cultura não é, naturalmente, guiada por nenhuma ideia ou princípio central, político ou religioso. Os seus muitos e diversos agentes e associações, com a sua vida interna, residem em uma estrutura de Direito que assegura as conhecidas liberdades de pensamento e discurso e o direito de livre associação[13]. A ideia de razão pública não se aplica à cultura de fundo, com as suas muitas formas de razão não pública, nem aos meios de comunicação de qualquer tipo[14]. Às vezes, os que parecem rejeitar a ideia de razão pública querem, na verdade, afirmar a necessidade de discussão plena e aberta na cultura de fundo[15]. Com isso o liberalismo político concorda plenamente.

---

11. Ver § 4.
12. Ver *Political Liberalism*, conferência I, seç. 2.3, p. 14.
13. A cultura de fundo inclui, então, a cultura de igrejas e associações de todos os tipos e de instituições de aprendizado em todos os níveis, especialmente universidades, escolas profissionais, sociedades científicas e outras. Além disso, a cultura política não pública faz a mediação entre a cultura política pública e a cultura de fundo. Esta abrange os adequadamente denominados meios de comunicação de todos os tipos: jornais e revistas, televisão e rádio, e muito mais. Compare essas divisões com a descrição de Habermas da esfera pública. Ver *Political Liberalism*, conferência IX, seç. 1.3, p. 382 n. 13.
14. Ver *ibid.*, conferência VI, seç. 3, pp. 220-2.
15. Ver David Hollenbach, S.J., "Civil Society: Beyond the Public-Private Dichotomy", *The Responsive Community*, 5 (inverno 1994-1995), 15. Por exemplo, ele diz: "A conversa e a discussão a respeito do bem comum não ocorrerão inicialmente na legislatura ou na esfera política (estritamente concebida como o domínio em que os interesses e o poder são adjudicados). Em vez disso, irão desenvolver-se livremente nos componentes da sociedade civil que são os sustentáculos primários do significado e do valor cultural – universidades, comunidades religiosas, o mundo das artes e o jornalismo sério. Pode ocorrer sempre que homens e mulheres conscienciosos coloquem as suas crenças a respeito do significado

Finalmente, distinto da ideia de razão pública, tal como exposta pelas cinco características acima, está o *ideal* de razão pública. Esse ideal é concretizado, ou satisfeito, sempre que os juízes, legisladores, executivos principais e outros funcionários do governo, assim como candidatos a cargo público, atuam a partir da ideia de razão pública, a seguem e explicam a outros cidadãos suas razões para sustentar posições políticas fundamentais em função da concepção política de justiça que considerem a mais razoável. Dessa maneira, satisfazem o que chamarei o seu dever de civilidade mútua e para com outros cidadãos. Portanto, se os juízes, legisladores e principais executivos atuam pela razão pública e a seguem, isso se mostra continuamente no seu discurso e na sua conduta em uma base cotidiana.

Como, porém, o ideal de razão pública é concretizado pelos cidadãos que não são funcionários do governo? Em um governo representativo, os cidadãos votam em representantes – executivos principais, legisladores e assemelhados –, não em leis particulares (exceto no âmbito estadual ou local, quando podem votar diretamente em questões de referendo, que raramente são questões fundamentais. Para responder a essa pergunta, dizemos que, idealmente, os cidadãos devem pensar em si mesmos *como se* fossem legisladores, e perguntar a si mesmos quais estatutos, sustentados por quais razões que satisfaçam o critério de reciprocidade, pensariam ser mais razoável decretar[16]. Quando firme e difundida, a

---

da boa vida em confronto inteligente e crítico com concepções desse bem sustentadas por outros povos, com outras tradições. Em resumo, ocorre sempre que a educação e a investigação séria a respeito do significado da boa vida têm lugar" (*ibid.*, p. 22).

16. Existe certa semelhança entre esse critério e o princípio do contrato original de Kant. Ver Immanuel Kant, *The Metaphysics of Morals: Metaphysical First Principles of the Doctrine of Right*, seç. 47-9 (Ak, 6, 315-8), org. e trad. ingl. Mary Gregor (Cambridge, Cambridge University Press, 1996), pp. 92-5; Immanuel Kant, *On the Common Saying: "This May be True in Theory, but it does not*

disposição dos cidadãos para se verem como legisladores ideais e repudiar os funcionários e candidatos a cargo público que violem a razão pública é uma das raízes políticas e sociais da democracia, e é vital para que permaneça forte e vigorosa[17]. Assim, os cidadãos cumprem o seu dever de civilidade e sustentam a ideia de razão pública fazendo o que podem para que os funcionários do governo mantenham-se fiéis a ela. Esse dever, como outros direitos e deveres políticos, é um dever intrinsecamente moral. Enfatizo que não é um dever jurídico, pois nesse caso seria incompatível com a liberdade do discurso.

1.2 Volto-me agora para uma discussão do que denominei terceiro, quarto e quinto aspectos da razão pública. A ideia de razão pública origina-se de uma concepção de cidadania democrática numa democracia constitucional. Essa relação política fundamental da cidadania tem duas características especiais: primeiro, é uma relação de cidadãos com a estrutura básica da sociedade, uma estrutura em que entramos apenas pelo nascimento e da qual saímos apenas pela morte[18]; segundo, é uma relação de cidadãos livres e iguais, que exercem o poder político último como corpo coletivo. Essas duas características originam imediatamente a questão de como, quando os elementos constitucionais essenciais e questões de justiça básica estão em jogo, os cidadãos assim relacionados podem ser obrigados a honrar a estrutura do seu regime democrático constitucional e aquiescer aos estatutos e leis decretados sob ele. O fato do pluralismo ra-

---

Apply in Practice", Parte II (Ak, VIII, 289-306), em *Kant: Political Writings*, org. Hans Reiss, trad. ingl. H. B. Nisbet (Cambridge, Cambridge University Press, 2ª ed., 1991), pp. 73-87.
  17. Ver também § 4.2.
  18. Ver *Political Liberalism*, conferência I, seç. 2.1, p. 12. Sobre interesses a respeito de sair apenas pela morte, ver *ibid.*, conferência IV, seç. 1.2, p. 136, n. 4.

zoável suscita essa questão ainda mais agudamente, pois significa que as diferenças entre os cidadãos, decorrentes das suas doutrinas abrangentes, religiosas e não religiosas, podem ser irreconciliáveis. Por quais ideais e princípios, então, os cidadãos que compartilham igualmente o poder político último devem exercer esse poder para que cada um possa justificar razoavelmente as suas decisões políticas para todos?

Para responder a essa pergunta, dizemos: os cidadãos são razoáveis quando, vendo um ao outro como livres e iguais em um sistema de cooperação social ao longo de gerações, estão preparados para oferecer um ao outro termos justos de cooperação segundo o que consideram ser a concepção mais razoável de justiça política, e quando concordam em agir com base nesses termos, mesmo ao custo dos seus interesses em situações particulares, contanto que os outros cidadãos aceitem esses termos. O critério de reciprocidade exige que, quando esses termos são propostos como os termos de cooperação justa mais razoáveis, quem os propõe pense também que é ao menos razoável que os outros os aceitem como cidadãos livres e iguais, não dominados, nem manipulados ou sob a pressão de uma posição política ou social inferior[19]. Os cidadãos, naturalmente, divergirão quanto a quais concepções de justiça política consideram mais razoáveis, mas concordarão que todas são razoáveis, ainda que minimamente.

Assim, quando numa questão constitucional essencial, ou numa questão de justiça básica, todos os funcionários governamentais adequados atuam a partir da razão pública e

---

19. A ideia de reciprocidade tem um papel importante em Amy Gutmann e Dennis Thompson, *Democracy and Disagreement* (Cambridge, Mass., Harvard University Press, 1996), caps. 1-2 e *passim*. Contudo, o significado e o cenário de nossas concepções não são os mesmos. A razão pública no liberalismo é puramente política, embora os valores políticos sejam intrinsecamente morais, ao passo que a descrição de Gutmann e Thompson é mais geral e parece trabalhar a partir de uma doutrina abrangente.

a seguem, e quando todos os cidadãos razoáveis pensam em si mesmos idealmente, como se fossem legisladores seguindo a razão pública, a disposição jurídica que expressa a opinião da maioria é lei legítima. Pode não parecer a cada um como a mais razoável ou a mais adequada, mas é politicamente (moralmente) obrigatória para cada cidadão e deve ser aceita como tal. Cada um pensa que todos falaram e votaram pelo menos razoavelmente e, portanto, que todos seguiram a razão pública e honraram o seu dever de civilidade.

Portanto, a ideia de legitimidade política baseada no critério de reciprocidade diz: nosso exercício do poder político é adequado apenas quando acreditamos sinceramente que as razões que ofereceríamos para as nossas ações políticas – se devêssemos formulá-las como funcionários do governo – são suficientes, e pensamos razoavelmente que outros cidadãos também poderiam aceitar razoavelmente essas razões. Esse critério se aplica em dois níveis: um é na própria estrutura constitucional, o outro é o dos estatutos e leis particulares decretados em conformidade com essa estrutura. Para serem razoáveis, as concepções políticas devem justificar apenas constituições que satisfaçam esse princípio.

Para tornar mais explícito o papel do critério de reciprocidade como expresso na razão pública, note que o seu papel é especificar a natureza da relação política num regime democrático constitucional como uma relação de amizade cívica. Pois esse critério, quando funcionários do governo atuam a partir dele, e outros cidadãos o apoiam, dá forma às suas instituições fundamentais. Por exemplo – cito um caso fácil –, se sustentamos que a liberdade religiosa de alguns cidadãos deve ser negada, devemos dar-lhes razões que eles possam não apenas compreender – como Serveto pôde compreender por que Calvino queria queimá-lo na fogueira –, mas razões que possamos esperar razoavelmente que eles, como cidadãos livres e iguais, possam também aceitar razoavelmente. O critério de reciprocidade normalmente é violado sempre que as liberdades básicas são negadas. Pois quais razões podem satisfazer o critério de reciprocidade e, ao mesmo tempo, justificar que seja negada a algumas pessoas a liberdade religiosa, que outras sejam tratadas como escravas, que uma qualificação por propriedade seja imposta ao direito de voto, ou que o direito de sufrágio seja negado às mulheres?

Como a ideia de razão pública especifica no nível mais profundo os valores políticos básicos, e especifica como a relação política deve ser compreendida, os que acreditam que as questões políticas fundamentais devem ser decididas pelo que consideram como as melhores razões segundo a sua própria ideia de verdade inteira – incluindo sua doutrina abrangente religiosa ou secular –, não por razões que possam ser compartilhadas por todos os cidadãos como livres e iguais, rejeitarão a ideia de razão pública. O liberalismo político vê essa insistência na verdade inteira na política como incompatível com a cidadania democrática e a ideia de lei legítima.

1.3 A democracia tem uma longa história, desde o seu início na Grécia clássica até o presente, e há muitas ideias diferentes de democracia[20]. Aqui, estou interessado apenas em uma democracia constitucional bem ordenada – um termo que usei no início – compreendida também como uma democracia deliberativa. A ideia definitiva a favor da demo-

---

20. Para um levantamento histórico útil, ver David Held, *Models of Democracy*, 2ª ed. (Stanford, Stanford University Press, 1997). Os numerosos modelos de Held abrangem o período da pólis antiga até o presente, e ele conclui perguntando o que democracia deveria significar hoje. Entretanto, ele considera as várias formas de republicanismo clássico e liberalismo clássico, assim como a concepção de Schumpeter de democracia de elite competitiva. Algumas das figuras discutidas são Platão e Aristóteles; Marsílio de Pádua e Maquiavel; Hobbes e Madison; Bentham, James Mill e John Stuart Mill; e Marx, com o socialismo e o comunismo. Estes são confrontados com modelos esquematizados das instituições características e dos seus papéis.

cracia deliberativa é a ideia da própria deliberação. Quando deliberam, os cidadãos trocam pontos de vista e debatem as razões que os sustentam no que diz respeito a questões políticas públicas. Eles supõem que suas opiniões políticas podem ser revistas por meio da discussão com outros cidadãos, e não são, portanto, simplesmente o resultado fixo dos seus interesses privados ou não políticos. Nesse ponto a razão pública é crucial, pois caracteriza o raciocínio dos cidadãos quanto a elementos constitucionais essenciais e questões de justiça básica. Embora eu não possa aqui discutir plenamente a natureza da democracia deliberativa, assinalo alguns pontos-chave para indicar o lugar e o papel mais amplos da razão pública.

Há três elementos essenciais na democracia deliberativa. Um é uma ideia de razão pública[21], embora nem todas as ideias de tal tipo sejam as mesmas. Um segundo elemento é uma estrutura de instituições democráticas constitucionais que especifique o cenário dos corpos legislativos deliberativos. O terceiro é o conhecimento e o desejo dos cidadãos em geral de seguir a razão pública e concretizar o seu ideal na conduta política. As implicações imediatas desses elementos essenciais são o financiamento público de eleições e o provimento de ocasiões públicas para a discussão ordenada e séria de questões fundamentais e de questões de política pública. A deliberação pública deve ser possível, reconhecida como característica básica da democracia, e livre da maldição do

---

21. A democracia deliberativa limita as razões que os cidadãos podem oferecer para apoiar as suas opiniões políticas a razões compatíveis com verem os outros cidadãos como iguais. Ver Joshua Cohen, "Deliberation and Democratic Legitimacy", em Alan Hamlin e Philip Petit, orgs., *The Good Polity: Normative Analysis of the State* (Oxford, Basil Blackwell, 1989), pp. 17, 21, 24; Joshua Cohen, Comentário, "Review Symposium on *Democracy and its Critics*", *Journal of Politics*, 53 (1991), 223-4; Joshua Cohen, "Democracy and Liberty", em Jon Elster, org., *Deliberative Democracy* (Nova York, Cambridge University Press, 1998).

dinheiro[22]. Do contrário, a política é dominada por interesses corporativos e outros interesses organizados, que através de grandes contribuições para as campanhas eleitorais distorcem, quando não excluem, a discussão e a deliberação públicas. A democracia deliberativa também reconhece que, sem instrução ampla sobre os aspectos básicos do governo democrático para todos os cidadãos, e sem um público informado a respeito de problemas prementes, decisões políticas e sociais cruciais simplesmente não podem ser tomadas. Mesmo que líderes políticos previdentes desejassem fazer mudanças e reformas sensatas, não poderiam convencer um público mal informado e descrente a aceitá-las e segui-las. Por exemplo, há propostas sensatas quanto ao que deveria ser feito a respeito da crise que se alega estar chegando na Previdência Social; diminuir o crescimento dos níveis de benefício, elevar gradualmente a idade de aposentadoria, impor limites a cuidados médicos dispendiosos para prolongar a vida por apenas algumas semanas ou dias, e aumentar as contribuições agora, em vez de enfrentar aumentos mais tarde[23]. Mas, do jeito como as coisas estão, os que seguem o "grande jogo da política" sabem que nenhuma dessas propostas sensatas será aceita. A mesma história pode ser contada sobre a im-

---

22. Ver Ronald Dworkin, "The Curse of American Politics", *New York Review of Books*, 17 de outubro, 1996, p. 19 (descrevendo por que "o dinheiro é a maior ameaça ao processo democrático"). Dworkin também argumenta vigorosamente contra o grave erro do Supremo Tribunal em *Buckley contra Valeo*, em *United States Supreme Court Reports*, 424 (1976), 1. Dworkin, *New York Review of Books*, pp. 21-4. Ver também *Political Liberalism*, conferência VIII, seç. 12, pp. 359-63. (*Buckley* é "desalentador" e suscita o risco de "repetir o erro da era Lochner".)

23. Ver Paul Krugman, "Demographics and Destiny", *New York Times Book Review*, 20 de outubro, 1996, p. 12, revendo e descrevendo propostas em Peter G. Peterson, *Will America Grow Up Before It Grows Old? How the Coming Social Security Crisis Threatens You, Your Family, and Your Country* (Nova York, Random House, 1996), e Charles R. Morris, *The AARP. America's Most Powerful Lobby and the Clash of Generations* (Nova York, Times Books, 1996).

portância de apoiar instituições internacionais (como as Nações Unidas), ajuda internacional adequadamente aplicada e interesse pelos direitos humanos interna e externamente. Na busca constante de dinheiro para financiar campanhas, o sistema político é simplesmente incapaz de funcionar. Seus poderes deliberativos estão paralisados.

§ 2. Conteúdo da razão pública

2.1 Um cidadão participa da razão pública, então, quando delibera no contexto do que considera sinceramente como a concepção política de justiça mais razoável, uma concepção que expresse valores políticos dos quais também possamos pensar razoavelmente que outros cidadãos, como livres e iguais, poderiam endossar. Cada um de nós deve ter princípios e diretrizes aos quais recorremos de tal modo que esse critério seja satisfeito. Propus que uma maneira de identificar esses princípios e diretrizes políticos é mostrar que seriam pactuados naquilo que, no *Liberalismo político*, é chamado posição original[24]. Outros acharão que maneiras diferentes de identificar esses princípios são mais razoáveis.

Assim, o conteúdo da razão pública é dado por uma família de concepções políticas de justiça, não por uma única. Há muitos liberalismos e visões relacionadas e, portanto, muitas formas de razão pública manifestadas numa família de concepções políticas razoáveis. Destas, a justiça como equidade, quaisquer que sejam os seus méritos, é apenas uma. A característica delimitadora dessas formas é o critério de reciprocidade, aplicado entre cidadãos livres e iguais, eles próprios vistos como razoáveis e racionais. Três características principais modelam essas concepções:

---

24. *Political Liberalism*, conferência I, seç. 4, pp. 22-8.

- Primeiro, uma lista de certos direitos, liberdades e oportunidades básicas (tais como as conhecidas de regimes constitucionais);
- Segundo, uma atribuição de prioridade especial a esses direitos, liberdades e oportunidades, especialmente no que diz respeito às reivindicações do bem geral e dos valores perfeccionistas; e
- Terceiro, medidas assegurando a todos os cidadãos os meios adequados a quaisquer propósitos para que façam uso eficaz das suas liberdades[25].

Cada um desses liberalismos endossa as ideias subjacentes dos cidadãos como pessoas livres e iguais, e da sociedade como um sistema justo de cooperação ao longo do tempo. Contudo, como essas ideias podem ser interpretadas de várias maneiras, há formulações diferentes dos princípios de justiça e conteúdos diferentes da razão pública. As concepções políticas também diferem no modo como ordenam ou equilibram princípios e valores políticos, mesmo quando os explicitam. Presumo também que esses liberalismos contêm princípios substantivos de justiça e, portanto, abrangem mais do que justiça processual. Exige-se que especifiquem as liberdades religiosas e as liberdades de expressão artística de cidadãos iguais, assim como ideias substantivas de equidade, envolvendo oportunidade equitativa e assegurando meios para todos os propósitos adequados e muito mais[26].

---

25. Sigo aqui a definição de *Political Liberalism*, conferência I, seç. 1.2, p. 6, e conferência IV, seç. 5.3, pp. 156-7.

26. Alguns podem achar que o fato do pluralismo razoável significa que as únicas formas de adjudicação justa entre doutrinas abrangentes devem ser apenas processuais e não substantivas. Essa visão é vigorosamente discutida por Stuart Hampshire em *Innocence and Experience* (Cambridge, Mass., Harvard University Press, 1989). No texto acima, porém, suponho que as várias formas de liberalismo são, cada uma delas, concepções substantivas. Para um tratamento completo dessas questões, ver a discussão em Joshua Cohen, "Pluralism and Proceduralism", *Chicago-Kent Law Review*, 69, nº 3 (1994), pp. 589-618.

O liberalismo político, então, não tenta fixar a razão pública de uma vez por todas na forma de uma concepção política favorita de justiça[27]. Essa não seria uma abordagem sensata. Por exemplo, ele também admite a concepção discursiva de legitimidade de Habermas (que, dizem, às vezes, é mais radicalmente democrática do que liberal)[28], assim como as visões católicas do bem comum e da solidariedade quando são expressas em termos de valores políticos[29]. Mesmo se relativamente poucas concepções vêm a ser dominantes ao longo

---

27. Realmente penso que a justiça como equidade tem um lugar especial na família das concepções políticas, como sugiro em *Political Liberalism*, conferência IV, seç. 7.4. Mas essa opinião minha não é básica para as ideias de liberalismo político e razão pública.

28. Ver Jürgen Habermas, *Between Fact and Norms: Contributions to a Discourse Theory of Law and Democracy*, trad. ingl. William Rehg (Cambridge, Mass., MIT Press, 1996), pp. 107-9. Seyla Benhabib, na sua discussão dos modelos de espaço público em *Situating the Self: Gender, Community, and Postmodernism in Contemporary Ethics* (Londres, Routledge, 1992), diz que "o modelo de discurso é o único que é compatível com as tendências sociais gerais das nossas sociedades e com as aspirações emancipadoras de novos movimentos, tal como o movimento feminista" (p. 113). Ela considerou anteriormente a concepção agonística de Arendt, como Benhabib a chama, e a do liberalismo político. Mas acho difícil distinguir sua visão da visão de uma forma de liberalismo político e razão pública, já que se revela que ela quer dizer com esfera pública o mesmo que Habermas, ou seja, o que *Political Liberalism* chama cultura de fundo da sociedade civil, à qual o ideal da razão pública não se aplica. Portanto, o liberalismo político não é delimitador da maneira que ela pensa. Benhabib tampouco tenta demonstrar, tanto quanto consigo perceber, que certos princípios de direito e justiça pertencentes ao conteúdo da razão pública não poderiam ser interpretados para lidar com os problemas suscitados pelo movimento feminista. Duvido que isso possa ser feito. O mesmo é válido para as observações iniciais de Benhabib em Seyla Benhabib, "Liberal Dialogue versus a Critical Theory of Discursive Legitimation", em *Liberalism and the Moral Life*, org. Nancy Rosemblum (Cambridge, Mass., Harvard University Press, 1989), pp. 143, 154-6, no qual os problemas do movimento feminista foram discutidos de maneira similar.

29. Derivando de Aristóteles e São Tomás, a ideia do bem comum é essencial a muito da moral e do pensamento político católicos. Ver, por exemplo, John Finnis, *Natural Law and Natural Rights* (Oxford, Clarendon Press, 1980), pp. 153-6, 160; Jacques Maritain, *Men and the State* (Chicago, Chicago University Press, 1951), pp. 108-14. Finnis é especialmente claro, ao passo que Aquino é ocasionalmente ambíguo.

do tempo e uma concepção até pareça ter um lugar central especial, as formas de razão pública permissíveis sempre são muitas. Além disso, novas variações podem ser propostas de tempos em tempos, e as antigas podem deixar de ser representadas. É importante que seja assim; do contrário, as reivindicações de grupos ou interesses resultantes de mudança social poderiam ser reprimidos e deixar de ganhar voz política adequada[30].

2.2 Devemos distinguir a razão pública daquilo a que às vezes nos referimos como razão secular e valores seculares. Estes não são o mesmo que a razão pública. Defino razão secular como o raciocínio em função de doutrinas não religiosas abrangentes. Tais doutrinas e valores são amplos demais para servir os propósitos da razão pública. Os valores políticos não são doutrinas morais[31], por mais disponíveis e acessíveis que possam ser à nossa razão e à nossa reflexão de senso comum. As doutrinas morais estão no mesmo nível que a religião e a primeira filosofia. Por contraste, os princípios e valores liberais, embora intrinsecamente valores morais, são especificados por concepções políticas liberais de justiça e se incluem na categoria do político. Essas concepções políticas têm três características:

- Primeiro, os seus princípios aplicam-se às instituições políticas e sociais básicas (a estrutura básica da sociedade);
- Segundo, elas podem ser apresentadas independentemente das doutrinas abrangentes de qualquer tipo (embora pos-

---

30. Assim, a crítica de Jeremy Waldron ao liberalismo político, de não permitir concepções novas e mutantes de justiça política, é incorreta. Ver Jeremy Waldron, "Religious Contributions in Public Deliberation", *San Diego Law Review*, 30 (1993), pp. 837-8. Ver a resposta às críticas de Waldron em Lawrence B. Solum, "Novel Public Reasons", *Loyola LA Law Review*, 29 (1996), 1460. ("A aceitação geral de uma ideia liberal de razão pública permitiria a evolução robusta do discurso político.")
31. Ver na nota 2 minha definição de "doutrina".

sam ser, naturalmente, sustentadas por um consenso de sobreposição razoável de tais doutrinas); e
- Finalmente, podem ser elaboradas a partir de ideias fundamentais, vistas como implícitas na cultura política pública de um regime constitucional, tais como as concepções dos cidadãos como pessoas iguais e livres, e da sociedade como um sistema justo de cooperação.

Assim, o conteúdo da razão pública é dado pelos princípios e valores da família das concepções políticas liberais de justiça que satisfaçam essas condições. Participar da razão pública é recorrer a uma dessas concepções políticas – aos seus ideais e princípios, padrões e valores – ao debater questões políticas fundamentais. Essa exigência ainda nos permite introduzir na discussão política, em qualquer tempo, a nossa doutrina abrangente, religiosa ou não religiosa, contanto que, no devido tempo, ofereçamos razões adequadamente públicas para apoiar os princípios e políticas que a nossa doutrina abrangente alegadamente sustenta. Refiro-me a essa exigência como *proviso* e considero-a detalhadamente abaixo[32].

Uma característica do raciocínio público, então, é que ele procede inteiramente em uma concepção política de justiça. Exemplos de valores políticos incluem aqueles mencionados no preâmbulo da Constituição dos Estados Unidos: uma união mais perfeita, justiça, tranquilidade interna, defesa comum, bem-estar geral e as bênçãos da liberdade para nós mesmos e para a nossa posteridade. Estes incluem sob si outros valores: por exemplo, sob a justiça temos também as liberdades básicas, a igualdade de oportunidade, os ideais referentes à tributação e distribuição de renda, e muito mais.

---

32. Ver § 4.

Os valores políticos da razão pública são distintos de outros valores no fato de que são concretizados em instituições políticas e as caracterizam. Isso não quer dizer que valores análogos não possam caracterizar outras formas sociais. Os valores da eficácia e da eficiência podem caracterizar a organização social de equipes e clubes, assim como as instituições políticas da estrutura básica da sociedade. Mas um valor é adequadamente político apenas quando a forma social é, ela própria, política: quando é concretizada, digamos, em partes da estrutura básica e das suas instituições políticas e sociais. Segue-se que muitas concepções políticas são não liberais, inclusive as da aristocracia e da oligarquia corporativa, da autocracia e da ditadura. Todas elas enquadram-se na categoria do político[33]. Nós, porém, estamos interessados apenas nas concepções políticas razoáveis para um regime democrático constitucional e, como deixam claro os parágrafos precedentes, esses são os ideais e princípios expressos pelas concepções políticas liberais razoáveis.

2.3 Outra característica essencial da razão pública é que as suas concepções políticas devem ser completas. Isso significa que cada concepção deve expressar princípios, padrões e ideais, juntamente com diretrizes de investigação, de tal modo que os valores por ela explicitados possam ser adequadamente ordenados ou unidos de modo que esses valores sozinhos ofereçam uma resposta razoável a todas, ou quase todas, as perguntas que envolvam elementos constitucionais essenciais e questões de justiça básica. No caso, o ordenamento dos valores é feito à luz da sua estrutura e características dentro da própria concepção política, e não primariamente a partir de como ocorre nas doutrinas abrangentes. Não se deve ordenar os valores políticos vendo-os separadamente e dis-

---

33. Aqui, ver *Political Liberalism*, conferência IX, seç. 1.1, pp. 374-5.

tanciados um do outro ou de qualquer contexto definido. Eles não são marionetes manipuladas por trás das cenas por doutrinas abrangentes[34]. O ordenado não é distorcido por essas doutrinas, contanto que a razão pública veja o ordenamento como razoável. E a razão pública realmente pode ver um ordenamento de valores políticos como razoável (ou irrazoável), já que as estruturas institucionais estão visíveis e expostos os erros e lacunas dentro do ordenamento político. Assim, podemos ter certeza de que o ordenamento dos valores políticos não é distorcido por doutrinas abrangentes. (Enfatizo que o único critério de distorção é que o ordenamento dos valores políticos seja ele mesmo irrazoável.)

O significado da completude está em que, a menos que seja completa, uma concepção política não é uma estrutura adequada de pensamento à luz da qual possa ser levada a cabo a discussão das questões políticas fundamentais[35]. O que

---

34. Devo este pensamento a Peter de Marneffe.

35. Note que diferentes concepções políticas de justiça representarão interpretações diferentes dos elementos constitucionais essenciais e questões de justiça básica. Também há interpretações diferentes da mesma concepção, dado que seus conceitos e valores podem ser considerados de diferentes maneiras. Não existe, então, uma linha nítida entre onde termina uma concepção política e começa a sua interpretação, nem precisa existir. De qualquer modo, uma concepção limita grandemente as suas possíveis interpretações; do contrário, a discussão e a argumentação não poderiam prosseguir. Por exemplo, uma constituição que declara a liberdade de religião, incluindo a liberdade de não afirmar nenhuma religião, juntamente com a separação de Igreja e Estado, pode parecer deixar em aberto a questão de determinar se as escolas da Igreja podem receber fundos públicos e, se podem, de que maneira. A diferença, no caso, poderia ser vista como a questão de como interpretar a mesma concepção política, uma interpretação permitindo fundos públicos, a outra não; ou, alternativamente, como a diferença entre duas concepções políticas. Na ausência de particularidades, não importa como a chamamos. O importante é que, como o conteúdo da razão pública é uma família de concepções políticas, esse conteúdo admite as interpretações de que podemos precisar. Não é como se estivéssemos aferrados a uma concepção fixa, muito menos a uma interpretação dela. Isso é comentário a respeito de Kent Greenawalt, *Private Consciences and Public Reasons* (Oxford, Oxford University Press, 1995), pp. 113-20, no qual se diz que *Liberalismo político* tem dificuldade para lidar com o problema de determinar a interpretação de concepções políticas.

não podemos fazer na razão pública é partir diretamente da nossa doutrina abrangente, ou de parte dela, para um ou vários princípios e valores e para as instituições concretas que sustentam. Em vez disso, exige-se que primeiramente trabalhemos pelas ideias básicas de uma concepção política completa e, a partir dela, elaboremos seus princípios e ideais e usemos os argumentos que oferecem. Do contrário, a razão pública admitiria argumentos que são muito imediatos e fragmentários.

2.4 Examino agora vários exemplos de princípios e valores políticos para ilustrar o conteúdo mais específico da razão pública e, particularmente, as várias maneiras em que o critério de reciprocidade é tanto aplicável quanto sujeito a violação.

(a) Como primeiro exemplo, considere o valor da autonomia. Ela pode assumir duas formas: uma é a autonomia política, a independência jurídica, a garantia de integridade dos cidadãos e a partilha igual do exercício do poder político com os outros; a outra é puramente moral e caracteriza certo modo de vida e reflexão, examinando criticamente os nossos fins e ideais mais profundos, como no ideal de individualidade de Mill[36]. Seja o que for que possamos pensar da autonomia como valor puramente moral, dado o pluralismo razoável ela deixa de satisfazer a restrição da reciprocidade, já que muitos cidadãos – por exemplo, os que sustentam certas doutrinas religiosas – podem rejeitá-la. Assim, a autonomia moral não é um valor político, ao passo que a autonomia política é.

(b) Como segundo exemplo, considere a conhecida história do bom samaritano. Os valores invocados são valores

---

36. John Stuart Mill, *On Liberty* (1859), cap. 3, §§ 1-9, em *Collected Works of John Stuart Mill*, org. John M. Robson (Toronto, University of Toronto Press, 1977), vol. 18, pp. 260-75.

adequadamente políticos e não simplesmente valores religiosos ou filosóficos? Embora a visão ampla da cultura política pública permita, quando fazemos uma proposta, introduzir a história do Evangelho, a razão pública exige que justifiquemos a nossa proposta em função de valores políticos adequados[37].

(c) Como terceiro exemplo, considere a invocação do merecimento quando se discute a distribuição justa dos proventos: as pessoas costumam dizer que, idealmente, a distribuição deve estar em conformidade com o merecimento. Que sentido de merecimento elas têm em mente? Elas querem dizer que as pessoas em vários cargos devem ter as qualificações requisitadas – os juízes devem estar qualificados a julgar – e devem ter uma oportunidade justa de se qualificarem para posições favorecidas? Esse é realmente um valor político. Mas a distribuição em conformidade com o merecimento moral, quando isso significa o valor moral do caráter, todas as coisas consideradas, e incluindo doutrinas abrangentes, não é. Não é um objetivo político e social praticável.

(d) Finalmente, considere o interesse do Estado pela família e pela vida humana. Como o valor político invocado pode ser especificado de maneira correta? Tradicionalmente isso se fez de modo muito amplo. Mas num regime democrático o interesse legítimo do governo é que a lei e a política públicas sustentem e regulamentem, de maneira ordenada, as instituições necessárias para reproduzir a sociedade política ao longo do tempo. Estas geralmente incluem a família (numa forma que seja justa), arranjos para criar e educar os filhos e instituições de saúde pública. Esse apoio e regula-

---

37. Ver § 4.1 sobre o proviso e o exemplo de citar a história do Evangelho. Para uma consideração detalhada da concepção ampla da cultura política pública, ver geralmente § 4.

mentação ordenados baseiam-se em princípios e valores políticos, visto que a sociedade política é considerada como existindo perpetuamente, mantendo suas instituições e cultura ao longo de gerações. Dado esse interesse, o governo pareceria não ter nenhum interesse na forma particular de vida familiar ou das relações entre os sexos, exceto na medida em que essa forma ou essas relações afetem de algum modo a reprodução ordenada da sociedade ao longo do tempo. Assim, apelos à monogamia como tal ou contra o casamento de indivíduos do mesmo sexo como sendo do interesse legítimo do governo pela família refletiriam doutrinas religiosas ou abrangentes. Consequentemente, esse interesse pareceria inadequadamente especificado. Naturalmente, pode haver outros valores políticos à luz dos quais tal especificação satisfaria os requisitos: por exemplo, se a monogamia fosse necessária para a igualdade das mulheres, ou os casamentos entre indivíduos do mesmo sexo fossem prejudiciais à criação e à educação das crianças[38].

2.5 Os quatro exemplos revelam um contraste com o que chamei acima razão secular[39]. Uma concepção muitas vezes manifestada é a de que, embora razões religiosas e doutrinas sectárias não devam ser invocadas para justificar a legislação numa sociedade democrática, argumentos seculares sensatos podem ser[40]. Mas o que é um argumento secular?

---

38. Naturalmente, não tento decidir a questão aqui, já que estamos interessados apenas nos tipos de razões e considerações que o raciocínio público envolve.
39. V. § 2.2.
40. Ver Robert Audi, "The Place of Religious Argument in a Free and Democratic Society", *San Diego Law Review*, 30 (1993), 677. Ali, Audi define razão secular da seguinte maneira: "Uma razão secular é, *grosso modo*, uma razão cuja força normativa não depende evidentemente da existência de Deus, de considerações teológicas ou dos pronunciamentos de uma pessoa ou instituição *qua* autoridade religiosa" (p. 692). Essa definição é ambígua entre razões seculares no sentido de doutrina abrangente não religiosa e no sentido de concepção puramente política no conteúdo da razão pública. Dependendo do que se pretende designar,

Alguns pensam ser qualquer argumento reflexivo e crítico, publicamente inteligível e racional, e discutem vários argumentos desse tipo para considerar, digamos, relações indignas ou degradantes[41]. Naturalmente, alguns desses argumentos podem ser reflexivos e seculares racionais (como assim definidos). Não obstante, uma característica central do liberalismo político é que ele encara todos esses argumentos da mesma maneira como encara os argumentos religiosos, e, portanto, essas doutrinas filosóficas seculares não proveem razões públicas. Os conceitos seculares e o raciocínio desse tipo pertencem à primeira filosofia e à doutrina moral, e estão fora do domínio do político.

Assim, ao considerar se devemos tornar delitos criminais as relações homossexuais, a questão não é determinar se essas relações são excluídas por uma ideia digna do bem humano pleno, tal como caracterizada por uma visão filosófica e não religiosa sensata, nem se os que possuem fé religiosa as consideram pecado, mas, primariamente, se os estatutos legislativos que proíbem essas relações infringem os direitos civis de cidadãos democráticos iguais[42]. Essa questão pede uma concepção política razoável de justiça especificando esses direitos civis, que são sempre uma questão de elementos constitucionais essenciais.

---

a visão de Audi de que as razões seculares também devem ser dadas juntamente com as razões religiosas poderia ter um papel similar ao que denomino proviso no § 4.1.

41. Ver a discussão de Michael Perry do argumento de John Finnis, que nega que tais relações sejam compatíveis com o bem humano. *Religion in Politics: Constitutional and Moral Perspectives* (Oxford, Oxford University Press, 1997), cap. 3, pp. 85-6.

42. Aqui, sigo a concepção de T. M. Scanlon em "The Difficulty of Tolerance", em *Toleration: An Elusive Wtue*, org. David Heyd (Princeton, Princeton University Press, 1996), pp. 226-39. Embora o todo seja instrutivo, a seç. 3, pp. 230-3, é especialmente relevante aqui.

§ 3. A religião e a razão pública na democracia

3.1 Antes de examinar a ideia da visão ampla da cultura política pública, perguntamos: como é possível para os que sustentam doutrinas religiosas, alguns baseados na autoridade religiosa, a Igreja ou a Bíblia por exemplo, assumir ao mesmo tempo uma concepção política razoável que sustente um regime democrático constitucional razoável? Essas doutrinas ainda podem ser compatíveis, pelas razões certas, com uma concepção política liberal? Para conseguir essa compatibilidade, não é suficiente que essas doutrinas aceitem um governo democrático meramente como *modus vivendi*. Em referência a cidadãos que sustentam doutrinas religiosas como cidadãos de fé, perguntamos: como é possível que cidadãos de fé sejam membros dedicados de uma sociedade democrática, que endossem os ideais e valores políticos intrínsecos da sociedade e não simplesmente aquiesçam ao equilíbrio das forças políticas e sociais? Expresso mais nitidamente: como é possível – ou será possível – que os fiéis, assim como os não religiosos (seculares), endossem um regime constitucional, mesmo quando suas próprias doutrinas abrangentes podem não prosperar sob ele e podem, na verdade, declinar? Esta última pergunta revela novamente a significação da ideia de legitimidade e do papel da razão pública na determinação da lei legítima.

Para esclarecer a questão, considere dois exemplos. O primeiro é o de católicos e protestantes nos séculos XVI e XVII, quando o princípio de tolerância era honrado apenas como *modus vivendi*[43]. Isso significava que, se alguma parte conseguisse sucesso completo, imporia sua doutrina religiosa como única fé admissível. Uma sociedade na qual muitas

---

43. Ver *Political Liberalism*, conferência IV, seç. 3.4, p. 148.

fés compartilham essa postura e supõem que, no futuro indefinido, os seus números relativos permanecerão mais ou menos os mesmos, poderia muito bem ter uma Constituição semelhante à dos Estados Unidos, protegendo plenamente as liberdades de religiões nitidamente divididas, mais ou menos iguais no poder político. A Constituição seria honrada como pacto para manter a paz civil[44]. Nessa sociedade, as questões políticas poderiam ser discutidas em função de ideias e valores políticos, a fim de não abrir o conflito religioso e suscitar hostilidade sectária. O papel da razão pública, aqui, serve meramente para acalmar a divergência e encorajar a estabilidade social. Contudo, nesse caso, não temos estabilidade pelas razões certas, isto é, assegurada por um firme compromisso com os ideais e valores políticos (morais) de uma sociedade democrática.

Novamente, tampouco temos estabilidade pelas razões certas no segundo exemplo – uma sociedade democrática em que os cidadãos aceitem como princípios políticos (morais) as cláusulas constitucionais substantivas que asseguram as liberdades religiosas, políticas e civis, quando o seu compromisso com esses princípios constitucionais é tão limitado que ninguém está disposto a ver sua doutrina religiosa ou não religiosa perder terreno em influência e números, e tais cidadãos estão preparados para resistir ou desobedecer a leis que julguem prejudiciais a suas posições. E fazem isso embora todo o leque de liberdades, religiosa e de outros tipos, seja sempre sustentado, e a doutrina em questão esteja completamente segura. Aqui, novamente, a democracia é aceita condicionalmente, não pelas razões corretas.

---

44. Ver o exemplo de Kent Greenawalt sobre a sociedade dos Diversos Crentes Fervorosos em Greenawalt, *Private Consciences and Public Reasons*, pp. 16-8, 21-2.

O que esses exemplos têm em comum é que a sociedade é dividida em grupos separados, cada um dos quais tem o seu interesse fundamental distinto e oposto aos interesses dos outros grupos e em defesa do qual está preparado para resistir ou para violar a lei democrática legítima. No primeiro exemplo, é o interesse da religião em estabelecer a sua hegemonia, ao passo que no segundo é o interesse fundamental da doutrina em sustentar certo grau de sucesso e influência para a sua visão, religiosa ou não religiosa. Enquanto um regime constitucional pode assegurar plenamente direitos e liberdades para todas as doutrinas permissíveis, e, portanto, proteger nossa liberdade e segurança, uma democracia exige necessariamente que, como cidadão igual entre outros, cada um de nós aceite as obrigações da lei legítima[45]. Embora não se espere que ninguém coloque em perigo a sua doutrina religiosa ou não religiosa, devemos todos renunciar para sempre à esperança de mudar a Constituição para estabelecer a nossa hegemonia religiosa ou de qualificar as nossas obrigações para assegurar a sua influência e sucesso. Conservar tais esperanças e objetivos seria incompatível com a ideia de liberdades básicas iguais para todos os cidadãos livres e iguais.

3.2 Para expandir o que perguntamos antes: como é possível – ou será possível – para os que têm fé, assim como para os não religiosos (seculares), endossar um regime constitucional mesmo quando as suas doutrinas abrangentes podem não prosperar sob ele e podem, na verdade, declinar? No caso, a resposta encontra-se na compreensão e accitação da doutrina religiosa ou não religiosa de que, a não ser endossando uma democracia constitucional razoável, não há nenhuma outra maneira de assegurar imparcialmente a liberdade dos seus seguidores compatível com as liberdades iguais de

---

45. Ver *Political Liberalism*, conferência V, seç. 6, pp. 195-200.

outros cidadãos livres e iguais razoáveis. Ao endossar um regime democrático constitucional, uma doutrina religiosa pode dizer que tais são os limites que Deus impõe à nossa liberdade; uma doutrina não religiosa irá expressar-se de outra maneira[46]. Mas, em cada caso, essas doutrinas formulam de maneiras diferentes o modo como a liberdade de consciência e o princípio de tolerância podem ser coerentes com a igual justiça para todos os cidadãos em uma sociedade democrática razoável. Assim, os princípios de tolerância e liberdade de consciência devem ter um lugar essencial em

---

46. Um exemplo de como uma religião pode fazer isso é o seguinte. Abdullahi Ahmed An-Na'im, no livro *Toward an Islamic Reformation: Civil Liberties, Human Rights, and International Law* (Syracuse, Syracuse University Press, 1990), pp. 52-7, introduz a ideia de reconsiderar a interpretação tradicional da Shari'a, que para os muçulmanos é lei divina. Para essa interpretação ser aceita pelos muçulmanos, deve ser apresentada como a interpretação correta e superior da Shari'a. A ideia básica da interpretação de An-Na'im, seguindo o falecido autor sudanês *Ustadh* Mahmoud Mohamed Taha, é a de que a compreensão tradicional da Shari'a foi baseada nos ensinamentos de Maomé do período posterior de Medina, ao passo que os ensinamentos do período inicial de Medina são a mensagem eterna e fundamental do Islã. An-Na'im afirma que os ensinamentos e princípios superiores de Meca foram rejeitados em favor dos ensinamentos mais realistas e práticos (em um contexto histórico do século VII) de Medina porque a sociedade ainda não estava pronta para a sua implementação. Agora que as condições históricas mudaram, An-Na'im acredita que os muçulmanos deviam seguir o período inicial de Meca ao interpretar a Shari'a. Assim interpretada, ele diz que a Shari'a sustenta a democracia constitucional (*ibid.*, pp. 69-100).

Em particular, a interpretação inicial de Meca da Shari'a sustenta a igualdade de homens e mulheres e a completa liberdade de escolha em questões de fé e religião, ambas em conformidade com o princípio constitucional da igualdade perante a lei. An-Na'im escreve: "O Qu'ran não menciona o constitucionalismo, mas o pensamento racional e a experiência demonstraram que o constitucionalismo é necessário para realizar a sociedade justa e boa prescrita pelo Qu'ran. Uma justificativa e um apoio islâmicos do constitucionalismo são importantes e relevantes para os muçulmanos. Os não muçulmanos podem ter as suas justificativas seculares ou de outro tipo. Contanto que todos concordem quanto ao princípio e regras específicas do constitucionalismo, inclusive a igualdade completa e a não discriminação com base em gênero ou religião, cada um pode ter as suas próprias razões para chegar a esse acordo" (*ibid.*, p. 100). (Este é um exemplo perfeito de consenso de sobreposição.) Agradeço a Akeel Bilgrami por informar-me do trabalho de An-Na'im. Devo também agradecimentos a Roy Mottahedeh pela valiosa discussão.

qualquer concepção democrática constitucional. Eles estabelecem a base fundamental a ser aceita por todos os cidadãos como justa e regulamentadora da rivalidade entre doutrinas. Note agora que há duas ideias de tolerância. Uma é puramente política, sendo expressa em função dos direitos e deveres que protegem a liberdade religiosa em conformidade com uma concepção política razoável de justiça. A outra não é puramente política, mas é expressa a partir de uma doutrina religiosa ou não religiosa como quando, por exemplo, se disse acima que tais são os limites que Deus estabeleceu para a nossa liberdade. Dizer isso oferece um exemplo do que chamo raciocínio a partir da conjectura[47]. Nesse caso, raciocinamos a partir daquilo em que acreditamos, ou conjecturamos, talvez as doutrinas básicas de outras pessoas, religiosas ou filosóficas, e buscamos demonstrar a elas que, apesar do que podem pensar, ainda podem endossar uma concepção política razoável de justiça. Não estamos afirmando esse fundamento de tolerância, mas oferecendo-o como um fundamento consistente com as suas doutrinas abrangentes.

§ 4. *A visão ampla da cultura política pública*

4.1 Agora vamos considerar o que chamo a visão ampla da cultura política pública, e discutir dois aspectos dela. O primeiro é que doutrinas abrangentes razoáveis, religiosas ou não religiosas, podem ser introduzidas na discussão política pública, contanto que sejam apresentadas, no devido tempo, razões políticas adequadas – e não razões dadas unicamente por doutrinas abrangentes – para sustentar seja o que for que se diga que as doutrinas abrangentes introduzidas apoiem. Refiro-me a essa injunção de apresentar razões po-

---

47. Ver § 4.3.

líticas adequadas como *proviso*, e ela especifica a cultura política pública em contraste com a cultura de fundo[48]. O segundo aspecto que considero é que pode haver razões positivas para introduzir doutrinas abrangentes na discussão política pública. Considero esses dois aspectos por sua vez.

Obviamente, muitas perguntas podem ser levantadas a respeito de como satisfazer o proviso[49]. Uma é: quando ele precisa ser satisfeito? No mesmo dia, ou algum tempo depois? Além disso, sobre quem recai a obrigação de honrá-lo? É importante ficar claro e estabelecido que o proviso deve ser elaborado na prática e não pode ser governado por uma família clara de regras dadas de antemão. Como funcionam é determinado pela natureza da cultura política pública, exigindo bom senso e compreensão. É importante também observar que a introdução na cultura política pública de doutrinas religiosas e seculares, contanto que o proviso seja cumprido, não mude a natureza e o conteúdo da justificativa na própria razão pública. Essa justificativa ainda é dada em função de uma família de concepções políticas razoáveis de justiça. Contudo, não há restrições ou exigências em como as doutrinas religiosas ou seculares devem ser expressas; essas doutrinas não precisam, por exemplo, ser logicamente corretas por alguns padrões, abertas à apreciação racional ou demonstráveis[50]. Se são ou não é questão a ser decidida pelos que as apresentam e por como eles querem que seja considerado o que dizem. Normalmente, terão razões práticas para querer tornar as suas visões aceitáveis para um público mais amplo.

---

48. Ver *Political Liberalism*, conferência I, seç. 2.3, pp. 13-4 (contrastando a cultura política pública com a cultura de fundo).

49. Aqui, devo agradecimento à discussão valiosa com Dennis Thompson.

50. Greenawalt discute Franklin Gamwell e Michael Perry, que, evidentemente, impõem tais restrições a como a religião deve ser apresentada. Ver Greenawalt, *Private Consciences and Public Reasons*, pp. 85-95.

4.2 O conhecimento mútuo pelos cidadãos das doutrinas religiosas e não religiosas expressas na visão ampla da cultura política pública[51] reconhece que as raízes do compromisso democrático dos cidadãos com as suas concepções políticas encontram-se nas suas respectivas doutrinas abrangentes, religiosas e não religiosas. Dessa maneira, o compromisso dos cidadãos com o ideal democrático de razão pública é fortalecido pelas razões certas. Podemos pensar nas doutrinas abrangentes razoáveis que sustentem concepções políticas razoáveis da sociedade como a base social vital dessas concepções, conferindo-lhe força e vigor duradouros. Quando essas doutrinas aceitam o proviso e só então entram no debate político, o compromisso com a democracia constitucional é manifestado publicamente[52]. Quando se tornam conscientes desse compromisso, funcionários do governo e

---

51. Novamente, como sempre, na distinção com a cultura de fundo, em que enfatizo que não há nenhuma restrição.

52. O liberalismo político às vezes é criticado por não desenvolver descrições dessas raízes sociais da democracia nem expor a formação dos seus sustentáculos religiosos e de outros tipos. Contudo, o liberalismo político reconhece essas raízes sociais e enfatiza a sua importância. Obviamente, as concepções políticas de tolerância e liberdade religiosa seriam impossíveis em uma sociedade na qual a liberdade religiosa não fosse honrada e acalentada. Assim, o liberalismo político concorda com David Hollenbach, S.J., quando escreve: "Nem a menos importante das [transformações causadas por Aquino] foi a sua insistência em que a vida política de um povo não é a mais elevada realização do bem do qual são capazes – um discernimento que se encontra na raiz de teorias constitucionais de governo limitado. E, embora a Igreja tenha resistido à descoberta liberal das liberdades modernas durante boa parte do período moderno, o liberalismo vem transformando o catolicismo mais uma vez ao longo da última metade do nosso século. A memória desses eventos da história social e intelectual, assim como a experiência da Igreja desde o Concílio Vaticano II, leva-me a ter esperança de que comunidades com visões diferentes da boa vida poderão se encontrar em algum lugar se estiverem dispostas a se arriscarem a conversar e discutir essas decisões." David Hollenbach, "Contexts of the Political Role of Religion: Civil Society and Culture", *San Diego Law Review*, 30 (1993), p. 891. Embora uma concepção de razão pública deva reconhecer a significação dessas raízes sociais da democracia constitucional e observar como elas fortalecem as suas instituições vitais, ela não precisa levar a cabo um estudo dessas questões. Devo a Paul Weithman a necessidade de considerar esse ponto.

cidadãos estão mais dispostos a honrar o dever de civilidade, e o fato de seguirem o ideal da razão pública ajuda a promover o tipo de sociedade que o ideal exemplifica. Esses benefícios do conhecimento mútuo de reconhecerem os cidadãos as suas doutrinas abrangentes razoáveis revelam um fundo positivo para introduzir tais doutrinas, o qual não é meramente defensivo, como se a sua intrusão na discussão pública fosse inevitável de qualquer modo.

Considere, por exemplo, uma questão política muito discutida: a questão do apoio público a escolas mantidas por igrejas[53]. É provável que os que estão em lados diferentes venham a duvidar do comprometimento dos outros com valores constitucionais e políticos básicos. É sábio, então, que todos os lados introduzam as suas doutrinas abrangentes, religiosas ou seculares, a fim de abrir caminho para que expliquem um ao outro como as suas visões realmente sustentam esses valores políticos básicos. Considere também os abolicionistas e os militantes do Movimento dos Direitos Civis[54]. O proviso foi cumprido no caso deles, por mais que tenham enfatizado as raízes religiosas das suas doutrinas, porque essas doutrinas sustentavam valores constitucionais básicos – como eles mesmos afirmavam – e, portanto, sustentavam concepções razoáveis de justiça política.

4.3 O raciocínio público almeja a justificativa pública. Recorremos a concepções políticas de justiça e a testemunhos verificáveis e fatos abertos à visão pública para chegar a conclusões a respeito do que achamos ser as instituições e políticas públicas mais razoáveis. A justificativa pública não

---

53. Ver *Political Liberalism*, conferência VI, seç. 8.2, pp. 248-9.
54. Ver *ibid.*, conferência VI, seç. 8.3, pp. 249-51. Não sei se os abolicionistas e King pensavam em si como cumprindo o propósito do proviso. Independentemente de o terem feito ou não, podiam tê-lo feito. E, se conhecessem e aceitassem a ideia de razão pública, teriam feito. Agradeço este ponto a Paul Weithman.

é simplesmente raciocínio válido, mas discussão dirigida a outros: parte corretamente de premissas que aceitamos e que achamos que os outros poderiam aceitar razoavelmente para conclusões que pensamos que eles também poderiam aceitar razoavelmente. Isso cumpre o dever da civilidade desde que, no devido tempo, o proviso seja satisfeito.

Há duas outras formas de discurso que também podem ser mencionadas, embora nenhuma expresse uma forma de raciocínio público. Uma é declaração: no caso, cada um de nós declara a sua doutrina abrangente, religiosa ou não religiosa. Não esperamos que outros a compartilhem. Antes, cada um de nós demonstra como, a partir das nossas próprias doutrinas, podemos endossar e realmente endossamos uma concepção política pública razoável de justiça, com os seus princípios e ideais. O objetivo de fazer isso é declarar aos outros que afirmam doutrinas abrangentes diversas que nós também endossamos uma concepção política razoável pertencente à família de tais concepções razoáveis. Na visão ampla, os cidadãos de fé que citam a parábola evangélica do bom samaritano não se detêm aqui, mas prosseguem e dão uma justificativa pública das conclusões dessa parábola em função de valores políticos[55]. Dessa maneira, os cidadãos que sustentam doutrinas diferentes são tranquilizados, e isso fortalece os vínculos da amizade cívica[56].

---

55. Lucas, 10, 29-37. É fácil perceber como a história do Evangelho poderia ser usada para sustentar o dever moral imperfeito da ajuda mútua, tal como encontrado, digamos, no quarto exemplo de Kant na *Grundlegung*. Ver Immanuel Kant, *Groundwork for the Metaphysics of Morals*, Ak, 4, 423, em *Practical Philosophy*, trad. ingl. Mary Gregor (Cambridge, Cambridge University Press, 1996). Para formular um exemplo adequado em função apenas de valores políticos, considere uma variante do princípio da diferença ou de alguma outra ideia análoga. O princípio poderia ser visto como oferecendo um interesse especial pelos pobres, como na doutrina social católica. Ver *Uma teoria da justiça*, seç. 13 (definindo o princípio da diferença).

56. A relevância dessa forma de discurso deve-se à discussão com Charles Larmore.

A segunda é a conjectura definida assim: argumentamos a partir do que acreditamos ou conjecturamos que sejam as doutrinas básicas das outras pessoas, religiosas ou seculares, e tentamos demonstrar-lhes que, apesar do que podem pensar, ainda assim podem endossar uma concepção política razoável que pode proporcionar uma base para as razões públicas. O ideal da razão pública, desse modo, é fortificado. Contudo, é importante que a conjetura seja sincera e não manipuladora. Devemos explicar abertamente as nossas intenções e formular que não afirmamos as premissas das quais partimos, mas que procedemos da mesma maneira para esclarecer o que consideramos ser uma incompreensão da parte dos outros e, talvez, também da nossa parte[57].

---

57. Mencionarei outra forma de discurso que chamo "testemunhar": tipicamente, ocorre em uma sociedade ideal, politicamente bem ordenada e plenamente justa, na qual todos os votos são o resultado de os cidadãos votarem em conformidade com a sua concepção mais razoável de justiça política. Não obstante, pode ocorrer que alguns cidadãos sintam que devem expressar a sua dissidência baseada em princípios diante das instituições, políticas ou legislação existentes. Presumo que os *quakers* aceitam a democracia constitucional e aquiescem à sua lei legítima; contudo, simultaneamente, eles podem expressar razoavelmente a base religiosa do seu pacifismo. (O caso paralelo da oposição católica ao aborto é mencionado no § 6.1.) Contudo, o testemunhar difere da desobediência civil no sentido de que não recorre a princípios e valores de uma concepção política (liberal) de justiça. Apesar de, no todo, esses cidadãos endossarem concepções políticas razoáveis de justiça, que sustentam uma sociedade democrática constitucional, nesse caso, não obstante, sentem que devem não apenas deixar que os outros cidadãos conheçam a base profunda da sua vigorosa oposição, mas também dar testemunho da sua fé ao fazê-lo. Ao mesmo tempo, os que dão testemunho aceitam a ideia de razão pública. Embora possam achar incorreto ou não verdadeiro o resultado de uma votação em que todos os cidadãos razoáveis seguiram conscienciosamente a razão pública, eles, não obstante, a reconhecem como lei legítima e aceitam a obrigação de não violá-la. Em tal sociedade não há, estritamente falando, nenhum argumento para a desobediência civil e a objeção de consciência. Esta requer o que chamei uma sociedade quase justa, mas não inteiramente justa. Ver *Uma teoria da justiça*, seç. 55.

§ 5. Da família como parte da estrutura básica

5.1 Para ilustrar mais o uso e o âmbito da razão pública, considerarei agora um leque de questões a respeito de uma determinada instituição, a família[58]. Faço isso usando uma concepção política específica de justiça e examinando o papel que ela atribui à família na estrutura básica da sociedade. Como o conteúdo da razão pública é determinado por todas as concepções políticas razoáveis que satisfaçam o critério de reciprocidade, o âmbito de questões a respeito da família abrangido por essa concepção política indicará o amplo espaço para o debate e argumentação coberto pela razão pública como um todo.

A família é parte da estrutura básica, visto que um dos seus papéis principais é ser a base da produção e reprodução ordenadas da sociedade e da sua cultura de uma geração para outra. A sociedade política sempre é considerada como um esquema de cooperação social ao longo do tempo, indefinidamente; a ideia de um tempo futuro em que os seus negócios sejam concluídos e a sociedade se disperse é alheia à concepção da sociedade política. Assim, o trabalho reprodutor é trabalho socialmente necessário. Aceito isso, um papel

---

58. Pensei que o marco de J. S. Mill, *The Subjection of Women* (1869), em *Collected Works of John Stuart Mill*, vol. 21, tornara claro que uma concepção liberal decente de justiça (incluindo o que chamei justiça com equidade) implicava justiça igual para mulheres e homens. Com certeza, *Uma teoria da justiça* devia ter sido mais explícita a esse respeito, mas isso é uma falha minha, não do liberalismo político. Fui encorajado a pensar que uma descrição liberal de justiça igual para as mulheres é viável por Susan Moller Okin, *Justice, Gender, and the Family* (Nova York, Basic Books, 1989); Linda C. McClain, "'Atomistic Man' Revisited: Liberalism, Connection, and Feminine Jurisprudence", *Southern Law Review*, 65 (1992), 1171; Martha Nussbaum, *Sex and Social Justice* (Oxford, Oxford University Press, 1998), uma coletânea dos seus ensaios de 1990 a 1996, incluindo "The Feminist Critique of Liberalism", palestra da Oxford Amnesty para 1996; e Sharon A. Lloyd, "Situating a Feminist Criticism of John Rawls's *Political Liberalism*", *Loyola LA Law Review*, 28 (1995), 1319. Aproveitei muito os seus escritos.

central da família é providenciar de maneira razoável e eficaz a criação e o cuidado dos filhos, assegurando o seu desenvolvimento moral e educação para a cultura mais ampla[59]. Os cidadãos devem ter uma percepção da justiça e dos valores políticos que sustentam as instituições políticas e sociais. A família deve assegurar a criação e o desenvolvimento de cidadãos em número adequado para a manutenção de uma sociedade durável[60].

Essas exigências limitam todos os arranjos da estrutura básica, incluindo esforços para conquistar a igualdade de oportunidade. A família impõe restrições à maneira como esses objetivos podem ser atingidos, e os princípios da justiça são formulados para tentar levar em conta essas restrições. Não posso investigar essas complexidades aqui, mas suponho que, como crianças, crescemos em um pequeno grupo íntimo em que os mais velhos (normalmente os pais) têm certa autoridade moral e social.

5.2 Para que a razão pública se aplique à família, ela deve ser vista, pelo menos em parte, como objeto da justiça política. Pode-se pensar que não é assim, que os princípios da justiça não se aplicam à família e que, portanto, esses princípios não asseguram a justiça igual para as mulheres e seus filhos[61]. Essa é uma concepção errônea. Pode surgir da seguinte maneira: o tema primário da justiça política é a estru-

---

59. Ver *Uma teoria da justiça*, seç. 70-6 (discutindo as etapas do desenvolvimento moral e a sua relevância para a justiça como equidade).

60. Contudo, nenhuma forma particular da família (monogâmica, heterossexual ou de outro tipo) é exigida por uma concepção política de justiça, contanto que a família seja ordenada de maneira que cumpra essas tarefas com eficácia e não contrarie outros valores políticos. Note que essa observação estabelece a maneira como a justiça como equidade lida com a questão dos direitos e deveres dos homossexuais e como eles afetam a família. Se esses direitos e deveres são compatíveis com a vida familiar ordenada e a educação dos filhos, eles são, *ceteris paribus*, plenamente admissíveis.

61. Ver Okin, *Justice, Gender, and the Family*, pp. 90-3.

tura básica da sociedade, compreendida como a ordenação das principais instituições da sociedade num sistema unificado de cooperação social ao longo do tempo; os princípios da justiça política devem aplicar-se diretamente a essa estrutura, mas não devem aplicar-se diretamente à vida interna das muitas associações dentro dela, a família, entre outras; assim, alguns podem achar que, se esses princípios não se aplicam diretamente à vida interna das famílias, eles não podem assegurar justiça igual para as esposas e os maridos.

A mesma questão, em boa parte, surge no que diz respeito a todas as associações, sejam igrejas ou universidades, associações profissionais ou científicas, firmas comerciais ou sindicatos. A família não é peculiar nesse aspecto. Ilustrando: está claro que os princípios liberais de justiça política não exigem governo eclesiástico para serem democráticos. Bispos e cardeais não precisam ser eleitos; tampouco os benefícios vinculados à hierarquia de uma igreja satisfazem um princípio distributivo especificado, certamente não o princípio da diferença[62]. Isso demonstra como os princípios da justiça política não se aplicam à vida interna de uma igreja, não sendo desejável nem compatível com a liberdade de consciência ou de associação que se apliquem.

Por outro lado, os princípios da justiça política realmente impõem certas restrições que influenciam o governo eclesiástico. As igrejas não podem praticar intolerância eficaz já que, como exigem os princípios da justiça, a lei pública não reconhece a heresia e a apostasia como crimes, e os membros das igrejas estão sempre livres para abandonar a sua fé. Assim, embora os princípios da justiça não se apliquem diretamente à vida interna das igrejas, eles realmente protegem os direitos e liberdades dos seus membros por meio das res-

---

62. O princípio da diferença é definido em *Uma teoria da justiça*, seç. 13.

trições às quais todas as igrejas e associações estão sujeitas. Isso não é negar que existam concepções adequadas de justiça que se aplicam diretamente à maioria das associações e grupos, se não a todos, assim como a vários tipos de relações entre os indivíduos. Contudo, essas concepções de justiça não são concepções políticas. Em cada caso, o que seja a concepção adequada é uma questão adicional, distinta, a ser considerada novamente em cada caso particular, dada a natureza e o papel da associação, grupo ou relação relevante.

Considere agora a família. Aqui, a ideia é a mesma: os princípios políticos não se aplicam diretamente à sua vida interna, mas realmente impõem restrições essenciais à família como instituição, e assim garantem os direitos e liberdades básicos, a liberdade e as oportunidades de todos os seus membros. Isso eles fazem, como eu disse, especificando os direitos básicos dos cidadãos iguais que são membros das famílias. A família como parte da estrutura básica não pode violar essas liberdades. Como as esposas são cidadãos em situação de igualdade com os seus maridos, todas têm os mesmos direitos, liberdades e oportunidades básicas que os seus maridos; e isso, juntamente com a aplicação correta dos outros princípios de justiça, é suficiente para assegurar sua igualdade e independência.

Colocando o caso de outra maneira, distinguimos entre o ponto de vista das pessoas como cidadãos e o seu ponto de vista como membros de famílias e de outras associações[63]. Como cidadãos, temos razões para impor as restrições especificadas pelos princípios políticos de justiça às associações, ao passo que, como membros de associações, temos razões para limitar essas restrições para que deixem espaço a uma

---

63. Emprestei esse pensamento de Joshua Cohen, "Okin on Justice, Gender, and Family", *Canadian Journal of Philosophy*, 22 (1992), p. 278.

vida interna livre e florescente, adequada à associação em questão. No caso, novamente, percebemos a necessidade da divisão de trabalho entre diferentes tipos de princípios. Não iríamos querer que princípios políticos de justiça – incluindo princípios de justiça distributiva – se aplicassem diretamente à vida interna da família. Esses princípios não nos informam como criar os nossos filhos e não exigem que os tratemos em conformidade com princípios políticos. Nesse caso, esses princípios estão fora de lugar. Com certeza, os pais devem seguir alguma concepção de justiça (ou equidade) e o devido respeito aos filhos, mas, dentro de certos limites, isso não cabe aos princípios políticos prescrever. Claramente, a proibição de abuso e negligência dos filhos, e muito mais, será, como limitação, uma parte vital do Direito da família. Mas, em algum ponto, a sociedade tem de valer-se da afeição e da boa vontade naturais dos membros maduros da família[64].

Assim como os princípios de justiça requerem que as esposas tenham todos os direitos de cidadãos, os princípios da justiça impõem restrições à família em nome dos filhos, que, como futuros cidadãos, têm direitos básicos. Uma injustiça longa e histórica para com as mulheres é o fato de que suportaram e continuam a suportar uma parcela injusta na tarefa de criar e cuidar dos filhos. Quando estão ainda mais em desvantagem por causa de leis regulamentando o divórcio, essa carga as torna altamente vulneráveis. Essas injustiças exercem uma influência cruel não apenas sobre as mulheres mas também sobre os filhos, e tendem a minar a capacidade das crianças de adquirir as virtudes políticas exigidas dos futuros cidadãos numa sociedade democrática viável. Mill

---

64. Michael Sandel supõe que os dois princípios de justiça como equidade são válidos para as associações, inclusive as famílias. Ver Michael J. Sandel, *Liberalism and the Limits of Justice* (Cambridge, Cambridge University Press, 1982), pp. 30-4.

disse que, na sua época, a família era uma escola de despotismo masculino; ela inculcava hábitos de pensamento e conduta incompatíveis com a democracia[65]. Se é assim, os princípios de justiça que prescrevem uma sociedade democrática constitucional razoável podem ser claramente invocados para reformar a família.

5.3 De modo mais geral, quando o liberalismo político distingue entre a justiça política que se aplica à estrutura básica e outras concepções de justiça que se aplicam às várias associações dentro dessa estrutura, ele não considera os domínios político e não político como dois espaços separados, desligados, cada um governado unicamente pelos seus próprios princípios. Mesmo se a estrutura básica sozinha é o tema primário da justiça, os princípios da justiça ainda colocam restrições essenciais à família e a todas as outras associações. Os membros adultos de famílias e de outras associações, em primeiro lugar, são cidadãos iguais: essa é a sua posição básica. Nenhuma instituição ou associação na qual estejam envolvidos pode violar seus direitos como cidadãos.

Um domínio ou esfera da vida não é, então, algo dado separadamente das concepções políticas de justiça. Um domínio não é um tipo de espaço ou lugar, mas, antes, é simplesmente o resultado de como os princípios da justiça política são aplicados diretamente à estrutura básica, e indiretamente às associações dentro dela. Os princípios que definem as liberdades e oportunidades básicas iguais dos cidadãos sempre são válidos em todos e através de todos os chamados domínios. Os direitos iguais das mulheres e os direitos básicos dos seus filhos como futuros cidadãos são inalienáveis e os protegem onde quer que estejam. As distinções de gênero que limitam esses direitos são excluídas[66]. Assim, as esferas do

---

65. Mill, *Subjection of Women*, cap. 2, pp. 283-98.
66. Ver *Uma teoria da justiça*, seç. 16, p. 105.

político e do público, do não público e do privado, saem do conteúdo e da aplicação da concepção de justiça e dos seus princípios. Caso se diga que a chamada esfera privada é um espaço isento de justiça, então não há tal coisa. A estrutura básica é um sistema social único, cada parte do qual pode influenciar o resto. Seus princípios básicos de justiça política especificam todas as suas partes principais, e os seus direitos básicos estendem-se a ela toda. A família é a única parte (embora uma parte importante) do sistema que produz uma divisão social do trabalho baseada no gênero ao longo do tempo. Alguns sustentaram que a discriminação contra as mulheres no mercado é chave para a histórica divisão sexual do trabalho na família. As diferenças de salário resultantes entre os sexos tornam economicamente sensato que as mães passem mais tempo com os filhos do que os pais. Por outro lado, alguns acreditam que a própria família é a chaveta[67] da injustiça no tratamento dos gêneros. Contudo, uma concepção liberal de justiça pode ter de levar em conta certas divisões de trabalho por gênero tradicionais na família – suponha, digamos, que essa divisão baseia-se na religião – contanto que seja plenamente voluntária e não seja resultado nem causa de injustiça. Dizer que essa divisão do trabalho é plenamente voluntária significa que ela é adotada pelas pessoas com base na sua religião, que de um ponto de vista político é voluntária[68], e não porque várias outras formas

---

67. Esse termo é de Okin. Ver Okin, *Justice, Gender and the Family*, pp. 6, 14, 170.

68. Sobre esse ponto, ver *Political Liberalism*, conferência VI, seç. 3, pp. 221-2. Se é ou não adequadamente voluntária, e, se é, sob quais condições, é uma questão controvertida. Em resumo, a questão envolve a distinção entre o razoável e o racional explicada assim: uma ação é voluntária num sentido, mas pode não ser voluntária em outro. Pode ser voluntária no sentido de racional: fazer a coisa racional nas circunstâncias, mesmo quando estas envolvem condições injustas; ou uma ação pode ser voluntária no sentido de razoável: fazer a coisa racional quando todas as condições circundantes também são justas. Claramente, o texto interpreta "vo-

de discriminação em outras partes do sistema social tornam racional e menos custoso que marido e mulher sigam uma divisão por gênero do trabalho na família.

Alguns querem uma sociedade em que a divisão de trabalho por gênero seja reduzida ao mínimo. Mas, para o liberalismo político, isso não pode significar que tal divisão seja proibida. Não podemos propor que a divisão igual de trabalho na família seja simplesmente ordenada ou que a sua ausência seja de alguma maneira penalizada na lei pelos que não a adotam. Isso está excluído porque a divisão de trabalho em questão está ligada às liberdades básicas, inclusive a liberdade de religião. Assim, tentar minimizar a divisão de trabalho por gênero significa, no liberalismo político, tentar alcançar uma condição social na qual a divisão de trabalho restante seja voluntária. Isso permite, em princípio, a possibilidade de persistência de considerável divisão de trabalho por gênero. É apenas a divisão involuntária de trabalho que deve ser reduzida a zero.

Portanto, a família é um argumento crucial para que se verifique se o sistema único – a estrutura básica – oferece justiça igual para homens e mulheres. Se a divisão de trabalho por gênero na família é mesmo plenamente voluntária, então há razão para pensar que o sistema único realiza a igualdade de oportunidade justa para ambos os sexos.

5.4 Como uma democracia almeja a igualdade plena para todos os seus cidadãos, e portanto das mulheres, ela deve incluir arranjos para consegui-lo. Se uma causa básica, se não a principal, da desigualdade das mulheres é a parcela maior na criação e no cuidado dos filhos na divisão tradicio-

---

luntário" no segundo sentido: afirmar a nossa religião é voluntário quando todas as condições circundantes são razoáveis ou justas. Nestas observações, supus que as condições subjetivas da voluntariedade (seja o que possa ser) estão presentes e só observei as condições objetivas. Uma discussão completa nos levaria muito longe.

nal de trabalho na família, é preciso dar passos para equalizar sua parcela ou compensá-la[69]. A melhor maneira de fazer isso em condições históricas particulares não é decisão a ser tomada pela filosofia política. Mas uma proposta agora comum é que, como norma ou diretriz, a lei deve considerar o trabalho da esposa na criação dos filhos (quando ela tem esse encargo, como ainda é comum) como habilitando-a a uma parcela igual dos proventos que o marido recebe durante o casamento. Em caso de divórcio, ela deve ter uma parcela igual no valor acrescido dos bens da família durante o período.

Qualquer desvio dessa norma exigiria uma justificativa especial e clara. Parece intoleravelmente injusto que um marido possa deixar a família, levando consigo o seu poder de ganhar dinheiro e deixando esposa e filhos em situação bem menos vantajosa que antes. Forçados a lutar por si mesmos, sua posição econômica é muitas vezes precária. Uma sociedade que permite isso não se importa com as mulheres, muito menos com a sua igualdade ou mesmo com seus filhos, que são o futuro dela.

A questão crucial pode ser o que precisamente é abrangido por instituições estruturadas por gênero. Como as suas linhas são traçadas? Se dizemos que o sistema de gênero inclui quaisquer arranjos sociais que afetam adversamente as liberdades e oportunidades básicas iguais das mulheres, assim como as de seus filhos como futuros cidadãos, então esse sistema está sujeito a crítica pelos princípios da justiça. A questão torna-se, então, se o cumprimento desses princípios

---

69. Ver Victor R. Fuchs, *Women's Quest for Economic Equality* (Cambridge, Mass., Harvard University Press, 1988). Os capítulos 3 e 4 resumem os argumentos a favor de dizer que a causa principal não é, como muitas vezes se diz, discriminação do empregador, ao passo que os capítulos 7 e 8 propõem o que deve ser feito.

é suficiente para remediar os defeitos do sistema de gênero. O remédio depende em parte da teoria social e da psicologia humana, e de muito mais, e não depende apenas de uma concepção de justiça.

Ao concluir estas observações sobre a família, diria que não tentei oferecer argumentos completos a favor de conclusões específicas. Antes, repetindo, quis simplesmente ilustrar como uma concepção política de justiça e o seu ordenamento de valores políticos se aplicam a uma instituição determinada da estrutura básica e podem abranger muitos (se não todos) os seus aspectos. Como disse, esses valores recebem uma ordem dentro da concepção política à qual estão ligados[70]. Entre esses valores estão a liberdade e a igualdade das mulheres, a igualdade dos filhos como futuros cidadãos, a liberdade de religião e, finalmente, o valor da família no assegurar a produção e reprodução ordenadas da sociedade e da sua cultura, de uma geração para outra. Esses valores proveem razões públicas para todos os cidadãos. É o tanto que se exige não apenas para a justiça como equidade mas para qualquer concepção política razoável.

§ 6. Questões sobre a razão pública

Volto-me agora para várias questões e dúvidas a respeito da ideia de razão pública, tentando esclarecê-las.

6.1 Primeiro, pode-se objetar que a ideia de razão pública limitaria irrazoavelmente os tópicos e considerações disponíveis para a discussão e o debate políticos e que devíamos, em vez disso, adotar o que podemos chamar a visão aberta sem nenhuma restrição. Discuto agora dois exemplos para refutar essa objeção.

---

70. Ver § 2.3.

(a) Uma razão para pensar que a razão pública é muito restritiva é supor que ela tenta erroneamente solucionar questões políticas antecipadamente. Para explicar essa objeção, consideremos a questão da oração nas escolas. Pode-se pensar que uma posição liberal sobre essa questão negaria a sua admissibilidade nas escolas públicas. Mas por quê? Temos de considerar todos os valores políticos que podem ser invocados para solucionar essa questão e de que lado estão as razões decisivas. O famoso debate de 1784-85 entre Patrick Henry e James Madison quanto à oficialização da Igreja Anglicana na Virgínia e envolvendo a religião nas escolas foi examinado quase inteiramente por referência apenas a valores políticos. O famoso argumento de Henry a favor da oficialização baseou-se na visão de que "o conhecimento cristão tem uma tendência natural de corrigir a moralidade dos homens, reprimir os seus vícios e preservar a paz da sociedade, o que não pode ser efetuado sem uma provisão adequada para professores doutos"[71]. Henry não parecia argumentar a favor do conhecimento cristão como bom em si, mas, antes, como uma maneira eficaz de conquistar valores políticos básicos, a saber, a conduta boa e pacífica dos cidadãos. Assim, considero que, com "vícios", pelo menos em parte, queira designar as ações contrárias às virtudes políticas encontradas no liberalismo político[72] e expressas por outras concepções de democracia.

---

71. Ver Thomas J. Curry, *The First Freedoms: Church and State in America to the Passage of the First Amendment* (Oxford, Oxford University Press, 1986), pp. 139-48. A linguagem citada, que aparece na p. 140, é de um preâmbulo ao "Projeto de lei estabelecendo uma provisão para professores da religião cristã" (1784). Note que o popular Patrick Henry também ofereceu a mais séria oposição ao "Projeto de lei para estabelecer a liberdade religiosa" (1779) de Jefferson, que foi aprovado ao ser reapresentado na Assembleia da Virgínia em 1786. Curry, *The First Freedoms*, p. 146.

72. Para uma discussão dessas virtudes, ver *Political Liberalism*, conferência V, seç. 5.4, pp. 194-5.

Deixando de lado a dificuldade óbvia de ser ou não possível compor orações que satisfaçam todas as restrições necessárias da justiça política, as objeções de Madison ao projeto de lei de Henry giravam em boa parte em torno de determinar se a oficialização religiosa era necessária para sustentar a sociedade civil ordeira. Ele concluiu que não era. As objeções de Madison dependiam também dos efeitos históricos da oficialização na sociedade e na integridade da própria religião. Ele conhecia a prosperidade das colônias que não tinham oficialização, especialmente a Pensilvânia; citou a força do cristianismo primitivo em oposição ao hostil Império Romano e a degeneração de antigos sistemas de oficialização[73]. Com certo cuidado, muitos, se não todos esses argumentos, podem ser expressos em função dos valores políticos da razão pública.

De especial interesse no exemplo da oração nas escolas é que ele revela que a ideia de razão pública não é uma concepção sobre instituições e programas políticos específicos; antes, sobre o tipo de razões em que os cidadãos baseiam seus argumentos políticos ao fazer justificativas políticas um ao outro quando sustentam leis e políticas que invoquem os po-

---

73. Ver James Madison, *Memorial and Remonstrance* (1785), em *The Mind of the Founders*, org. Marvin Meyers (Indianápolis, Bobbs-Merrill, 1973), pp. 9-16. O parágrafo 6 refere-se ao vigor do cristianismo primitivo em oposição ao império, enquanto os parágrafos 7 a 11 referem-se à influência mutuamente corruptora da oficialização no Estado e na religião. Na correspondência entre Madison e William Bradford da Pensilvânia, que ele encontrou em Princeton (Faculdade de Nova Jersey), a liberdade e prosperidade da Pensilvânia sem religião oficial são elogiadas e celebradas. Ver *The Papers of James Madison*, vol. 1, org. William T. Hutchinson e William M. E. Rachal (Chicago, University of Chicago Press, 1962). Ver especialmente as cartas de Madison de 1º de dezembro de 1773, *ibid.*, pp. 100-1; 24 de janeiro de 1774, *ibid.*, pp. 104-6; e 1º de abril de 1774, *ibid.*, pp. 111-3. Uma carta de Bradford a Madison, de 4 de março de 1774, refere-se à liberdade como o gênio da Pensilvânia; *ibid.*, p. 109. Os argumentos de Madison eram similares aos de Tocqueville que menciono a seguir. Ver também Curry, *The First Freedoms*, pp. 142-8.

deres coercitivos do governo quanto a questões políticas fundamentais. Também de especial interesse nesse exemplo é que ele serve para enfatizar que os princípios que sustentam a separação de Igreja e Estado devem ser tais que possam ser afirmados por todos os cidadãos livres e iguais, dado o fato do pluralismo razoável.

As razões para a separação de Igreja e Estado são estas, a saber, entre outras: ela protege a religião do Estado e o Estado da religião, protege os cidadãos das suas igrejas[74] e um cidadão do outro. É um erro dizer que o liberalismo político é uma concepção política individualista, pois seu objetivo é a proteção dos vários interesses na liberdade, de associações e de indivíduos. E também é um grave erro pensar que a separação de Igreja e Estado é primariamente para a proteção da cultura secular; naturalmente, ela protege essa cultura, mas não mais do que protege todas as religiões. A vitalidade e a ampla aceitação da religião nos Estados Unidos é muitas vezes comentada, como se fosse um sinal da virtude peculiar do povo americano. Talvez sim, mas também pode estar ligada ao fato de que, nesse país, as várias religiões foram protegidas contra o Estado pela primeira emenda, e nenhuma foi capaz de dominar e suprimir as outras religiões com a conquista e o uso do poder estatal[75]. Embora, sem dúvida, al-

---

74. Faz isso ao proteger a liberdade de mudar a própria crença. Heresia e apostasia não são crimes.
75. Refiro-me aqui ao fato de que, desde os primeiros dias do imperador Constantino, no século IV, o cristianismo puniu a heresia e tentou eliminar pela perseguição e pelas guerras religiosas o que considerava falsa doutrina (por exemplo, a cruzada contra os albigenses, conduzida por Inocêncio III, no século XIII). Fazer isso exigia os poderes coercitivos do Estado. Instituída pelo papa Gregório IX, a Inquisição esteve ativa durante as guerras de religião dos séculos XVI e XVII. Embora muitas das colônias norte-americanas tenham conhecido oficializações de algum tipo (congregacionista na Nova Inglaterra, episcopal no Sul), isso não aconteceu nos Estados Unidos, graças à pluralidade das suas seitas religiosas e à primeira emenda, que elas endossaram. Um zelo perseguidor tem sido a grande

guns tenham considerado esse objetivo desde os primeiros dias da república, ele não foi tentado seriamente. Na verdade, Tocqueville pensava que, entre as principais causas do vigor da democracia nesse país, estava a separação de Igreja e Estado[76]. O liberalismo político concorda com muitas outras

---

maldição da religião cristã. Foi compartilhado por Lutero e Calvino, pelos reformadores protestantes, e não sofreu mudança radical na Igreja Católica até o Concílio Vaticano II. Na Declaração de Liberdade Religiosa do Concílio – *Dignitatis Humanae* –, a Igreja Católica comprometeu-se com o princípio da liberdade religiosa tal como encontrado em um regime democrático constitucional. Ela declarou a doutrina ética da liberdade religiosa baseada na dignidade da pessoa humana, uma doutrina política com respeito aos limites do governo em questões religiosas e uma doutrina teológica da liberdade da Igreja nas suas relações com o mundo político e social. Todas as pessoas, seja qual for a sua crença, têm o direito da liberdade religiosa nos mesmos termos. "Declaration on Religious Freedom (*Dignitatis Humanae*): On the Right of the Person and of Communities to Social and Civil Freedom in Matters Religious" (1964), em Walter Abbott, S.J., org., *The Documents of Vatican II* (Nova York, Geoffrey Chapman, 1966), pp. 692-6. Como disse John Courtney Murray, S.J.: "Uma prolongada ambiguidade fora finalmente esclarecida. A Igreja não lida com a ordem secular em função de um padrão duplo – liberdade para a Igreja quando os católicos estão em minoria, privilégio para a Igreja e intolerância para os outros quando os católicos são maioria." John Courtney Murray, "Religious Freedom", em Abbott, org., *Documents of Vatican II*, p. 673. Ver também a instrutiva discussão de Paul E. Sigmund, "Catholicism and Liberal Democracy", em *Catholicism and Liberalism: Contributions to American Public Philosophy*, org. R. Bruce Douglas e David Hollenbach, S.J. (Cambridge, Cambridge University Press, 1994), especialmente pp. 233-9.

76. Alexis de Tocqueville, *Democracy in America*, vol. 1, org. J. P. Mayer, trad. ingl. George Lawrence (Nova York, Perennial Library, 1988), pp. 294-301. Ao discutir "As principais razões que tornam a religião poderosa na América", Tocqueville diz que os sacerdotes católicos "todos pensavam que a principal razão para o calmo domínio da religião no país era a completa separação de Igreja e Estado. Não tenho nenhuma hesitação em afirmar que ao longo de toda a minha estada na América não encontrei ninguém, leigo ou clérigo, que não concordasse com isso" (p. 295). Ele continua: "Houve religiões intimamente ligadas a governos terrenos, dominando os espíritos dos homens pelo terror e pela fé; mas, quando uma religião faz tal aliança, não receio dizer que comete o mesmo erro que qualquer homem poderia cometer; sacrifica o futuro pelo presente e, ao ganhar um poder ao qual não tem direito, arrisca a sua autoridade legítima [...] Portanto, a religião não pode compartilhar a força material dos governantes sem receber parte do ônus da animosidade suscitada contra eles" (p. 297). Ele nota que tais observações aplicam-se ainda mais a um país democrático, pois nesse caso, quando a religião busca poder político, irá unir-se a um partido particular e ser onerada pela hostilidade a

concepções liberais ao aceitar essa proposição[77]. Alguns cidadãos de fé sentiram essa separação como hostil à religião e buscaram mudá-la. Ao fazer isso, creio que deixam de apreender a causa principal do vigor da religião neste país e, como diz Tocqueville, parecem dispostos a colocá-la em risco em troca de ganhos temporários no poder político.

(b) Outros podem pensar que a razão pública é muito restritiva porque pode nos levar a um impasse[78] e inibir decisões sobre questões controvertidas. Um impasse, em certo sentido, pode realmente ocorrer, até mesmo na ciência e no senso comum. Contudo, é irrelevante. A comparação relevante é com as situações nas quais os legisladores, ao elaborar a lei, e os juízes, ao decidir os casos, devem tomar decisões. Aí alguma regra de ação política deve ser estabelecida, e todos devem ser razoavelmente capazes de endossar o processo pelo qual é tomada a decisão. Lembre que a razão pública vê a posição do cidadão, com o seu dever de civilidade, como análoga à do juiz, com o seu dever de decidir casos. Exatamente como os juízes devem decidir casos baseados legalmente em precedentes, em cânones reconhecidos de interpretação e outros fundamentos relevantes, da mesma maneira, os cidadãos devem raciocinar pela razão pública e guiar-se pelo critério da reciprocidade, sempre que elementos constitucionais essenciais e questões de justiça básica estejam em jogo.

---

ele (p. 298). Ao referir-se à causa do declínio da religião na Europa, ele conclui: "Estou profundamente convencido de que essa causa acidental e particular é a união íntima de política e religião [...] O cristianismo europeu permitiu-se a união íntima com os poderes do mundo" (pp. 300-1). O liberalismo político aceita a visão de Tocqueville e a vê como explicando, tanto quanto possível, a base da paz entre doutrinas abrangentes religiosas e seculares.

77. Nisso, concorda com Locke, Montesquieu e Constant, Kant, Hegel e Mill.

78. Tomo esse termo de Philip Quinn. A ideia surge em *Political Liberalism*, conferência VI, seç. 7.1-2, pp. 240-1.

Portanto, quando parece haver um impasse, isto é, quando os argumentos jurídicos parecem equilibrados em ambos os lados, os juízes não podem solucionar o caso simplesmente recorrendo às suas próprias concepções políticas. Fazer isso, para os juízes, é violar o seu dever. O mesmo é válido para a razão pública: se, quando ocorrem impasses, os cidadãos simplesmente invocam razões de fundamentação apenas das suas concepções abrangentes[79], o princípio da reciprocidade é violado. Do ponto de vista da razão pública, os cidadãos devem votar o ordenamento dos valores políticos que sinceramente pensam ser os mais razoáveis. Do contrário, deixam de exercer o poder político de maneiras que satisfaçam o critério de reciprocidade.

Em particular, quando surgem questões muito controvertidas, como o aborto, que podem levar a um impasse entre concepções políticas diferentes, os cidadãos devem votar a questão de acordo com o seu ordenamento completo de valores políticos[80]. Na verdade, esse é um caso normal: a

---

79. Uso o termo "razões de fundamentação" já que muitos que poderiam recorrer a essas razões veem-nas como os fundamentos adequados ou a base verdadeira – religiosa, filosófica ou moral – dos ideais e princípios das razões públicas e das concepções políticas da justiça.

80. Alguns leram, muito naturalmente, a nota de rodapé em *Political Liberalism*, conferência VI, seç. 7.2, pp. 243-4, como um argumento a favor do aborto no primeiro trimestre. Não pretendo que seja. (Não expressa a minha opinião, mas a minha opinião não é um argumento.) Errei ao deixar em dúvida se o objetivo da nota de rodapé era apenas para ilustrar e confirmar a afirmação seguinte no texto ao qual se vinculava a nota: "As únicas doutrinas abrangentes que contrariam a razão pública são as que não conseguem sustentar um equilíbrio [ou ordenamento] razoável dos valores políticos [na questão]". Para tentar explicar o que queria dizer, usei três valores políticos (naturalmente, há mais) para a acalorada questão do aborto, à qual parecia improvável que os valores políticos pudessem se aplicar. Creio que uma interpretação mais detalhada desses valores pode, quando adequadamente desenvolvidos na razão pública, resultar num argumento razoável. Não digo o argumento mais razoável ou decisivo; não sei o que seria ou mesmo se existe. (Para um exemplo de uma interpretação assim mais detalhada, ver Judith Jarvis Thomson, "Abortion", *Boston Review*, 20 [verão 1995], 11, embora eu desejasse acrescentar-lhe vários adendos.) Suponha agora, para propósitos de ilustra-

unanimidade de visões não deve ser esperada. A concepção política razoável de justiça nem sempre leva à mesma conclusão[81]; tampouco cidadãos que sustentam a mesma concepção concordam sempre quanto a questões específicas. Não obstante, o resultado da votação, como eu disse antes, deve ser visto como legítimo, contanto que todos os funcionários governamentais, apoiados por outros cidadãos razoáveis, de um regime constitucional razoavelmente justo, votem de acordo com a ideia de razão pública. Isso não significa que o resultado seja verdadeiro ou correto, mas que é uma lei razoável e legítima, obrigatória para os cidadãos pelo princípio da maioria.

Alguns podem, é claro, rejeitar uma decisão legítima, como os católicos romanos podem rejeitar a decisão de conceder direito ao aborto. Podem apresentar um argumento da razão pública para negá-lo e deixar de obter maioria[82]. Mas não precisam, eles mesmos, exercer o direito ao aborto. Po-

---

ção, que há um argumento razoável na razão pública a favor do direito ao aborto mas que não há nenhum equilíbrio ou ordenamento igualmente razoável dos valores políticos na razão pública para a negação desse direito. Então, nesse tipo de caso, mas apenas nesse tipo de caso, uma doutrina abrangente que nega o direito ao aborto contraria a razão pública. Contudo, se pode satisfazer melhor o proviso da razão pública ampla ou, pelo menos, tão bem como outras concepções, ela se justifica na razão pública. Naturalmente, uma doutrina abrangente pode ser irrazoável em uma ou várias questões sem ser simplesmente irrazoável.

81. Ver *Political Liberalism*, conferência VI, seç. 7.1, pp. 240-1.

82. Para tal argumento, ver cardeal Joseph Bernadin, "The Consistent Ethic: What Sort of Framework?" *Origins*, 16 (30 de outubro, 1986), 347-50. A ideia de ordem pública apresentada pelo cardeal inclui estes três valores políticos: a paz pública, as garantias essenciais dos direitos humanos e os padrões comumente aceitos de conduta moral em uma comunidade de Direito. Além disso, ele reconhece que nem todos os imperativos morais devem ser traduzidos em estatutos civis de proibição, e pensa que é essencial para a ordem política e social proteger a vida humana e os direitos humanos básicos. Com base nesses três valores ele espera justificar a negação do direito ao aborto. Não avalio, naturalmente, o seu argumento aqui, exceto para dizer que é moldado em certa forma de razão pública. Se é razoável ou não, ou mais razoável que os argumentos do outro lado, é outra questão. Como qualquer forma de raciocínio na razão pública, pode ser falacioso ou errado.

dem reconhecer o direito como pertencendo à lei legítima decretada em conformidade com instituições políticas legítimas e com a razão pública e, portanto, não lhe resistir com a força. A resistência pela força é irrazoável: significaria tentar impor pela força a própria doutrina abrangente que uma maioria dos outros cidadãos que seguem a razão pública não aceita, não irrazoavelmente. Certamente os católicos podem, alinhados com a razão pública, continuar a argumentar contra o direito ao aborto. A argumentação não está fechada para sempre na razão pública, não mais do que está fechada em qualquer forma de argumentação. Além disso, que a razão não pública da Igreja Católica requeira que os seus membros sigam sua doutrina é perfeitamente compatível com o respeito à razão pública[83].

Não discuto o aborto em si, já que o meu interesse não é essa questão, mas sublinho que o liberalismo político não sustenta que o ideal da razão pública deva sempre levar a uma concordância geral de concepções e que não é uma falha que isso não aconteça. Os cidadãos aprendem e lucram com o debate e a discussão, e quando seus argumentos seguem a razão pública eles instruem a cultura política da sociedade e aprofundam sua compreensão mútua mesmo quando não se pode chegar a um acordo.

6.2 Algumas das considerações subjacentes à objeção quanto ao impasse levam a uma objeção mais geral à razão pública, a saber, que é muito estrito o conteúdo da família das

---

83. Tanto quanto posso perceber, essa visão é similar à posição do padre John Courtney Murray a respeito da posição que a Igreja devia assumir quanto à contracepção, em *We Hold These Truths: Catholic Reflections on the American Proposition* (Nova York, Sheed e Ward, 1960), pp. 157-8. Ver também a conferência Notre Dame de Mario Cuomo sobre o aborto em 1984, em *More Than Words: The Speeches of Mario Cuomo* (Nova York, St. Martin's, 1993), pp. 32-51. Devo a Leslie Griffin e Paul Weithman a discussão e esclarecimento a respeito de pontos envolvidos nesta e na nota de rodapé precedente e por me apresentar a visão do padre Murray.

concepções políticas razoáveis de justiça na qual ela se baseia. Essa objeção insiste em que devemos sempre apresentar o que pensamos ser razões verdadeiras ou de fundamentação para as nossas concepções. Isto é, somos obrigados a expressar o verdadeiro ou o certo como visto a partir das nossas doutrinas abrangentes.

Contudo, como eu disse no início, na razão pública ideias de verdade ou correção baseadas em doutrinas abrangentes são substituídas por uma ideia do politicamente razoável dirigido aos cidadãos como cidadãos. Esse passo é necessário para estabelecer uma base de raciocínio político que todos possam compartilhar como cidadãos livres e iguais. Como estamos buscando justificativas públicas para instituições políticas e sociais – para a estrutura básica de um mundo político e social –, pensamos nas pessoas como cidadãos. Isso atribui a cada pessoa a mesma posição política básica. Ao dar razões a todos os cidadãos não vemos as pessoas como socialmente situadas ou enraizadas de alguma outra maneira, isto é, como estando nesta ou naquela classe social ou neste ou naquele grupo de propriedade ou renda ou como tendo esta ou aquela doutrina abrangente. Tampouco estamos recorrendo aos interesses de cada pessoa ou grupo, embora, em algum ponto, devamos levar em conta esses interesses. Antes, pensamos nas pessoas como cidadãos razoáveis e racionais, livres e iguais, com os dois poderes morais[84] de ter, em qualquer momento, uma concepção determinada do bem, que pode mudar ao longo do tempo. Essas características dos cidadãos estão implícitas em participarem de um sistema justo de cooperação social, buscarem e apresen-

---

84. Esses dois poderes, a capacidade de uma concepção de justiça e a capacidade de uma concepção do bem, são discutidos em *Political Liberalism*. Ver especialmente conferência I, seç. 3.2, p. 19; conferência II, seç. 7.1, p. 81; conferência III, seç. 3.3, pp. 103-4; conferência III, seç. 4.1, p. 108.

tarem justificativas públicas para os seus julgamentos a respeito de questões políticas fundamentais.

Enfatizo que essa ideia de razão pública é plenamente compatível com as muitas formas de razão não pública[85]. Estas pertencem à vida interna das muitas associações da sociedade civil, e naturalmente não são as mesmas; as diferentes razões não públicas de diferentes associações religiosas compartilhadas pelos seus membros não são as das sociedades científicas. Como buscamos uma base de justificação pública compartilhável por todos os cidadãos da sociedade, dar justificativas a pessoas e grupos particulares aqui e ali, até que todos sejam abrangidos, não concorre para nosso objetivo. Falar de todas as pessoas na sociedade ainda é muito amplo, a menos que suponhamos que sejam basicamente iguais na sua natureza. Na filosofia política, o papel das ideias a respeito da natureza foi pensar nas pessoas de uma maneira padronizada ou canônica, para que pudessem todos aceitar o mesmo tipo de razões[86]. No liberalismo político, porém, tentamos evitar concepções naturais ou psicológicas desse tipo, assim como doutrinas teológicas ou seculares. Colocamos de lado descrições da natureza humana e, em vez disso, nos valemos de uma concepção política de pessoas como cidadãos.

6.3 Como sublinhei o tempo todo, é central para o liberalismo político que cidadãos livres e iguais afirmem ao mesmo tempo uma doutrina abrangente e uma concepção

---

85. *Ibid.*, conferência VI, seç. 4, pp. 223-7.
86. Às vezes, o termo "normalizar" é usado nesse contexto. Por exemplo, as pessoas têm certos interesses fundamentais de um tipo religioso ou filosófico ou, então, certas necessidades básicas de um tipo natural. Novamente, podem ter certo padrão típico de autorrealização. Um tomista dirá que sempre desejamos, acima de tudo, mesmo que desconhecida para nós, a *Visio Dei*; um platonista dirá que lutamos por uma visão do bem; um marxista dirá que almejamos a autorrealização como seres da espécie.

política. Contudo, a relação entre uma doutrina abrangente e a concepção política que a acompanha é com facilidade mal compreendida.

Quando o liberalismo político fala de um consenso de sobreposição razoável de doutrinas abrangentes[87], ele quer dizer que todas essas doutrinas, religiosas e não religiosas, sustentam uma concepção política de justiça à base de uma sociedade democrática constitucional cujos princípios, ideais e padrões satisfaçam o critério de reciprocidade. Assim, todas as doutrinas razoáveis afirmam tal sociedade com as suas correspondentes instituições políticas: direitos e liberdades básicos iguais para todos os cidadãos, incluindo a liberdade de consciência e a liberdade de religião[88]. Por outro lado, as doutrinas abrangentes que não podem sustentar tal sociedade democrática não são razoáveis. Seus princípios e ideais não satisfazem o critério de reciprocidade e, de várias maneiras, deixam de estabelecer as liberdades básicas iguais. Como exemplo, considere as muitas doutrinas religiosas fundamentalistas, a doutrina do direito divino dos reis, as várias formas de aristocracia e os muitos casos de autocracia e ditadura.

Além disso, um verdadeiro julgamento em uma doutrina abrangente razoável nunca entra em conflito com um julgamento razoável na sua respectiva concepção política. Um julgamento razoável da concepção política deve ainda ser confirmado como verdadeiro ou correto pela doutrina abrangente. Cabe aos cidadãos, naturalmente, afirmar, rever ou mudar as suas doutrinas abrangentes. Suas doutrinas podem suplantar ou não valer nada para os valores políticos de uma sociedade democrática constitucional. Mas, então, os cida-

---

87. A ideia de tal consenso é discutida em vários trechos em *Political Liberalism*. Ver, especificamente, a conferência IV e consultar o índice remissivo.
88. Ver *ibid.*, p. xviii (brochura).

dãos não podem afirmar que tais doutrinas são razoáveis. Como o critério de reciprocidade é um ingrediente essencial na especificação da razão pública e do seu conteúdo, o liberalismo político rejeita como irrazoáveis todas essas doutrinas.

Em uma doutrina abrangente razoável, em particular uma doutrina religiosa, a hierarquia de valores pode não ser o que poderíamos esperar. Assim, suponha que chamemos *transcendentes* valores como a salvação e a vida eterna – a *Visio Dei*. Esse valor, digamos, é superior aos valores políticos razoáveis de uma sociedade democrática constitucional. Esses são valores mundanos e, portanto, em um plano diferente e, por assim dizer, inferior ao dos valores transcendentes. Não vem daí, porém, que esses valores inferiores, mas razoáveis, sejam suplantados pelos valores transcendentes da doutrina religiosa. Na verdade, uma doutrina abrangente *razoável* é uma doutrina na qual eles não são suplantados. Essa é uma consequência da ideia do politicamente razoável como exposto no liberalismo político. Lembre o que foi dito: Ao endossar um regime democrático constitucional, uma doutrina religiosa pode dizer que esses são os limites postos por Deus à nossa liberdade[89].

Uma incompreensão adicional alega que um argumento na razão pública não poderia tomar o partido de Lincoln contra Douglas nos debates de 1858[90]. Mas por que não? Certamente, eles estavam debatendo princípios políticos fundamentais a respeito dos acertos e erros da escravidão.

---

89. Ver § 3.2. Às vezes pergunta-se por que o liberalismo político dá tanto valor aos valores políticos, como se alguém só pudesse fazer isso avaliando esses valores em comparação com valores transcendentes. Mas, como se vê no texto, o liberalismo político não faz nem precisa fazer essa comparação.

90. A propósito, ver Michael J. Sandel, "Review of *Political Liberalism*", *Harvard Law Review*, 107 (1994), 1778-1782, e, mais recentemente, Michael J. Sandel, *Democracy's Discontent: America in Search of a Public Philosophy* (Cambridge, Mass., Harvard University Press, 1996), pp. 21-3.

Como a rejeição da escravidão é um caso claro de assegurar o elemento constitucional essencial das liberdades básicas iguais, com certeza a visão de Lincoln era razoável (se não mesmo a mais razoável) ao passo que a de Douglas não era. O que poderia ser um exemplo melhor para ilustrar a força da razão pública na vida política?[91]

6.4 Uma terceira objeção geral é a de que a ideia de razão pública é desnecessária e não serve a nenhum propósito numa democracia constitucional bem estabelecida. Seus limites e restrições são úteis primariamente quando uma sociedade é nitidamente dividida e contém muitas associações religiosas e grupos seculares hostis, cada um tentando tornar-se a força política controladora. Nas sociedades políticas das democracias europeias e dos Estados Unidos, essas preocupações, diz a objeção, são ociosas.

Contudo, essa objeção é incorreta e sociologicamente defeituosa. Pois, sem comprometimento do cidadão com a razão pública e o cumprimento do dever de civilidade, as divisões e hostilidades entre doutrinas inevitavelmente irão se afirmar, se já não existiam. A harmonia e a concórdia entre as doutrinas e a afirmação da razão pública pelas pessoas não são, infelizmente, uma condição permanente da vida

---

91. Talvez alguns pensem que uma concepção política não é uma questão de certo e errado (moral). Se for assim, será um erro e simplesmente falso. As concepções públicas de justiça são, elas próprias, ideias intrinsecamente morais, como enfatizei desde o início. Como tais, são um tipo de valor normativo. Por outro lado, alguns podem pensar que as concepções políticas relevantes são determinadas pelo modo como as pessoas efetivamente estabelecem as instituições existentes – o político dado, por assim dizer, pela política. Vista sob essa luz, a prevalência da escravidão em 1858 implica que as críticas a ela feitas por Lincoln eram morais, uma questão de certo e errado e, certamente, uma questão de política. Dizer que o político é determinado pela política de um povo pode ser um uso possível do termo "político". Mas, então, deixa de ser uma ideia normativa e já não é parte da razão pública. Devemos nos ater firmemente à ideia do político como categoria fundamental e abrangendo as concepções políticas de justiça como valores morais intrínsecos.

social. Antes, a harmonia e a concórdia dependem da vitalidade da cultura política pública e de os cidadãos serem devotados e realizarem o ideal da razão pública. Os cidadãos poderiam facilmente tornar-se amargurados e ressentidos, e passar a ignorá-lo assim que já não pudessem perceber por que afirmar um ideal de razão pública.

Retornando ao ponto em que começamos nesta seção: Não sei como provar que a razão pública não é excessivamente restritiva ou se as suas formas estão adequadamente descritas. Suspeito que isso não possa ser feito. Contudo, esse não é um problema sério se, como acredito, a grande maioria dos casos se ajustam à estrutura da razão pública, e os casos que não se ajustam possuem características especiais que nos capacitam a compreender por que deveriam causar dificuldades e nos mostram como lidar com elas quando surgem. Isso provoca questões gerais sobre existirem ou não casos importantes de elementos constitucionais essenciais e justiça básica que não se ajustam à estrutura da razão pública e, se existirem, por que causam dificuldades. Neste ensaio não trato dessas questões.

§ 7. Conclusão

7.1 O tempo todo, estive preocupado com uma questão torturante no mundo contemporâneo, a saber: A democracia e as doutrinas abrangentes, religiosas ou não, podem ser compatíveis? Se podem, como? No momento, vários conflitos entre religião e democracia suscitam essa questão. Para respondê-la, o liberalismo político faz a distinção entre uma concepção política de justiça autônoma e uma doutrina abrangente. Uma doutrina religiosa que se baseia na autoridade da Igreja ou da Bíblia não é, naturalmente, uma doutrina abrangente liberal: seus principais valores religiosos e morais não são, digamos, os de Kant ou Mill. Não obstante, ela pode endossar uma sociedade democrática constitucional e reconhecer sua razão pública. No caso, é básico que a razão pública seja uma ideia política e pertença à categoria do político. Seu conteúdo é dado pela família das concepções políticas (liberais) de justiça que satisfaçam o critério de reciprocidade. Ela não se imiscui nas crenças e injunções religiosas na medida em que estas sejam compatíveis com as liberdades constitucionais essenciais, incluindo a liberdade de religião e a liberdade de consciência. Não existe e não precisa existir nenhuma guerra entre religião e democracia. Nesse aspecto, o liberalismo político é nitidamente diferente e rejeita o liberalismo iluminista, que, historicamente, atacou o cristianismo ortodoxo.

Os conflitos entre democracia e doutrinas religiosas razoáveis e entre as próprias doutrinas religiosas razoáveis são grandemente mitigados e contidos dentro dos limites dos princípios razoáveis de justiça em uma sociedade democrática constitucional. Essa mitigação deve-se à ideia de tolerância, e fiz distinção entre duas ideias desse tipo[92]. Uma é puramente política, sendo expressa em função dos direitos e deveres que protegem a liberdade religiosa em conformidade com uma concepção política razoável de justiça[93].

---

92. Ver § 3.2.
93. Ver *Political Liberalism*, conferência II, seç. 3.2-4, pp. 60-2. Os pontos principais podem ser expostos resumidamente da seguinte maneira: (1) As pessoas razoáveis não afirmam todas a mesma doutrina abrangente. Diz-se que isso é consequência dos ônus de julgamento. Ver nota 95. (2) São afirmadas muitas doutrinas razoáveis, das quais nem todas podem ser verdadeiras ou corretas (como julgadas a partir de dentro numa doutrina abrangente). (3) Não é irrazoável afirmar nenhuma das doutrinas abrangentes razoáveis. (4) Outros que afirmam doutrinas razoáveis diferentes das nossas também são, reconhecemos, razoáveis e, certamente não por essa razão, irrazoáveis. (5) Ao ir além de reconhecer a razoabilidade de uma doutrina e afirmar a nossa crença nela, não estamos sendo irrazoá-

A outra não é puramente política mas é expressa a partir de dentro de uma doutrina religiosa ou não religiosa. Contudo, um julgamento razoável da concepção política ainda deve ser confirmado como verdadeiro, ou certo, por uma doutrina abrangente razoável[94]. Presumo, então, que uma doutrina abrangente razoável aceita alguma forma de argumento político a favor da tolerância. Naturalmente, os cidadãos podem pensar que as razões de fundamentação da tolerância e dos outros elementos de uma sociedade democrática constitucional não são políticas mas, antes, devem ser encontradas nas suas doutrinas religiosas ou não religiosas. E essas razões, podem muito bem dizer, são as razões verdadeiras ou corretas, e podem ver as razões políticas como superficiais e as de fundamentação como profundas. Contudo, não há nenhum conflito no caso, mas simplesmente julgamentos concordantes feitos dentro de concepções políticas de justiça, por um lado, e de doutrinas abrangentes, por outro.

Há, porém, limites à reconciliação pela razão pública. Três tipos principais de conflitos colocam os cidadãos em desavença: os que derivam de doutrinas abrangentes irreconciliáveis, os que derivam de diferenças de posição, classe ou ocupação, ou de diferenças de etnia, gênero ou raça, e, finalmente, os que derivam dos ônus do julgamento[95]. O liberalismo político interessa-se primariamente pelo primeiro tipo de conflito. Sustenta que, embora as nossas doutrinas abrangentes sejam irreconciliáveis e não possam fazer concessões, os cidadãos que afirmam doutrinas razoáveis po-

---

veis. (6) Pessoas razoáveis acham irrazoável usar o poder político, se o tivessem, para reprimir outras doutrinas que são razoáveis mas diferentes das suas.
94. Ver § 6.3.
95. Esses ônus são discutidos em *Political Liberalism*, conferência II, seç. 2. *Grosso modo*, são as fontes ou causas de discordância razoável entre pessoas razoáveis e racionais. Envolvem equilibrar o peso de diferentes tipos de prova e tipos de valores e coisas semelhantes, e afetam os julgamentos teóricos e práticos.

dem, não obstante, compartilhar razões de outro tipo, a saber, razões públicas dadas em função da concepção política de justiça. Também acredito que tal sociedade pode solucionar o segundo tipo de conflito, que lida com conflitos entre os interesses fundamentais dos cidadãos – políticos, econômicos e sociais. Pois, assim que aceitamos princípios razoáveis de justiça e os reconhecemos como razoáveis (mesmo que não os mais razoáveis) e sabemos, ou acreditamos razoavelmente, que as nossas instituições políticas e sociais os satisfazem, o segundo tipo de conflito não precisa surgir, ou surgir tão forçosamente. O liberalismo político não considera explicitamente esses conflitos, mas deixa que sejam considerados pela justiça como equidade ou por alguma outra concepção razoável de justiça política. Finalmente, conflitos que se originam dos ônus do julgamento sempre existem e limitam a extensão da possível concordância.

7.2 As doutrinas abrangentes razoáveis não rejeitam os elementos essenciais de uma sociedade democrática constitucional[96]. Além disso, as pessoas razoáveis são caracterizadas de duas maneiras: Primeiro, estão prontas a oferecer termos justos de cooperação entre iguais e aquiescem a esses termos se os outros também o fazem, mesmo que seja vantajoso não fazê-lo[97]; segundo, as pessoas razoáveis reconhecem e aceitam as consequências dos ônus de julgamento, o que leva à ideia de tolerância razoável em uma sociedade democrática[98]. Finalmente, chegamos à ideia de lei legítima, que os cidadãos compreendem que se aplica à estrutura geral da autoridade política[99]. Sabem que na vida política raramente, se é que alguma vez, se pode esperar realmente a

---

96. Ibid., p. xviii.
97. *Ibid.*, conferência II, seç. 1.1, pp. 49-50.
98. *Ibid.*, conferência II, seç. 2-3.4, pp. 54-62.
99. *Ibid.*, conferência IV, seç. 1.2-3, pp. 135-7.

unanimidade e que, portanto, uma constituição democrática razoável deve incluir a maioria ou outros processos pluralistas de votação para tomar decisões[100].

A ideia do politicamente razoável é suficiente em si para os propósitos da razão pública quando as questões políticas básicas estão em jogo. Naturalmente, as doutrinas religiosas fundamentalistas e os governantes autocráticos e ditatoriais rejeitarão as ideias de razão pública e democracia deliberativa. Dirão que a democracia leva a uma cultura contrária à sua religião ou que nega os valores que apenas o governo autocrático ou ditatorial pode assegurar[101]. Afirmam que o religiosamente verdadeiro ou o filosoficamente verdadeiro suplanta o politicamente razoável. Dizemos, simplesmente, que tal doutrina é politicamente irrazoável. No liberalismo político, nada mais precisa ser dito.

Observei no início[102] que o fato de que toda sociedade efetiva, por mais dominantes e controladores que possam ser os seus cidadãos razoáveis, normalmente conterá numerosas doutrinas irrazoáveis que não são compatíveis com uma sociedade democrática – sejam certas doutrinas religiosas, como as religiões fundamentalistas, sejam doutrinas não religiosas (seculares), como as da autocracia e da ditadura, das quais o nosso século oferece horríveis exemplos. Até que ponto as doutrinas irrazoáveis podem ser ativas e toleráveis num regime democrático constitucional não representa uma questão nova e diferente, a despeito do fato de que, nesta descrição da razão pública, concentramo-nos na ideia do razoável e no papel dos cidadãos razoáveis. Não existe uma descrição de tolerância para doutrinas razoáveis

---

100. *Ibid.*, conferência IX, seç. 2.1, p. 393.
101. Note que nem a objeção religiosa à democracia nem a objeção autocrática poderiam ser feitas pelo raciocínio público.
102. Ver nota 3.

e outra para doutrinas irrazoáveis. Ambos os casos são solucionados pelos princípios políticos adequados de justiça e pela conduta que esses princípios permitem[103]. As doutrinas irrazoáveis são uma ameaça às instituições democráticas, pois lhes é impossível aquiescer a um regime constitucional, exceto como um *modus vivendi*. Sua existência estabelece um limite para o objetivo de realizar plenamente uma sociedade democrática razoável, com o seu ideal de razão pública e a ideia de lei legítima. Esse fato não é um defeito ou falha da ideia de razão pública, mas, antes, indica que há limites para o que a razão pública pode realizar. Não diminui o grande valor e importância de tentar realizar esse ideal no âmbito mais completo possível.

7.3 Termino assinalando a diferença fundamental entre *Uma teoria da justiça* e o *Liberalismo político*. A primeira tenta explicitamente desenvolver, a partir da ideia do contrato social, representada por Locke, Rousseau e Kant, uma teoria da justiça que já não esteja aberta às objeções muitas vezes tidas como fatais para ela, e que se mostre superior à longa tradição dominante do utilitarismo. *Uma teoria da justiça* tem esperança de apresentar as características estruturais de tal teoria, a fim de fazer dela a melhor aproximação dos nossos julgamentos considerados de justiça e, portanto, dar a base moral mais adequada para uma sociedade democrática. Além disso, a justiça como equidade é apresentada ali como uma doutrina liberal abrangente (embora o termo "doutrina abrangente" não seja usado no livro), afirmada por todos os membros da sociedade bem ordenada. Esse tipo de sociedade bem ordenada contradiz o fato do pluralismo razoável e, portanto, *o Liberalismo político* considera essa sociedade como impossível.

---

103. Ver *Uma teoria da justiça*, seç. 35 (sobre a tolerância dos intolerantes); *Political Liberalism*, conferência V, seç. 6.2, pp. 197-9.

Assim, o *Liberalismo político* leva em conta uma questão diferente, a saber: Como é possível para os que afirmam uma doutrina abrangente, religiosa ou não, e, em particular, doutrinas baseadas na autoridade religiosa, como a Igreja ou a Bíblia, também sustentar uma concepção política razoável de justiça que alicerça uma sociedade democrática constitucional? As concepções políticas são vistas como liberais e autônomas, não como abrangentes, ao passo que as doutrinas religiosas podem ser abrangentes, mas não liberais. Os dois livros são assimétricos, embora ambos tenham uma ideia de razão pública. No primeiro, a razão pública é dada por uma doutrina liberal abrangente, ao passo que no segundo a razão pública é uma maneira de raciocinar a respeito de valores políticos compartilhados por cidadãos livres e iguais, que não se imiscui nas doutrinas abrangentes dos cidadãos contanto que essas doutrinas sejam compatíveis com uma sociedade democrática. Assim, a sociedade democrática constitucional bem ordenada do *Liberalismo político* é uma sociedade em que os cidadãos dominantes e controladores atuam a partir de doutrinas abrangentes irreconciliáveis mas razoáveis. Essas doutrinas, por sua vez, sustentam concepções políticas razoáveis – embora não necessariamente as mais razoáveis – que especificam os direitos, liberdades e oportunidades básicas dos cidadãos na estrutura básica da sociedade.

Índice analítico

Abolicionistas: cumpriram o proviso, 203
Aborto: e razão pública, 222-3
Absolutismos benevolentes, 5, 83; direito à guerra de autodefesa, 121
Afinidade, ideia de, 24; e dever de assistência, 147-9
Agostinho, Santo, 135n
Alperovitz, Gar, 131n
Ambrósio, Santo, 135n
An-Na'im, Abdullahi Ahmed, 199n
Anscombe, G. E. M., 137n
Antissemitismo, 27, 29
Aquino, São Tomás de, 187n
Arendt, Hannah, 26n, 135n
Argentina, 142
Aristóteles, 187n
Armas nucleares, 9, 11; necessidade de manter, para encurralar Estados fora da lei, 11; uso de, em Hiroshima, grave mal contra população civil, 125
Aron, Raymond, 60-1

Associações: e princípios de justiça, 208
Atenas, democracia de, 38n, 67
Audi, Robert, 194n
Auschwitz, 26
Autodefesa: Direito dos Povos à, 47; direito à guerra em, 119, 121
Autodeterminação: direito válido apenas dentro de limites, 48-9; Direito dos Povos à, 80; um bem importante para um povo, 111, 146-7
Autonomia política, de povos liberais e decentes: é objetivo do dever de assistência, 155
Autonomia; interna de regimes é limitada, 103-4; duas formas de, política e moral, 192
Autorrespeito: e trabalho significativo, 64; importância entre povos decentes, 79, 81
Axelrod, Robert, 36n

Barry, Brian, 107n
Bartoy, Omar, 130n
Beitz, Charles, 48n, 107n; visão da justiça distributiva global,

152-3; princípio da
redistribuição de recursos, 153;
princípio da diferença global,
153; princípio da diferença
global tem resultados
inaceitáveis, 154-5
Benhabib, Seyla, 187n
Bens primários: funcionalidade
dos, 18; e comparações
interpessoais; e suposições
simplificadoras a respeito de
capacidades básicas, 18n
Bergerud, Eric, 126n
Bernadin, Cardeal Joseph, 222n
Bernstein, Barton, 133n
Bilgrami, Akeel, 199n
Bismarck, Otto von, 67
Boa ideia comum de justiça:
funcionários de povos
hierárquicos decentes
acreditam que a lei seja guiada
pela, 87, 94; sociedade
hierárquica decente seja guiada
pela, 93; confere direitos
humanos a todos os membros
da sociedade decente, 114-5
Bom samaritano, parábola do: e
razão pública, 192-3; como
exemplo de declaração pública
de doutrina abrangente, 204
Bonhoeffer, Dietrich, 29n
Brierly, J. L., 47n
Buckley contra Valeo, 426 U.S. 1
(1976): Dworkin sobre o grave
erro de, 184n
Bullock, Alan, 130n
Burrin, Philippe, 27n

Calvino, João, 28, 218n
Capacidades básicas: ideia de,
de Sen, 18; inviabilidade da
ideia de, 18; importância de
explicar por que os bens
primários são essenciais, 18n
Carr, E. H., 7n
Casanistão, 5, 98-102, 121;
exemplo imaginado de povo
hierárquico decente, 5, 83; não
separa Igreja e Estado, 98;
tolera outras religiões, 99; não
perfeitamente justo mas
decente, 102; não sem
precedente no mundo real, 102
Catolicismo, 28, 166n, 187,
202n; e liberdade religiosa,
28-9n; e aborto, 222-3
Churchill, Winston, 7n, 128n, 132
Cidadania democrática: duas
características da, 179-80
Cidadãos livres iguais: ideia de,
endossada pelas concepções
liberais, 18; como a ideia é
determinada, 20; são almejados
na razão pública, 224; dois
poderes morais de, 224
Cidadãos razoáveis: definidos,
114, 180, 232. *Ver também*
Razoável, ideia do
Clausewitz, Carl von, 33n
Cohen, Joshua, 20n, 147n, 183n,
186n, 209n
Comércio justo, 55
Comparações interpessoais: e
papel dos bens primários, 18
Comunismo soviético: perda de
fé no, 35n
Concepção liberal de justiça:
duas condições de ser realista,
17; condições de ser utópica,
18; princípios característicos
da, 19, 63, 186; família da,
endossa ideia de sociedade

ÍNDICE ANALÍTICO

como sistema justo de cooperação, 19; justiça como imparcialidade a mais igualitária, 19n; contém princípios de justiça substantivos, não meramente processuais, 19-20; como interesse fundamental de povos liberais, 41-2; cinco características da, 64-5; exercer a razão pública é recorrer à, 189. *Ver também* Concepção política de justiça

Concepção política de justiça: condição de ser utópica, 18; construída a partir de ideias políticas na cultura política, 20; é autônoma, 41; três características da liberal, 185-6; três características (formais) da, 188-9; precisa de sustentação vital de doutrinas abrangentes razoáveis, 202-3; sua aplicação à família, 215; concepções razoáveis nem sempre levam à mesma conclusão, 222; cidadãos sustentando a mesma concepção nem sempre concordam, 222; é uma ideia intrinsecamente moral, 228n; como autônoma, 229. *Ver também* Concepção liberal de justiça

Condição de perpetuidade, 10; e o território de um povo, 10

Condições desfavoráveis, 138-40; sociedades oneradas por, 5; segundo tipo de teoria não ideal, 6. *Ver também* Sociedades oneradas; Dever de assistência

Conflito político: três tipos de, 231-2

Congresso: influência corruptora do dinheiro sobre, 32n

Conjetura: como forma de discurso público, definida, 205

Conscrição: pode ser feita na concepção liberal apenas para defender a liberdade, 120

Consenso sobreposto, 41, 226; e estabilidade e unidade social, 21; e doutrina muçulmana, 199n; significa que todas as doutrinas razoáveis sustentam uma concepção política de justiça que satisfaz critério de reciprocidade, 226

Contrato social, ideia de, 5; estendida à Sociedade dos Povos em três partes, 5; e Kant, 12-3; sua concepção do Direito dos Povos, 74

Convenção de Copenhague de 1990, 103n

Cooper, John, 31n

Cooperação, termos justos de: oferecidos por povos liberais e decentes a outros povos, 33, 45

Crianças: direitos básicos das, 211

Cristianismo: e heresia, 28, 218n; zelo persecutório do, sua maldição, 28, 218n

Cuidado médico básico: como característica da concepção liberal de justiça, 65

Cultura de fundo: e sociedade civil, 177; ideal de razão pública não se aplica à, 177, 187n; o que inclui, 177n

Cultura política pública: visão ampla de, 200-5; dois aspectos

discutidos, 200-1; (1) o proviso, 201-2; (2) razões positivas para introduzir doutrinas abrangentes razoáveis na discussão da, 202-3
Cultura política, significação da: para conduta de guerra justa, 133-5
Cuomo, Mario, 223n
Curry, Thomas J., 216-7n

Davis, Jefferson, 161-2n
Decência: nenhuma definição de no liberalismo político, 87, 114; recebe significado no modo como é usada, 87-8; ideia de é especificada, 113-5
Declaração Universal dos Direitos Humanos de 1948: 104n; aspirações liberais do Estado assim como direitos humanos, 104n
Declaração: de doutrinas abrangentes, 204
Deliberação pública: característica básica da democracia, 183-4. *Ver também* Democracia deliberativa
Democracia deliberativa: e democracia constitucional bem-ordenada, 182-3; três elementos essenciais da, 183-4
Democracia: diferentes ideias de, 182; e religião e razão pública, 196-200; e dever de aceitar obrigações de Direito legítimo, 198; e o Islã, 199n; objetivos para a igualdade plena de todos os cidadãos e das mulheres, 211; problema da sua compatibilidade com doutrinas abrangentes, 229
Democracias constitucionais: não guerreiam entre si, 9; iguais a sociedade liberal, 17; características quando razoavelmente justas, 32; financiamento público das eleições e discussão política pública em, 196-200; e estabilidade pelas razões corretas, 197; e Islã, 199n. *Ver também* Democracia; Concepção liberal de justiça; Sociedade liberal
Desigualdade: três razões para interesse por ela e para reduzi-la, na sociedade doméstica: critério de reciprocidade, respeito por si e imparcialidade do processo político, 150-1
Dever de assistência dos povos, 6, 56n, 111, 165; devido a povos vivendo sob condições desfavoráveis que impedem um regime justo e decente, 48; assegura que sejam cumpridas as necessidades básicas do povo, 49; de sociedades oneradas, 138; três diretrizes para: uma sociedade bem-ordenada não precisa ser rica, 140-1; tem objetivo de realizar e preservar instituições justas (ou decentes), 141; segunda diretriz para: importância da cultura política da sociedade onerada, 142-5; terceira diretriz para: auxiliar sociedades oneradas a gerir

seus negócios, 146-7; e
afinidade entre povos, 147-9;
serve como princípio de
transição para autonomia de
um povo, 155; diferente do
princípio de distribuição
global, 155-6; tem um alvo e
um ponto de interrupção, 156
Dever de civilidade: e ideal de
razão pública, 71-2, 77, 178;
um dever moral, não jurídico,
72, 179; e justificação pública,
203-4
Dia de São Bartolomeu, 28
Dibelius, bispo Otto, 29n
Dinheiro: maldição do, na
política, 183-4
Direito à liberdade: um direito
humano básico, 85
Direito à vida: um direito humano
básico, 85; inclui segurança
econômica mínima, 85
Direito de emigração: essencial a
sociedades hierárquicas
decentes, 97; permitida por
sociedades liberais, 97n
Direito dos Povos: definido, 3;
aplica-se ao Direito
internacional, 3; objetivo,
quando plenamente alcançado,
6; duas ideias principais
motivam, 7-9, 165-6;
desenvolvido dentro do
liberalismo político, 12, 70;
formula ideais e princípios da
política exterior para os povos
liberais, 12, 108, 122;
necessário para realizar
completamente a liberdade de
cidadãos democráticos, 12;
deve ser aceitável para povos
razoáveis que sejam diferentes,
15-6; duas maneiras em que é
realista, 23; como é utópico,
23-4; começa com necessidade
de afinidades comuns entre um
povo, 32; princípios do, 46-56;
oito princípios enunciados,
47-8; qualificações, 48-9; é
extensão da concepção liberal
de justiça de um regime
nacional a uma Sociedade dos
Povos, 70; conteúdo do, 73-4;
necessidade de concepção de
tolerância no, 78-9; extensão a
povos hierárquicos decentes,
82-92; não pressupõe existência
de povo hierárquico decente ou
de povo democrático justo, 98;
é suficientemente liberal,
102-3; é universal em alcance,
111-2, 159-60; como guia para
política externa, 122-3; é
político mas não secular, 136n;
sustenta que desigualdades
entre povos não são sempre
injustas, 149; contrastada com
visão cosmopolita, 156-7;
satisfaz critério de reprocidade,
159; não é etnocêntrico,
159-60; não pede que povos
decentes adotem instituições
liberais, 159-60
Direito internacional, 3; sobre
extensão da justiça como
equidade ao, 4; mudança na
compreensão desde a Segunda
Guerra Mundial, 35
Direito: legitimidade do, e razão
pública, 180-1
Direitos humanos:102-6; papel
dos, para limitar a soberania

interna dos governos, 34, 54, 103-4; dever dos povos de honrar, 48; devem ser interesse fixo da política externa, 62; lista de, especificados, 85; não são peculiarmente liberais, 85, 88-9, 102-3; incluem direitos à vida, liberdade, igualdade formal, propriedade pessoal e uma medida de liberdade de consciência, 85; são necessários a qualquer sistema de cooperação, 88-9; não dependem de uma visão abrangente ou liberal, 88-9; uma classe especial de direitos urgentes, 102-3; não são os mesmos que os direitos liberal-democráticos, 102-3; seu papel no Direito dos Povos, 103-5; restringem razões para guerra e autonomia interna de um regime, 102-3; três papéis dos, 104-5; (1) estabelecem padrões de decência nacional, 105; (2) definem limites de intervenção por outros povos, 105; (3) limitam o pluralismo entre povos, 105; são universais e obrigam Estados fora da lei, 105-6

Discurso público, quatro formas de: justificação pública, declaração, conjetura, testemunho, 204-5

Doutrina cristã do Direito natural: como a sua doutrina de guerra justa difere do Direito dos Povos, 135-8; doutrina do duplo efeito não inclui isenção de emergência suprema, 137

Doutrina da Guerra Justa: o direito à guerra, 117-23; parte da teoria não ideal, 117-9; conduta de guerra: 123-38; seis princípios restringindo a conduta de guerra, 123-7: (1) objetivo da paz justa, 124; (2) povos bem-ordenados guerreiam apenas contra Estados fora da lei com objetivos expansionistas, 124; (3) civis de Estados fora da lei não considerados responsáveis, 124-6; (4) respeito dos direitos humanos do inimigo, 126; (5) previsão, durante a guerra, da paz que buscam, 126-7; (6) papel restrito do raciocínio de meios e fins, 127

Doutrinas abrangentes razoáveis, 22n; admitem liberdade plena e total de consciência e liberdade de pensamento, 97; reconhecem elementos essenciais de um regime democrático liberal, 114, 232; desempenham papel restrito na política democrática liberal, 161; e pluralismo razoável, 173; e o proviso, 202-3; declaração pública de, 204; e conjetura pública, 205; fácil de compreender erroneamente sua relação com concepções políticas de justiça, 225-6; satisfazem critério de reciprocidade, 226; não suplantam valores políticos da razão pública, 227; aceitam alguma forma de argumento político pela tolerância, 231;

cidadãos em sociedades constitucionais democráticas bem-ordenadas afirmam ser irreconciliável, 235; sustentam concepções políticas razoáveis, 235

Doutrinas irrazoáveis: não são compatíveis com sociedade democrática, 233; são inevitáveis, 233; ameaça às instituições democráticas, 234. *Ver também* Fundamentalistas

Doyle, Michael, 66, 68, 69n

Dresden: bombardeio injustificado de, 129, 132

Duplo efeito, doutrina católica do: rejeita a isenção de emergência suprema, 137

Dworkin, Ronald: sobre a maldição do dinheiro na política, 184n

Eleições, financiamento público de: 32n, 65-6

Elementos constitucionais essenciais, definidos, 175-6n; não rejeitados pelas doutrinas abrangentes razoáveis, 177; cidadãos devem argumentar pela razão pública quando em jogo, 220

Elkins, Stanley, 128n

Equidade entre povos: dada pela igual representação na segunda posição original, 151

Equilíbrio reflexivo, 74, 112n

Escravidão, 67n; debates Lincoln-Douglas sobre, 227-8

Estabilidade: pelas razões certas, definida, 17, 58-9; e senso de justiça, 20; enraizada no consenso sobreposto de doutrinas abrangentes razoáveis, 21; das relações entre os povos, 23-4; entre povos não precisa ser um *modus vivendi*, 25; dois tipos de, 56-9; como equilíbrio de forças, 56, 58; pelas razões certas, não como *modus vivendi*, 58; cinco condições de, 64-5; satisfeita na sociedade de democracias constitucionais razoavelmente justas, 66; e religião e democracia, 197

Estadista, deveres do, 126-7, 165; ideal do, definido, 127-9; Washington e Lincoln foram, 128, 128n; Bismarck não foi, 128; almejam paz justa, 128; omissão de estadistas na guerra com o Japão, 131-3; preparado para guerra justa em autodefesa, 137-8; luta contra falta de afinidades entre povos, 147

Estado mundial: ideal de, rejeitado, 46, 62; rejeição de Kant do, como desposta global ou império frágil, 46

Estados fora da lei, 5, 62; definidos, 6, 118; e armas nucleares, 11; direitos humanos nos, 105-6; não tolerados por povos liberais e decentes, 106; seus civis não devem ser considerados responsáveis por guerra injusta, 124-5; da Europa moderna, 138-9

Estados políticos: sem motivos morais, ao contrário dos povos,

23; poderes tradicionais do, no Direito internacional, 33-4 direito tradicional à guerra em políticas de Estado, 33; autonomia tradicional do, no trato com o povo rejeitado pelo Direito dos Povos, 34; características básicas dos, 36-8; não aceitam Direito dos Povos justo, 38

Estados Unidos: histórico de derrubar democracias fracas, 68

Estrutura básica: da sociedade, 21; da Sociedade dos Povos, 79-81; respeito mútuo entre os povos participantes da, 81; equidade no processo político da, e a igualdade, 150-1; um único sistema social, 212; a família como parte da, 212

Família: interesse legítimo do Estado pela, 193; monogamia e casamentos de pessoas do mesmo sexo, 194; como parte da estrutura básica, 206-15; papel principal da, como base da produção ordenada e da reprodução da sociedade e da sua cultura ao longo das gerações, 206-7; um papel central da, para assegurar o desenvolvimento e a educação moral das crianças, 207; e igualdade de oportunidade, 207; razão pública aplicada a, 207-8; vida interna não regulamentada por princípios políticos de justiça mas eles impõem limitações essenciais à, 209; e igualdade e independência das mulheres, 209, 213-4; Mill sobre, 211; divisão de trabalho na, 212-3; e justiça igual, 213; divisão igual de trabalho na, não pode ser comandada por causa de liberdades básicas, 213

Fato da paz democrática liberal, 164; democracias constitucionais bem-ordenadas guerreiam apenas em autodefesa e não entre si, 164

Fato da razão pública, 164; concordância impossível sobre a base de doutrinas abrangentes, 164

Fato da unidade democrática na diversidade: unidade política e social na democracia constitucional não provida por uma doutrina abrangente, 163-4; unidade política e social provida por razoabilidade e racionalidade das instituições políticas e sociais, 163-4

Fato do pluralismo razoável. *Ver* Pluralismo razoável, fato do

Federação dos povos, 49, 92

Filosofia política: quando realisticamente utópica, 6, 15, 162; e reconciliação com nosso mundo social, 15, 162-3. *Ver também* Utopia realista; Reconciliação com o nosso mundo social

Filosofia: como a filosofia política é realisticamente utópica, 6, 15, 162; tarefa da, não descobrir argumentos convincentes contra todos os

outros pois não há tais argumentos, 162. *Ver também* Filosofia política
Financiamento público de eleições e discussão política pública, 32n; uma característica da concepção liberal de justiça, 65
Finnis, John, 100n, 187n, 195n
Fome, 11; muitas vezes causada por omissões políticas e ausência de governo decente, 11; e dever de assistência mútua, 49
Forma social associacionista: 83-4; vê as pessoas primeiro como membros de grupos, não como indivíduos, 89
Fórum político público: três partes do, 176-7
Frederico, o Grande, 33n
Freeman, Samuel, 86n
Friedländer, Saul, 27, 27n; sobre "antissemitismo redentor" de Hitler, 27
Fritzsche, Peter, 27n
Fronteiras dos territórios, 10; papel das, e instituição da propriedade, 10, 49-50; arbitrariedade das, não significa que não são justificadas, 50-1
Fuchs, Victor, 214n
Fundamentalistas: definidos, 166; não reconciliados com o liberalismo ou o pluralismo razoável, 166-7; deixam de satisfazer o critério da reciprocidade, 226
Fundo Monetário Internacional, 110
Gamwell, Franklin, 201n

Gibbon, Edward, 46n
Gilbert, Allan, 69n
Gilbert, Martin, 132n
Gilpin, Robert, 36n, 38n
Goebbels, Joseph, 130
Goldhagen, Daniel, 132n
Governos: poderes de guerra dos, dependem do Direito dos Povos, 34-5; autonomia interna dos, é limitada, 103-4
Greenawalt, Kent, 176n, 191n, 197n, 201n
Gregório IX, papa, 28, 218n
Griffin, Leslie, 223n
Guerra Civil Americana, 67
Guerra dos Sete Anos, 69
Guerra: problema da, 9, 33-4; democracias constitucionais não guerreiam entre si, 9, 21; motivos para, ausentes na Sociedade dos Povos, 26; direito tradicional à, nas políticas de Estado, 33, 35; direito à, depende do Direito dos Povos, 34-5; princípio de deveres na condução da, 48; direito de, na busca de objetivos de Estado rejeitados pelo Direito dos Povos, 53; direito de, limitado à autodefesa ou proteção dos direitos humanos, 54, 103-4, 119-21; direito a, limitado por interesses razoáveis mas não racionais, 119; inclui direito de ajudar a defender aliados, 119n
Guerras religiosas, 67
Gutmann, Amy, 180n

Habermas, Jürgen, 177n, 187n
Hampshire, Stuart, 20n, 130n, 186n

Hart, H. L. A., 85n
Hegel, G. W. F.: e hierarquias consultivas decentes, 95; rejeição da democracia em *Filosofia do Direito*, 95-6n; liberalismo da liberdade de, 167
Helo, David, 182n
Henry, Patrick: sobre o estabelecimento da religião, 216-7
Hierarquia consultiva decente, 4, 80, 92-102; parte da estrutura básica de um tipo de povo decente, 82; definida, 93; processo de consulta em, 93-4, 100; permite que vozes diferentes sejam ouvidas, 94; permite dissidência política de grupos, 94; regime paternalista, 94; e Hegel, 95; pessoas representadas como membros de associações, 95; rejeita uma pessoa, um voto, 95; representação de mulheres na, 97; seis diretrizes para o seu processo de consulta, 100-1; leva em conta interesses fundamentais de todos os grupos, 100; respeita as minorias religiosas, 101; respeita dissidência nas assembleias, 101-2; e a representação de mulheres, 145
Hilburg, Raul, 26n
Hinsch, Wilfried, 40n
Hinsley, F. H., 46n
Hiroshima: bombardeio atômico de, um grave erro contra a população civil, 125, 131, 133
Hirschman, Albert, 59n, 69n
Hitler, Adolf, 129-30; antissemitismo de, 27; loucura demoníaca de, 29; não reconheceu relações políticas com inimigos, 130
Hollenbach, David, S.J., 177n, 202n
Holocausto, 26, 28-9; singularidade histórica do, 26
Hume, David, 46n

Igrejas: vida interna não regulamentada mas limitada pelos princípios da justiça política, 208; razões para a separação de Igreja e Estado, 218-20. *Ver também* Religião
Igualdade justa de oportunidade: característica de uma concepção liberal de justiça, 64; significado da, 151; políticas para alcançar, 151
Igualdade, princípio de, entre povos, 48, 52; linha básica das, 52; dos povos, razões para, 90-1; dá ao povo bem-ordenado direito à guerra de autodefesa, 119
Imigração: problema da, 10-1; três causas da, 10-1; necessidade de eliminação em uma utopia realista, 11; direito qualificado do povo de limitar, 50n
Incentivos: propriedade de oferta de, para tornar-se uma sociedade liberal, 110-1
Independência, direito do povo à: válido apenas dentro de limites, 48-9
Inquisição, 29
Interesses fundamentais, 9; de povos liberais expressados pela

ÍNDICE ANALÍTICO

concepção liberal de justiça, 41-3; dos povos, 44-5; de um povo pelo adequado respeito de si mesmo, 44-5; de um povo são especificados pela sua concepção política de justiça, 51; de cidadãos democráticos são dados pelos dois poderes morais e a sua concepção do bem, 51

Intervenção: propriedade da, contra Estados fora da lei para impor direitos humanos, 106, 123n

Isenção de emergência suprema: à proibição contra atacar civis, 129; aplicação durante a Segunda Guerra Mundial, 129; nunca foi válida para EUA na guerra contra o Japão, 131; rejeitada pela doutrina católica do duplo efeito, 137

Islã, 145n; potencial para tolerância de outras religiões, 98-9; sua tolerância de judeus e cristãos no Império Otomano, 99n; e democracia constitucional, 199n; e consenso sobreposto, 199n

ius gentium, 3n

Japão, 142; guerra contra na Segunda Guerra Mundial, 131; isenção de emergência suprema nunca foi válida para justificar bombardeio de suas cidades, 131. *Ver também* Hiroshima

Jihad: sentido espiritual e moral, não militar, 100

Jones, Peter, 105n

Juízes: razão pública aplica-se estritamente a, 177

Justiça básica, questões de: definidas, 176n

Justiça como equidade, 4, 18; liberalismo igualitário da, 19n; linha básica da igualdade na, 52; uma das várias concepções políticas razoáveis, 185; e direitos e deveres de gays e lésbicas, 207n; apresentada como doutrina liberal abrangente na *em Uma teoria da justiça*, 234

Justiça cosmopolita, 106-8; contrastada com o Direito dos Povos, 156-7; interesse final da, é o bem-estar do indivíduo, não a justiça das sociedades, 157

Justiça distributiva entre os Povos, sobre a: 149-57; igualdade entre os povos, 149-51; desigualdade entre povos nem sempre injusta, 149

Justiça política, ideia de: base no critério de reciprocidade, 181; princípio da, 181

Justiça, princípios de: limitam mas não regulam diretamente a vida interna das associações, 208-13; e a família, 207-13

Justificação pública: raciocínio público almeja, 203-4, 224; definida, 203-4; e dever de civilidade, 203-4; liberalismo político busca uma base compartilhável para, para todos os cidadãos, 225

Kagan, Donald, 36n, 44n
Kant, Immanuel, 12, 25, 30, 46n, 72n, 166-7, 204n; sua ideia de

foedus pacificum, 12, 28, 70, 113; sua rejeição de um Estado mundial, 46; descrição do Direito dos Povos devedora de, 113; erro de julgamento em, 127n; sobre suposta impossibilidade de uma Sociedade dos Povos razoavelmente justa, 169; princípio do contrato original de, 178n

Kelly, Erin, 22n
Keohane, Robert, 49n
Kerala, Estado indiano de, 144
Kershaw, Ian, 27n
King, Martin Luther, 203n
Krugman, Paul, 184n

Landes, David, 153n
Larmore, Charles, 204n
Levy, Jack S., 66n, 68n
Liberalismo da liberdade, definido, 21n, 167; liberalismo político como, 167. *Ver também* Concepção liberal de justiça; Sociedade liberal
Liberalismo político: Direito dos Povos desenvolvido dentro do, 12, 29-30; um liberalismo da liberdade, 21n, 167; não busca princípios válidos para todas as partes da vida, 111; distinto do idealismo transcendental de Kant, 113; especifica ideia do razoável, 113; não politiza a religião, 167; não tenta fixar a razão pública definitivamente com uma concepção política favorita, 187; e raízes sociais da democracia, 202-3; não uma concepção política individualista, 218; acredita que força da democracia está na separação de Igreja e Estado, 219; não sustenta que o ideal de razão pública sempre leva à concordância geral de concepções, 223; não oposto à ortodoxia religiosa, 230; é diferente e rejeita o liberalismo do Iluminismo, 230
Liberalismo. *Ver* Povos liberais; Sociedade liberal; Liberalismo da liberdade
Liberdade de consciência: um direito humano, 85
Liberdade dos cidadãos: Direito dos Povos eficaz necessário para realizar plenamente, 13
Liberdades básicas: uma característica principal da concepção política liberal de justiça, 18-9, 63, 186; válidas em todos os domínios da vida, inclusive famílias, 211; por causa das, a divisão igual do trabalho dentro da família não pode ser comandada, 213
Liberdades constitucionais básicas: essenciais ao liberalismo, 19, 63; são puramente formais, sem garantia de meios para todos os propósitos, 63
Libertarianismo: não é liberalismo, 64; carece do critério de reciprocidade, 64
Lincoln, Abraham: como estadista, 128; sobre preservar a União, 161-2n; e debates Lincoln-Douglas, 227-8
Linderman, Gerald, 126n

Lloyd, Sharon, 206n
Lutero, Martinho, 28, 218n

Madison, James, 163n; sobre separação de Igreja e Estado, 216-7
Margalit, Avishai, 3n
Maritain, Jacques, 187n
Marneffe, Peter de, 191n
McClain, Linda, 206n
McCullough, David, 131n
McKittrick, Eric, 128n
Meier, Charles, 27n
Mill, J. S.: sobre nacionalidade, 30-1n; sobre estado estacionário, 141n; liberalismo da liberdade de, 167; ideal de individualidade de, 192; e *A sujeição das mulheres*, 206n; sobre a família, 211
Modus vivendi: e estabilidade como equilíbrio de forças, 57-8; e tolerância de religiões, 196; impossível para doutrinas irrazoáveis aquiescer a um regime constitucional exceto como um, 234
Montesquieu, 46n; ideia de *moeurs douces*, comércio leva à paz, 59-60
Morris, Charles R., 184n
Mottahedeh, Roy, 99n, 199n
Movimento dos Direitos Civis: e o proviso, 203
Mulheres: representação na sociedade hierárquica decente, 97-8; justiça igual para, e aliviando pressões populacionais, 144, 155n; direitos iguais para, 209, 211; injustiça histórica para com, sua parcela injusta na tarefa de criar e cuidar dos filhos, 210-3; igualdade das, 213-4
Murray, John Courtney, S.J., 28n, 219n, 223n

Nação, ideia de: distinta da ideia de Estado ou governo, 32n
Nações Unidas: como exemplo de organização regulando a cooperação entre povos, 47, 92
Nagasaki, 131, 133
Nagel, Thomas, 91n
Não aquiescência, condições de: e Estados fora da lei, 6
Não intervenção: dever de, enunciado, 47
Napoleão, 37n; não um estadista, 129
Nardin, Terry, 47n, 105n
Natureza humana, bondade da: definida, 8-9
Nazistas, 130, 132
Necessidades básicas, 49; definidas, 49n
Neuhauser, Frederick, 44n
Nussbaum, Martha, 206n

Objetividade do Direito dos Povos: depende da razão pública, 159; e critério de reciprocidade, 159
Okin, Susan Moller, 206-7n, 209n
Oneal, John, 66n
Ônus de julgamento, 22n; conflitos originários de, 231-2
Organizações cooperativas de povos, 54-5; diretrizes para as decididas na posição original de segundo nível, 54; três

exemplos, 54; (1) comércio justo e mercados competitivos livres, 55; (2) sistema bancário cooperativo, 54-5; (3) confederação de povos, 54-5; uniões federais de sociedades liberais, 56n

Palmerston, Lord, 36n
Paret, Peter, 33n
Patriotismo adequado, 57, 80-1
Paz democrática, 56-70; une duas ideias, 59-60; ideia mais precisa de, 62-6; hipótese orientadora de, 62; cinco condições da, 64-5; como vista na história, 66-70
Paz: possibilidade de, 38; por satisfação contra por poder ou por impotência, 60; Direito dos Povos condição de paz estável, 110. *Ver também* Paz democrática
Péricles, 37n
Perry, Michael, 195n, 201n
Pessoas razoáveis: duas características principais de, 232
Peterson, Peter, 184n
Philpott, Daniel, 35n
Pio V, papa, 28
Pluralismo razoável, fato do, 15-6, 20n, 163; válido entre povos e na Sociedade dos Povos, 15-6, 24, 52; limita o que é praticamente possível, 16; não exige concepção processual de justiça, 20n; definido, 41, 163; em oposição ao fato do pluralismo, 41; característica básica da democracia liberal, 163, 173; oferece apoio à igual liberdade para todas as doutrinas e separação de Igreja e Estado, 163; como pluralidade de doutrinas abrangentes razoáveis e conflitantes, 173; e diferenças irreconciliáveis, 179-80
Pluralismo, fato do: em oposição ao fato do pluralismo razoável, 41
Poder aéreo: não deve ser usado para atacar civis, 134n
Poderes morais: especificados, 120, 224
Pogge, Thomas, 107n, 129n; princípio igualitário de, 151-2; objetivos de, alcançados pelo dever de assistência, 152, 155-6n
Política exterior, 9, 107-8; Direito dos Povos formula ideais e princípios da, para um povo liberal justo, 12, 108; Direito dos Povos como guia para, 122-3
Política: e maldição do dinheiro, 183-4
Political Liberalism (*Liberalismo político*), 7n, 19n, 22n, 39-40n, 43-5n, 53, 73, 120, 136n, 145n, 173n, 179n, 185, 190n, 196n, 198n, 203n, 212n, 220n, 222n, 224n, 226n; característica enganosa de, referente à razão prática, 113n; uso de "razoável" em, 113; esboça concepção razoável de justiça para um regime democrático liberal, 168; sobre elementos constitucionais

ÍNDICE ANALÍTICO

essenciais e justiça básica, 175-6n; sobre direito ao aborto, 221-2n; ideia política de tolerância em, 230n; como difere de *Uma teoria da justiça*, 234; questão básica de, 234-5

Politicamente razoável: razão pública e o, dirigido a cidadãos como cidadãos, 71, 164, 174; substitui doutrinas de verdade abrangentes na razão pública, 174, 224; consequência do, é que doutrinas abrangentes razoáveis não suplantam valores políticos de razão pública, 227

Político, categoria do: estendida ao Direito dos Povos, 24; razão pública pertence à, 230

Posição original, 185; extensão da, ao Direito dos Povos, 12-3, 23; primeiro uso aplica-se aos princípios da justiça nacional para sociedades liberais, 34, 38; como modelo de representação, 38-41, 83; inclui véu de ignorância, 39, 42, 151; cinco características essenciais no primeiro uso, 39-40; segundo uso estende concepção liberal ao Direito dos Povos, 41-4, 151; povos modelados como racionais na, 42; que véu de ignorância exclui conhecimento da, no segundo uso da, 41-2; cinco características essenciais no segundo uso da, 43; argumento da, para o Direito dos Povos, 51-4; três maneiras em que primeiro e segundo uso não são análogos, 51, 73; interpretações diferentes do Direito dos Povos debatidas no segundo nível de, 54; como modelo de representação para povos hierárquicos decentes, 83, 89-92; usada três vezes no Direito dos Povos, 92; aplicação global da, e justiça cosmopolita, 106-8; flexibilidade da, 112; imparcialidade entre povos assegurada pela sua representação igual no segundo uso da, 151

Povos bem-ordenados, 4-5; definidos, 4-5, 82

Povos decentes, 4; definidos, 77-8; reconhecem e protegem direitos humanos, 79; têm hierarquia consultiva decente, 80; permitem direito de dissidência, 80; dois tipos de, 82; principais características dos, 88; tolerância religiosa por, 96; seu direito à guerra de autodefesa, 121. *Ver também* Povos hierárquicos decentes; Sociedade hierárquica decente

Povos hierárquicos decentes, 4-5, 82; Casanistão, exemplo imaginado de, 5, 83; dois critérios de, 83-7; são associacionistas na forma e sem fins agressivos, 83-4; asseguram direitos humanos, 84-5; impõem deveres morais a todos no seu território, 86; veem todos os membros como cidadãos responsáveis mas não iguais, 86; funcionários de acreditam que a lei seja guiada pela concepção de justiça do bem comum, 87, 94; dignos de tolerância, 88, 109; são bem-ordenados, 89; adotariam o mesmo Direito dos Povos que os povos liberais, 90; aceitam como justa a posição original, 90; Casanistão descrito como exemplo hipotético de, 98-102; são membros *bona fide* da Sociedade dos Povos, 109. *Ver também* Sociedade hierárquica decente; Povos decentes

Povos justos: concedem respeito adequado como iguais a outros povos, ao contrário de Estados, 46. *Ver também* Povos

Povos liberais razoáveis, 4, 38. *Ver também* Povos liberais; Povos razoáveis

Povos liberais: três características básicas dos, 30-3; (1) uma democracia constitucional razoavelmente justa, 31; (2) unidos por afinidades comuns, 32; (3) têm uma natureza moral, 33; são razoáveis e racionais, 33; oferecem termos justos de cooperação a outros povos, 33; diferem de Estados, 38; limitam interesses pelo razoável, 38; tentam assegurar justiça para todos os cidadãos e povos, 38; interesses fundamentais dos, especificados pela concepção liberal de justiça, 38, 43, 51; não têm nenhuma doutrina abrangente do bem, 51, 60; não dominados por poder ou glória, 61; não têm nenhuma razão para guerrear, 61; respeito por si mesmos dos, 61. *Ver também* Sociedade liberal

Povos razoáveis, 15-6; diversidade de, 15-6; demonstram respeito adequado por, e oferecem termos justos de cooperação a outros povos, 45-6

Povos, ideia de, 35-6; usado em vez da ideia de Estados, 4, 23, 33-4; têm motivos morais e natureza moral, ao contrário dos Estados, 23, 35-6, 57, 80-1; interesses dos, 24, 44-6, 57-8; carecem da soberania tradicional afirmada pelos Estados, 33-6; não movidos unicamente por prudência e razões de Estado, 35; concebem-se como livres e iguais, 44; povos justos conceder devido respeito a outros povos como iguais, 45; oferecem a outros termos justos de cooperação, 45; independência fundamental dos, 47; igualdade dos, 47; interesses dos, são razoáveis, 57-8; autodeterminação dos, 146-7; cuidado e interesse mútuos entre, 148. *Ver também* Povos liberais

Pressão populacional, 144; alívio da, e justiça igual para mulheres, 144

Previdência social: crise alegada se aproximando, 184

Primeira emenda: e liberdade de religião, 218

Princípio da diferença: rejeita sugestão de ser globalmente

aplicado, 153; não se aplica à vida interna de associações, como igrejas ou família, 207-9
Princípio de poupança justa, 140-1
Propriedade: papel da instituição da, para impedir deterioração de bens, 10, 49-50; direito à propriedade pessoal básica, direito humano básico, 85
Proviso, 189

Quakers, 138; e testemunho, 205n
Quatro fatos básicos: 163-4; explica por que uma Sociedade dos Povos razoavelmente justa é possível, 164-5
Quinn, Philip, 220n

Racional, ideia do: diferentes maneiras de interpretar, 39; conteúdo não derivado de princípios da razão prática, 113n; ideia de, especificada, não definida por condições necessárias e suficientes, 113, 115; princípios relevantes, 115
Racionalidade: exclui o razoável em vista dos Estados, 36-8. *Ver também* Racional, ideia do
Razão não pública: parte da cultura de fundo, 177; muitas formas de, compatíveis com a razão pública, 225; pertence à vida interna das associações na sociedade civil, 225
Razão prática, princípios de direitos e justiça não deduzidos da, 113-5; *Political Liberalism* enganoso sob esse aspecto, 113n; definida, 113; e Kant, 113

Razão pública: diferentes conteúdos da, 19; Direito dos Povos oferece conteúdo da, para Sociedade dos Povos, 24-5, 70-1; tolerância decorre quando empregada por membros da Sociedade dos Povos, 25; e base de justificativa compartilhada, 25; cinco pré-requisitos para ideal de, 64-5; da Sociedade dos Povos liberais, 70-5; da Sociedade dos Povos, 70-1; e ideia de politicamente razoável, 70, 174, 224, 227; ideal de, 71-3, 178, 223, 225; ideal de, distinto da ideia de, 71-3, 178-9; como ideal é satisfeito no Direito dos Povos, 72-3; conteúdo no caso nacional dado por família ou princípios liberais de justiça, 73-4, 185, 230; e tolerância de membros não liberais da Sociedade dos Povos, 77-8; e Direito dos Povos, 159-62; e objetividade do Direito dos Povos, 159; ideia de, enunciada, 174-85; incompatível com zelo de incorporar toda a verdade na política, 175; é pública de três maneiras, 175-6; aplica-se no fórum político público, 176-7; exigência de justificativa pública para, sempre o mesmo, 176-7; ideal de, e dever de civilidade, 178-9; especifica valores políticos básicos, 182; conteúdo de, não fixado definitivamente por uma

concepção política, 189; não igual à razão secular, 188, 194-5; exercer a, é recorrer a uma concepção política liberal, 187-8; e o proviso, 189; exemplos de valores políticos de, 190, 215; e plenitude da sua concepção política, 190-1; almeja justificação pública, 203-4; conteúdo determinado por todas as concepções razoáveis que satisfazem critério de reciprocidade, 206, 230; aplicada à família, 207-8; questões a respeito e três objeções, 215-29; primeira objeção: é muito restritiva e leva a impasses, 215-23; quando os cidadãos devem ser guiados pela, 220; e resolução de impasses da, 221; e questões vigorosamente discutidas como o aborto, 221-3; ideal de, nem sempre leva a concordância geral de concepções, 223; segunda objeção: por evitar o verdadeiro e o certo é muito estreita, 223-8; nela, ideias de verdade ou direito substituídas pelo politicamente razoável, 224; compatível com muitas formas de reação não pública, 225; terceira objeção: é desnecessária e não serve a nenhum propósito, 228-9; sem ela, divisões e hostilidades se afirmam, 228-9; condição de harmonia e concórdia entre doutrinas abrangentes, 228-9; ideia política pertencente à categoria do político, 229-30;
limites à reconciliação da, e os três tipos de conflitos políticos entre cidadãos, 231-2
Razoável, ideia do: limita os interesses de povos razoáveis, 38; diferentes maneiras de interpretar, 39; no Direito dos Povos, 45; razão pública e o politicamente razoável dirigidos aos cidadãos como cidadãos, 71, 164, 174; nenhuma definição de liberalismo político, 87; conteúdo não derivado de princípios da razão prática, 113n; nenhuma lista de condições necessárias e suficientes para, 113; ideia de, especifica pelo liberalismo político, 113-4; aplicada a cidadãos, 114, 180; duas características principais de pessoas razoáveis, 232. *Ver também* Politicamente razoável; Cidadãos razoáveis; Doutrinas abrangentes razoáveis

Razões, 174, 217-8

Realismo político, 59-62; vê relações internas como luta por riqueza e poder, 59

Rebelião, fundamentos para, 115

Reciprocidade, critério de, 9, 37, 56n; definida, 19; característica de uma concepção liberal de justiça, 19; aplica-se ao Direito dos Povos, 45, 73-4; satisfeita pelos princípios do Direito dos Povos, 53, 73-4, 159; e ideal de razão pública, 72, 159; na justiça doméstica, exige que os menos favorecidos tenham meios suficientes para todos os propósitos, 149; e objetividade do Direito dos Povos, 159; e ideia de razão pública, 175, 180, 220, 227; semelhança com o contrato original de Kant, 178n; e aceitabilidade razoável dos termos de cooperação, 180; e legitimidade política, 181; aplica-se em dois níveis, 181; e família de concepções políticas razoáveis, 185; exemplos de como é aplicável e como é violada, 192-4; conteúdo da razão pública determinada por todas as concepções políticas razoáveis que satisfazem, 206, 227; quando os cidadãos devem ser guiados por, 220; violada quando os cidadãos resolvem impasses da razão pública invocando suas visões abrangentes, 221; e consenso sobreposto, 226; uma doutrina abrangente não é razoável se deixa de satisfazê-la, 226; ingrediente essencial especificando a razão pública e seu conteúdo, 227

Reconciliação com o nosso mundo social, 162-9; significado da filosofia política como realisticamente utópica e, 162; quatro fatos básicos que explicam por que uma Sociedade dos Povos razoavelmente justa é possível, 163-4; (1) Fato do pluralismo razoável, 163; (2) Fato da unidade democrática na diversidade, 163-4; (3) Fato da razão pública, 164; (4) Fato da paz democrática liberal, 164; limites da reconciliação, 165-7; fundamentalistas não reconciliados com liberalismo nem pluralismo razoável, 166-7; liberalismo político como liberalismo da liberdade, 167; ideia de utopia realista reconcilia-nos com o mundo social, 167; possibilidade de Sociedade dos Povos razoavelmente justa afeta atitudes para com o mundo, 168

Relações internacionais: Tucídides sobre, 37-8n; como luta por riqueza e poder segundo o realismo, 59

Religião: não politizada pelo liberalismo político, 167; e razão pública na democracia, 196-200; *modus vivendi* e tolerância da religião, 196-7; e estabilidade pelas razões certas, 197; questão de apoio público das escolas de igrejas, 203, 216; oficialização da, e valores políticos, 216-20; questão da oração em escolas públicas, 216-20; separação protege a religião do Estado e o Estado da religião, 218; e a primeira emenda, 218

Renda e riqueza: distribuição decente característica de concepção liberal de justiça e condição de estabilidade, 64

Respeito adequado: interesse fundamental dos povos, 44-6, 80-1

Respeito mútuo entre povos: importância de manter, 81; e tolerância dos povos liberais com povos decentes, 81; parte essencial da estrutura básica da Sociedade dos Povos, 81, 160
Richards, David, 107n
Riley, Patrik, 46n
Ritter, Gerhard, 33n
Roma antiga, 67
Rousseau, Jean-Jacques, 8; e a utopia realista, 8; e bondade da natureza humana, 8; contrato social de, 17; *amour-propre* e respeito adequado de si mesmo em um povo, 44-5, 61
Russett, Bruce, 66n
Rússia, 129-30

Saint-Just, 59
Sandel, Michael, 210n, 227n
Scanlon, T. M., 85n, 149n, 195n
Schumpeter, Joseph, 69n
Secessão, direito dos povos à: limites à, 48-9; o Sul *ante-bellum* não tinha nenhum direito à, 49n
Segunda Guerra Mundial, 35; como os poderes de soberania são concebidos desde, 103-4; exército japonês na, 125-6n; injustiça de bombardeios civis na, 134
Sen, Amartya, 11n, 144n; sobre capacidades básicas, 18n; sobre fome e importância dos direitos humanos, 143
Senso de justiça: e estabilidade pelas razões certas, 20, 56-9; e Direito dos Povos, 24; e poderes morais, 120, 224

Sherman, William, T., 135
Shklar, Judith, 97n
Shue, Henry, 85n
Sigmund, Paul, 219n
Smith, Adam, 69n
Soberania dos Estados, 33-4; restrita no Direito dos Povos, 34-5; poderes reformulados, 34-5; limitada pelos direitos humanos, 54
Sociedade bem-ordenada, liberal: tem bem comum de justiça política para todos os cidadãos, 92n; dá aos membros papel nas decisões políticas, 122; cidadãos na, afirmam irreconciliáveis doutrinas abrangentes razoáveis que sustentam concepções políticas razoáveis, 235
Sociedade decente, definida, 3n; principais características de, 114-5. *Ver também* Sociedade hierárquica decente
Sociedade dos Povos: definida, 3; como utopia realista, 4, 7, 38, 167-8; quando razoavelmente justa, 15; pluralismo razoável válido entre membros da, 15-6, 24, 52; condições da, 22-6; unidade da, 24-5; e tolerância, 25; membros da, devem empregar razão pública no trato mútuo, 25; desigualdades de poder e riqueza na, 50-1; povos decentes membros da, 79-80; respeito mútuo entre povos, parte essencial da, 160; possibilidade de, razoavelmente justa, e de reconciliação com nosso

mundo social, 162-9; quatro fatos básicos explicando por que é possível, 163-4; possibilidade de, afeta nossas atitudes para com o mundo, 169

Sociedade escravocrata: carece da ideia de cooperação social, 84-7, 123n

Sociedade hierárquica decente: guiada pela ideia de justiça do bem comum, 92; não considera todos livres e iguais mas racionais e responsáveis, 93; tolerância religiosa na, 96; admite medida de liberdade de consciência, liberdade de pensamento, 96; admite direito de emigração, 97; não viola direitos humanos, 98; ideia de, construto conceitual, 98n; não razoável e justa como a sociedade liberal, 108; honra o Direito dos Povos, 109; merece respeito, 109. *Ver também* Povos hierárquicos decentes; Povos decentes

Sociedade liberal: é uma democracia constitucional, 17; como utopia realista, 17-22; três características principais da, 19, 63; não tem uma concepção abrangente do bem, 44, 51; como sociedade satisfeita, 60; satisfaz critério de reciprocidade, 63; impede desigualdades excessivas, 63; libertarianismo não é liberalismo, 64; algumas mais igualitárias que outras, 109. *Ver também* Povos liberais

Sociedade política: como expressada e cumprida pelos povos, 80

Sociedades nacionais, 4; cinco tipos de, 4, 82; princípios de justiça para, um primeiro passo no Direito dos povos, 34

Sociedades oneradas por condições desfavoráveis. *Ver* Condições desfavoráveis, sociedades oneradas por

Sociedades oneradas, 138-49; definidas, 118, 139; condições desfavoráveis nas, 138-9; dever de assistir, 139

Soldados: inimigos, podem ser atacados na guerra justa, ao contrário dos civis, 125-6; patriotismo muitas vezes explorado cruelmente, 125-6

Solum, Lawrence, 188n

Soper, Philip: sobre Direito, 86-7n, 94n

Sul: não tinha direito à secessão, 49n; não uma democracia na Guerra Civil, 67; sistema jurídico do, 86n

Teoria ideal, três partes dela no Direito dos Povos, 5; segunda parte dela estende o Direito dos Povos a povos decentes, 111

Teoria não ideal, 75; dois tipos de, 6; não aquiescência, 6; condições desfavoráveis, 6; papel da, 117-9; parte da doutrina de guerra justa, 117-9; pressupõe teoria ideal como objetivo, 118; dois tipos de, 118; (1) condições de não

aquiescência e Estados fora da lei, 118; (2) condições desfavoráveis e sociedades oneradas, 118, 139
Testemunho, 205n; contra desobediência civil, 205n
Thompson, Dennis, 180n, 201n
Thomson, Judith, 221n
Tocqueville, Alexis de, 217n; sobre separação de Igreja e Estado como principal causa da força da democracia e da religião, 219-20
Tolerância de povos não liberais, 77-81; como questão essencial da política externa liberal, 12; e principal questão na extensão do Direito dos Povos a povos não liberais, 77; povos decentes devem ser tolerados por povos liberais, 109, 160-2; povos decentes não precisam tornar-se liberais, 160
Tolerância, ideia de: parte da concepção política de justiça, 21-2; principais pontos da ideia razoável de, 22n; e Sociedade dos Povos, 25; significado da, 77-8; religiosa, surgiu como *modus vivendi* entre fés hostis antes de tornar-se princípio moral, 148; princípio da, essencial em uma democracia constitucional, 199-200; duas ideias de, uma puramente política, 200, 231-2
Trabalho significativo: oportunidade de, necessário para o respeito de si mesmo, 64
Tratados, dever dos povos de observar, 47

Truman, Harry, 131
Tucídides, 36, 36-7n, e realismo político, 59

Uma teoria da justiça, 4, 47, 51n, 53, 73-4, 107n, 112n, 120n, 204-5n, 207-8n, 211n; sobre extensão da justiça como equidade ao Direito internacional, 4; uso do "razoável" em, 113; ideia de racionalidade em, 115; sobre poupança justa, 140-1; princípio diferente em, aplicado globalmente, 153; esboça concepção razoável de justiça para uma sociedade democrática liberal, 168; e justiça igual para mulheres, 206n; como difere do *Liberalismo político*, 234-5; busca desenvolver uma teoria de justiça a partir da ideia de contrato social, 234; justiça como equidade em, doutrina abrangente, 234
Unidade social: não depende de unidade religiosa, moral ou filosófica, 21, 163; é provida por razoabilidade e racionalidade de instituições políticas e sociais em uma democracia liberal, 163-4
Universal em alcance: definido, 111-2; do Direito dos Povos, 111-2, 159-60
Universidades, 91
Utilidade geral: inviabilidade da ideia de, 17. *Ver também* Utilitarismo

ÍNDICE ANALÍTICO

Utilitarismo: 111; não aceito pelos povos como princípio do Direito dos Povos, 52, 64

Utopia realista, 4, 6-7; filosofia política, quando realisticamente utópica, 7, 15; significado, 9, 15-7, 166; natureza institucional da, 21; esperança por, baseia-se em regimes constitucionais liberais razoáveis (e decentes) na Sociedade dos Povos, 38, 162-3; estabilidade da, 57-8; e papel da filosofia política reconciliando-nos com nosso mundo social, 162-3; e possibilidade de uma Sociedade dos Povos razoavelmente justa, 167-8

Valores políticos da razão pública: exemplos de, 190, 215; alguns argumentos a favor da oração na escola pública podem ser expressados em função de, 216; doutrinas abrangentes razoáveis não suplantam, 227. *Ver também* Razão pública

Vaticano II, 28, 166n, 202n

Véu de ignorância, 39; por que denso e não fino, 40-1; na extensão da posição original ao Direito dos Povos, 41-2, 55-6. *Ver também* Posição original

Vincent, R. J., 3n, 85n

Virtudes políticas, 20, 216

Voltaire, 46n

Votação: razoabilidade das regras de maioria, 114

Waldron, Jeremy, 188n

Walzer, Michael, 50n, 99n, 124n, 129n

Weinberg, Gerhard, 133n

Weithman, Paul, 203n, 223n

2ª edição outubro de 2019 | **Fonte** Times New Roman
Papel Offset 75 g/m² | **Impressão e acabamento** Imprensa da Fé